中国文化文学经典文丛

三十六计

佚名/编　李丽薇/编著　孙建军/主编

吉林文史出版社

图书在版编目（CIP）数据

三十六计 / 佚名编；李丽薇编著. -- 长春 : 吉林文史出版社, 2016.12（2024.6重印）

（中国文化文学经典文丛 / 孙建军主编）

ISBN 978-7-5472-3071-8

Ⅰ. ①三… Ⅱ. ①孙… ②李… Ⅲ. ①兵法－中国－古代 Ⅳ. ①E892.2

中国版本图书馆CIP数据核字(2016)第134589号

SANSHILIUJI

书　　名：三十六计

编　　者：佚　名
主　　编：孙建军
编　　著：李丽薇
责任编辑：高冰若
封面设计：韩东坡
出版发行：吉林文史出版社
地　　址：长春市福祉大路5788号
邮　　编：130117
电　　话：0431-81629352
网　　址：www.jlws.com.cn
印　　刷：三河市燕春印务有限公司
开　　本：920mm × 1280mm　1/16
印　　张：30.5
字　　数：380千字
版　　次：2017年1月第1版　2024年6月第5次印刷
书　　号：ISBN 978-7-5472-3071-8

定　　价：78.00元

前　言

《三十六计》或称《三十六策》，是指中国古代三十六个兵法策略，语源于南北朝，成书于明清。它是根据中国古代军事思想和丰富的斗争经验总结而成的兵书，是中国历史悠久的文化遗产之一。

原书按计名排列，共分六套，即胜战计、敌战计、攻战计、混战计、并战计、败战计。

三十六计具体为：瞒天过海、围魏救赵、借刀杀人、以逸待劳、趁火打劫、声东击西、无中生有、暗度陈仓、隔岸观火、笑里藏刀、李代桃僵、顺手牵羊、打草惊蛇、借尸还魂、调虎离山、欲擒故纵、抛砖引玉、擒贼擒王、釜底抽薪、混水摸鱼、金蝉脱壳、关门捉贼、远交近攻、假道伐虢、偷梁换柱、指桑骂槐、假痴不癫、上屋抽梯、树上开花、反客为主、美人计、空城计、反间计、苦肉计、连环计和走为上计等。

三十六计是古代兵家计谋的总结和军事谋略学的宝贵遗产，为便于人们熟记这三十六条妙计，有位学者在三十六计中每取一字，依序组成一首诗：金玉檀公策，借以擒劫贼，鱼蛇海间笑，羊虎桃桑隔，树暗走痴故，釜空苦远客，屋梁有美尸，击魏连伐虢。

全诗除了檀公策外，每字包含了三十六计中的一计，依序为：金蝉脱壳、抛砖引玉、借刀杀人、以逸待劳、擒贼擒王、趁火打劫、关门捉贼、浑水摸鱼、打草惊蛇、瞒天过海、反间计、笑里藏刀、顺手牵羊、调虎离山、李代桃僵、指桑骂槐、隔岸观火、树上开花、暗度陈仓、走为上、假痴不癫、欲擒故纵、釜底抽薪、空城计、苦肉计、远交近攻、反客为主、上屋抽梯、偷梁换柱、无中生有、美人计、借尸还魂、声东击西、围魏救赵、连环计、假道伐虢。

目　录

第一套　胜战计

第二套　敌战计

第三套　攻战计

第四套　混战计

第五套　并战计

第六套　败战计

现实案例

第一套　胜战计

第一计　瞒天过海

【原文】

备周则意怠[①]；常见则不疑。阴在阳之内，不在阳之对[②]。太阳，太阴[③]。

【注释】

①备周则意怠：防备十分周密，往往容易让人斗志松懈，削弱战力。

②阴在阳之内，不在阳之对：阴阳是我国古代传统哲学和文化思想的基点，其思想笼罩着大千宇宙、细末尘埃，并影响到意识形态的一切领域。阴阳学说是把宇宙万物作为对立的统一体来看待，表现出朴素的辩证思想。阴、阳二字早在甲骨文、金文中出现过，但作为阴气、阳气的阴阳学说，最早是由道家始祖楚国人老子所倡导，并非《易经》提出。此计中所讲的阴指机密、隐蔽；阳，指公开、暴露。阴在阳之

内，不在阳之对，在兵法上是说秘计往往隐藏于公开的事物里，而不在公开事物的对立面上。

③太阳，太阴：太，极，极大。此句指非常公开的事物里往往蕴藏着非常机密的计谋。

【译文】

防备得周全时，更容易麻痹大意；习以为常的事，也常会失去警戒。秘密常潜藏在公开的事物里，并非存在于公开暴露的事物之外。公开暴露的事物发展到极端，就形成了最隐秘的潜藏状态。

【解析】

所谓瞒天过海，就是故意一而再、再而三地用伪装的手段迷惑、欺骗对方，使对方放松戒备，然后突然行动，从而达到取胜的目的。

【事例】

荥阳脱险

公元前203年，刘邦被项羽率军围困在荥阳已经长达一年，刘邦几次想要求和，都因项羽手下的第一谋士亚父范增坚决反对而没有成功。

正在这时，幸亏刘邦手下谋士陈平施计离间项羽君臣。项羽中了反间计，赶走了范增这位最得力的谋臣。范增年事已高，又因气恨交加引发了背上的毒疮，没多久就去世了。项羽就此失去了最有力的臂膀。

这时，项羽挥军猛攻荥阳。荥阳被围困已久，粮道和对外联络早已切断，城中食物匮乏，士兵无力支持。眼看荥阳摇摇欲坠，随时都会被破，这时，又是陈平给刘邦献了一计：请大王速速写一封诈降信送给霸王，将投降地点约定在东门。这样，霸王必定会将大军布置在东门外，然后我们再想办法把他在西、北、南门的卫士引到东门去，这样，大王就可以从西门冲出去了。刘邦认为这个计策可行。

很快，陈平就领着一个名叫纪信的将军来见刘邦，原来此人面目跟刘邦长得颇为相似，陈平打算让他化装成汉王的样子出去诈降，以吸引敌人的注意，使项羽把兵力集中在东门，为己方西门的突围创造条件。

第二天天还没亮的时候，汉军便打开东门，陈平之前征集了两千名妇女，命她们一批一批地从东门出去。围困南、西、北门的楚兵已经听说了汉军求和的消息，放松了警惕，现在一听东门外竟然全是美女，便争先恐后地涌向东门。

正在这闹哄哄的时刻，忽然有人大喊一声："汉王来了！"大家抬头一看，果然见到纪信假扮的"汉王"坐在车驾中，由仪仗队开道，缓缓走出东门，一路上还宣称汉军粮食已尽，不得不投降。楚军士兵听说这一消息，纷纷欢呼，更加你推我搡地要前往东门围观。

纪信一行人一直走到楚营近前，项羽才发现坐在车中的是他人假冒，并非刘邦本人，勃然大怒，欲待追击，然而真正的汉王早已乘着东门一片混乱，带着陈平、张良、樊哙等数十骑，杀开一条血路，从西门逃出，向关中方向而去。

虽然事后项羽杀死了纪信，又杀了刘邦留下的守城官员，怎奈纵虎归山，事情再也无法挽回。后来，刘邦在垓下之战中消灭了项羽，统一了天下。

檀道济唱筹量沙

刘宋时期，大将檀道济曾上演过一出“瞒天过海”的好戏，不但迷惑敌人，也使自己脱离了困境。

南朝宋武帝刘裕死后，其子刘义隆继位，即宋文帝。元嘉七年十一月，宋文帝任命檀道济为都督，命其率众讨伐北魏。

檀道济北上伐魏，战事最初进行得很顺利，曾多次大破魏军，这使得檀道济有些轻敌，开始冒进起来。次年二月，檀道济率军攻打历城时，魏将叔孙建、长孙道生率领一支轻骑截断了宋军的粮道，又一把火烧毁了宋军的粮草。粮草被焚毁，宋军将士无法继续前进，檀道济只好下令全军撤退。

这时，北魏俘获了一批宋军士兵，他们将檀道济大军缺粮的情况告诉了魏军主将。魏军见有隙可乘，就立即追赶，将檀道济的大军包围起来，打算趁此机会一举歼灭宋军。不过，北魏的军队多次败于檀道济的手上，此时对檀道济仍旧十分忌惮，尽管现在已经把宋军团团围困住了，但一时还不敢发起攻击，唯恐又中了檀道济所设的圈套，只得不断派人刺探宋军的虚实，打算在有十足把握的情况下再发起进攻。

内缺粮草，外有伏兵，宋军内部军心浮动，檀道济的处境变得十分危险。如果真的让敌人确定己方已经彻底断粮了，那么敌人一定会主动出击，到时后果将不堪设想。檀道济不愧是久经沙场的老将，在困境之中，他突然注意到营中地形十分独特，于是一条计策就涌上心头了。

不久，檀道济命令士兵在夜里点起灯，称量沙子，边量边高声报出筹码：一斗，两斗，三斗……并把量过的沙土堆成一个个高高的沙堆。北魏的探子远远听见唱筹的声音，赶紧回去报告给主将。魏军主将一听，大惊失色，赶紧派人前去查看。而檀道济早有准备，他命人将营中剩余的少部分粮食撒在沙堆表面，远远望去就像是一堆一堆的粮食。探子看到伪装的粮堆，以为宋军粮草充足，就回去把看到的情况告诉给主将。

魏军主将不相信探子的话，就把他杀了，并亲自带兵去查看。这时，檀道济突然命令全体士兵披挂上阵，而他自己也一反常态，不骑马而改乘车，不披甲而穿一身白色的布服，带领士兵从容前进。

魏军见宋军军容严整，认为檀道济在被包围的情况下仍然能如此不慌不忙地撤走，一定是设有埋伏，不敢冒险追击，就这样，宋军安全撤走了。等到北魏士兵知道上当后，宋军已经走得很远了。

刘备欺袁绍

刘备在栖身于袁绍处的日子里，起初，整日思念失散了的关羽和张飞。后来，当他得知关羽在曹操处落脚的消息后，又为无法与关羽相聚而忧愁。

一天，汝南的刘辟、龚都遣刘备的故吏孙乾为使，约袁绍与他们合力共破曹操。袁绍由于不知道汝南方面实力如何，一时踌躇未定。这时孙乾在探望刘备时献策说：“皇叔不借此机会脱身还等什么？”刘备说：“我离开此地又能前往何处？”孙乾说：“皇叔可在汝南发展自己的势力，这样关将军日后也能有个寄身之处。不然的话，关将军能冒险来投袁绍吗？白马之战关羽杀了袁绍两员大将，袁绍岂能不忌恨他？”刘备说：“卿所虑极是，不过我怎样才能脱身呢？”孙乾笑道：“这还不容易？明日袁绍与主公议事时，主公主动请求出使汝南不就得了？”

刘备听罢大喜。

第二天，当袁绍向刘备计议与汝南合力讨伐曹操大计时，刘备说：“待我亲往汝南，探望考察一番再作决策为宜。”袁绍也觉得这样比较稳当，便遣刘备即刻动身。

刘备到了汝南，见刘辟兵寡式微，不能立足，遂打消了留在汝南的念头。于是又回到了袁绍处。

没过几天，刘备又听说关羽已从曹操处脱身，还与三弟张飞会合于古城，且招揽了许多兵马。

刘备心想，现在可是从袁绍处脱身的时候了。于是把简雍召请来密议脱身之计。简雍说：“主公明日可去见袁绍，就说前往荆州约刘表共同伐曹。他若应允，我们可以乘机脱身。”刘备问：“卿如何脱身？”简雍说：“主公不必多虑，我自有脱身之法。”

次日，刘备对袁绍说：“刘表镇守荆襄九郡，兵精粮足，我前去约他共同伐曹如何？”袁绍说：“我也曾遣使去过他那里，只是他不肯与我合作。”刘备说：“我与他同是汉室宗亲，我去劝他，他必不推辞。”袁绍说：“若能与刘表结盟，要比与汝南刘辟联合强得多了。”于是命刘备即日起程。

刘备刚走，简雍又对袁绍说：“刘表在荆州根基牢固，他与刘备又是同宗，我怕刘备说不成刘表反被刘表说服，留在荆州不归。不如我和他同去，一则可以共同说服刘表，二来可以督促他不日即归。”袁绍说：“卿想得很周全，汝可速去。”这样，简雍和刘备联手演了一出“瞒天过海”的好戏，成功从袁绍处脱身了。

就这样，刘备、简雍从袁绍处双双脱身，会合了关羽、张飞、赵云一同到汝南驻扎下来。

第二计　围魏救赵

【原文】

共敌不如分敌[①]，敌阳不如敌阴[②]。

【注释】

①共敌不如分敌：共，集中的。分，分散，使分散。句意：攻打集中的敌人，不如设法分散它而后再打。

②敌阳不如敌阴：敌，动词，攻打。句意为先打击气势旺盛的敌人，不如后打击气势旺盛的敌人。

【译文】

进攻兵力集中、实力强大的敌军，不如使强大的敌军分散减弱了再攻击。攻击敌军的强盛部位，不如攻击敌军的薄弱部分来得有效。

【事例】

围魏救赵

此计名出自《史记·孙子吴起列传》，讲的是战国时齐国与魏国的桂陵之战。

魏惠王想报失去中山之地的旧仇，于是派大将庞涓前去攻打中山。这中山原本是魏国邻近的一个小国，先归附于魏国，后来赵国趁魏国国丧之机而抢夺之。庞涓认为中山不过是弹丸之地，离赵国又近，不如直接攻打赵国的都城邯郸，既报了旧仇又好好教训一下赵国，可谓一举两得。魏王听了，欣喜非常，好像看到他的霸业将从此开始，立即以庞涓为将，拨给他五百辆战车、十万大军，然后浩浩荡荡杀奔赵国而去，赵军不敌，节节败退。

次年，魏军包围了赵国都城邯郸。危难之际，赵王急忙向盟国齐国求救，并许诺解围后将中山割让给齐国。齐威王之前一直坐山观虎斗，现在看时机差不多了，于是应允出兵。他命田忌为大将，孙膑为军师，率兵八万出发去救援赵国。

孙膑与庞涓曾一同拜在鬼谷子门下。庞涓做了魏国大将之后，魏王听说孙膑的大名，想用重金聘请他。庞涓深知孙膑能力远在自己之上，心生嫉妒，于是设计将孙膑骗到魏国，施以膑刑。幸亏孙膑装疯才逃过一劫，后来在齐国使者的救助下逃到齐国，并得到齐威王的重用。这一次，孙膑复仇的机会终于来了。齐军进入魏赵交界之地时，田忌试图派军队直奔赵都邯郸，攻打包围邯郸的魏军。苦候已久的复仇之机就摆在眼前，相信任何一个人都会激动不已，但孙膑却表现得很冷静，并不急于与庞涓在战场上兵戎相见。他坚决反对田忌领兵直趋邯郸与魏军决战的计划，说："如果想解开一个纷乱的结绳，不能用蛮力去强行拉扯；如果要排解争斗，就不能把自己也卷进去；如果要解除重围，最好的办法就是抓住要害，避开敌军人多势众的地方，攻击其空虚薄弱之处，敌方受到挫折和牵制，围困自然会解除。"然后建议道："现在魏赵交战，魏国的精锐部队必定倾巢而出，集中在前线，国内只剩下一些老弱残兵。您不如带部队直插魏国的都城大梁（今河南开封），占据它的交通要道，攻击它空虚的后方，魏军必然会放弃赵国而回师自救。这一举既可以解救赵国，还能在魏军回撤的途中进行截击，其军必败。”

田忌依计而行，带兵直奔大梁而去。齐军攻打魏国的消息马上传开了。不出孙膑所料，正在赵国前线的庞涓听闻后院起火，急忙从赵国退兵。魏军回国心切，日夜兼程往国都赶。齐军得到消息，迅速从大梁撤围，在魏军回国的必经之地桂陵一带布下埋伏，严阵以待。齐军占据了地形之利，魏军长途跋涉，早已是筋疲力尽，被齐军打得溃不成军。庞涓勉强收拾残部，退回大梁，赵国之围自然解除。

桂陵之战，齐军之所以能击败强大的魏军，一是选择了正确的进攻方向，二是抓住了魏军疲惫不堪的有利战机。从而产生了历史上著名的“围魏救赵”的故事。

十三年后，齐魏再度交战，孙膑又施此计伏击庞涓，并将其包围，庞涓兵败自刎。孙膑从此名扬天下，世传其兵法。

孔明巧计退曹兵

曹操得知东吴大都督周瑜病逝的消息，准备趁此机会再次兴兵进犯江东，消灭孙权。就在这时，有探马报告说，刘备正在打造兵器，训练军队，准备攻取西川。曹操大惊，深知刘备若是占据了西川，将会如虎添翼，到那时，再要剪除刘备的势力可谓难上加难。

曹操有心先去攻打刘备，又不愿错失这次灭吴的大好时机，正在犹豫不决之际，谋士陈群建议道："刘备和孙权已经结盟，如果刘备进攻西川，丞相您就命人带兵直趋江南，孙权必会向刘备求助。而刘备只想着夺取西川，肯定无心分兵救援孙权。这样一来，我们就可以先攻下东吴，平定荆州，然后再想办法拿下西川。"曹操听罢，感觉茅塞顿开。

决定了进攻方向之后，曹操又担心到时后方空虚，西凉的镇东将军马腾会乘机袭取许都（今河南许昌）。于是，曹操派使者去凉州，以朝廷的名义加封马腾为征南将军，命他前往许都随军讨伐孙权。

马腾不疑有诈，让长子马超留守西凉，自己带着次子马休、马铁及五千西凉兵卒来到许昌城下。结果父子三人惨遭杀害，西凉兵也被曹操消灭。曹操认为后顾之忧已经解除，当即起兵三十万，直扑江东。面对曹操咄咄逼人的气势，孙权立即命鲁肃派使者前往荆州刘备处求援。刘备收到孙权的求援信，顿感左右为难：如果只顾攻取西川，而不顾东吴，必定导致孙刘联盟的瓦解，何况曹操消灭东吴之后，下一个目标就是自己，所谓唇亡齿寒，不可不救；但如果支援孙权，放弃西川，白白浪费良机，岂不可惜？

正在刘备犹豫不决之时，军师诸葛亮恰好从南郡赶回荆州，他看罢江东的求救信，胸有成竹地说道："主公勿忧，这次既不必出兵东吴，也不必停止攻打西川，我自有妙计使曹操不敢进兵东南。"他让来使带回一封信，信中只说："如果曹军南犯，刘皇叔自有退兵之策。"

刘备向诸葛亮求问到底有何妙策，诸葛亮说："曹操平生最担心的就是西凉之兵。现在他杀了马腾，自以为可以高枕无忧，但马腾长子马超仍然统领着西凉之众。主公只消修书一封，劝说马超兴兵入关，使曹操首尾不得兼顾，这样一来，他只能乖乖从东吴撤兵。"刘备闻言大喜，连忙派人带着他的亲笔书信火速前往西凉。

马超听说父亲和两个弟弟遇害的噩耗，当场放声大哭，痛骂曹操，无时无刻不想着替亲人报仇。他一见刘备来信，便点起西凉兵马，正准备进发时，西凉太守韩遂请马超相见。韩遂与马腾是结义兄弟，他告诉马超：曹操派人送来书信，以西凉侯的封号为诱饵，让韩遂擒拿马超。韩遂表示与马超亲如叔侄，不忍加害，愿意与马超一起联军攻打曹操，报仇雪恨。然后韩遂杀掉曹操的使者，征调手下军马，与马超合兵一处，二人率二十万大军，浩浩荡荡杀向关内，连续攻下长安、潼关。曹操得到关中警报以后，无心继续南下攻打东吴，急忙回师西北。

巧解安庆之围

1519年6月，明宗藩宁王朱宸濠突然发动叛乱。王守仁时任汀赣巡抚、佥都御史，本来奉命去福建剿匪，行至丰城，正好传来宁王叛乱的消息。虽然当时手中并无多少人马，但王守仁依然积极备战，在调配军粮、修治器械的同时，发出讨贼檄文，历数宁王罪状，要求各地起兵勤王。

当时，王守仁最为担心的，是故都南京一旦为宁王朱宸濠所占领，到那时，宁王就有了称帝的资本，又占了地利，那就不容易消灭了。所以在一开始，王守仁虚张声势，大肆散播虚假消息，扰乱宁王视线，让他以为各路大军已经成合围态势。同时使用反间计，使宁王对部下进攻南京的策略产生怀疑。宁王果然上当，一度犹豫观望，没敢发兵攻打南京，王守仁则利用这半个月的时间做好了充分的防守准备，等到宁王再想进攻南京时，发现已经错失良机。

七月，朱宸濠留部分人守卫南昌，自己率六万叛军出鄱阳湖，沿江东下，先后占领了九江、南康，直趋安庆城下，安庆危在旦夕。安庆为南京的西方门户，是长江中下游的军事战略要地。一旦叛军占领了安庆，南京将岌岌可危。

这时，王守仁已经召集了八万军队，对外号称三十万。闻知安庆告急，王守仁立即召集众将开会商议退敌之策。会上，推官王晖对大家说："宁王攻打安庆，却始终无法攻克，说明其士卒疲惫、士气低落。如果现在率大军前往救援，与安庆守兵形成前后夹攻之势，必能取胜。打败朱宸濠之后，其老巢南昌城自然是唾手可得。"听了王晖的分析，众将议论纷纷，意见不一。

王守仁则不同意王晖的看法，他说："王君你只知其一，不知其二。试想，我军如果要去营救安庆，必须经过叛军镇守的南昌，其中的困难暂且不说，就是成功到达安庆，与朱宸濠相持，双方势均力敌，胜负也难以预料。况且安庆守军经过连日激战，必定疲惫不堪，不能指望他们成为我军的援应。而如果此时南昌城内的敌人趁机在我军背后截断我粮道，占据了南康和九江的敌人再趁机夹攻我，到那时，我军腹背受敌，岂不是自蹈危地吗？依我之见，不如首先攻打南昌。宁王的精锐之师已倾巢而出，南昌的守军一定很薄弱。而我军气势正盛，要攻破南昌并不难。宁王听说南昌危急，不可能眼看着巢穴失守而无动于衷，必然还兵自救，到时安庆之围自可解除。而等朱宸濠赶回南昌时，城池早已为我占领，这样一来，叛军的士气将会大大降低。我军再乘势发起攻击，必可大获全胜。”听了这一番深入细致的分析，王晖和众将官心悦诚服，当场达成一致意见——攻打南昌。

正当王守仁准备出发时，探子来报：叛军在南昌城南面设下伏兵，作为城援。王守仁立即派五千骑兵，夤夜出发，从小道悄悄掩至叛军伏兵身后。然后王守仁率大军来到南昌城下，即刻攻城。

果然不出他所料，南昌叛军势单力孤，加上他之前做了大量的宣传工作，谎称军队人数众多，守军心慌，渐渐不支。城南的伏兵本欲前来相救，却被王守仁事先安排的五千骑兵打得落花流水，四散溃逃。几天后，王守仁攻克了宁王的老巢南昌。

宁王正忙着日夜督军进攻安庆，但由于城内守军顽强抵抗，战事长期没有任何进展。而南昌失守的消息却在此时传来，宁王大惊失色，急忙下令撤兵还救南昌。他手下的李士实进谏说："现在赶回去救援南昌恐怕已经晚了。倒不如一不做、二不休，即刻起兵，直取南京。"

听了他的意见，朱宸濠沉吟半晌，方说道："南昌乃我之根本，经营许久，城中有大量的金钱粮草，绝不可落入对方手中。无论如何，我都要夺回南昌。"李士实见朱宸濠主意已定，心知劝不动他，只得作罢。

朱宸濠率军登舟，溯江而上，回援南昌。王守仁派主将分五路迎敌，一路设伏，先把叛军的先锋船队引进埋伏圈，然后出奇兵掩杀，叛军大败。朱宸濠眼见局势不妙，急忙从九江和南康调精锐部队出击，再战王守仁。王守仁派几路大军迎战，并直取南康。

这一仗非常关键，战况也相当激烈，其间官军一度退却，幸亏王守仁部将伍文定当机立断，斩杀了后退之人，激起了众将士一决死战之心，最后终于打败了敌人。

朱宸濠仍不甘心自己的失败，收拢各部舟船，结成一个方阵，以求固守，又拿出金银珠宝犒赏诸人，要他们拼死一搏。但王守仁一眼就看出方阵的破绽，他决定仿效火烧赤壁的例子，用火攻打败宁王。第二天，当宁王和群臣正在船上召开“早朝”会议时，王守仁派人将小船装满干草和引火之物，然后纵火烧毁了宁王的副船，船上众人纷纷跳水逃生，大部分成了阶下囚。宁王因乘坐的旗舰搁浅，不能行动，只能换乘小船逃命，后来被王阳明的部下擒获。不久，南康、九江也被官军收复，宁王之乱全面平息，前后只用了35天。

破解天京之围

清咸丰七年底，太平天国内讧，清廷乘机重建江南大营，缩小对天京的包围圈。面对这紧急的形势，天京朝中主持朝政的洪仁玕与李秀成商议，决定先攻下杭州，一旦清军分出兵力相救，便集中力量直捣江南大营。

计策已定，李秀成、石达开成功突围，随即兵分两路：李秀成直奔杭州，石达开则向湖州进军。杭州是清军的粮草基地，战略地位十分重要。杭州城内更有一万精兵把手，守备森严。李秀成率军到达城下，令士兵接连发起进攻，无奈都被击退。心急如焚的李秀成正不知如何是好，这时忽然天降大雨。已经连续苦战数日的杭州守军疲惫不堪，于是撤回城中躲雨休息。正是在这天夜里，李秀成亲自挑选了一千多名精壮的勇士，连夜用云梯翻越了城墙，为太平军打开了城门。

等到城内官兵醒来，太平军已经攻入了城内。杭州城已破，为了吸引江南大营的清军火速来援，李秀成又指挥士兵点燃了清军的粮仓。果不其然，江南大营的将领张玉良立刻率领十万兵马回援杭州。

而李秀成在烧光粮草之后，迅速领兵赶回天京。与此同时，石达开的部队也回撤天京。两队人马都巧妙地绕开了张玉良的队伍，避免与其正面交锋，等到张玉良赶到杭州时，早已是人去城空。而驻守天京的洪秀全见围守的清军已经分兵，于是下令全线出击。这时天京清兵受到太平军的几面夹击，得知杭州失守的清兵本来已经无心恋战，再加上人马锐减，顿时溃不成军，死伤近六万，损失惨重。

天京之围终于解除，清廷苦心经营的江南大营再次被捣毁，洪仁玕和李秀成围杭州救天京的妙计可谓大获成功。

第三计　借刀杀人

【原文】

敌已明，友未定[1]，引友杀敌，不自出力，以《损》[2]推演。

【注释】

①友未定：“友”指军事上的盟者，也即除敌、我两方之外的第三者中，可以一时结盟而借力的人、集团或国家。友未定，就是说盟友对主战的双方，尚持徘徊、观望的态度，其主意不明不定的情况。

②《损》：出自《易经·损》卦：“损：有孚，元吉，无咎，可贞，利有攸往。”孚，信用。元，大。贞，正。意即，取抑省之道去行事，只要有诚心，就会有大的吉利，没有错失，合于正道，这样行事就可一切如意。又有《象》损卦：“损：损下益上，其道上行。”意指“损”与“益”的转化关系，

借用盟友的力量去打击敌人，势必要使盟友受到损失，但盟友的损失正可以换得自己的利益。

【译文】

敌人的情况已经明了，友方的态度尚未确定。利用友方的力量去消灭敌人，自己不需要付出什么力量。这是从《损》卦推演出的计策。

【解析】

所谓借刀杀人，是指在对付敌人的时候，自己不动手，而利用第三者的力量去攻击敌人，用以保存自己的实力；再进一步，则巧妙地利用敌人的内部矛盾，使其自相残杀，以达到置敌于死地的目的。

【事例】

刘备杀吕布

吕布本是董卓的义子。东汉末年，董卓把持朝政，挟汉献帝以令诸侯。后来，司徒王允设计离间吕布与董卓的关系，董卓终于为吕布所杀。其后，董卓的余党李榷、郭汜、张济、樊稠等人一边抵抗吕布，一边攻破京城，杀了王允。吕布先后投奔南阳太守袁术、渤海太守袁绍、上党太守张杨、陈留太守张邈，但是都没有获得重用。后来，吕布又带兵投奔刚刚得到徐州的刘备。刘备想把徐州让给吕布，但遭到张飞的强烈反对，因此只好叫吕布驻军在徐州附近的沛县。

吕布到达沛县后，曹操采纳谋士荀彧的"驱虎吞狼"之计，借用天子的名义要刘备去讨伐袁术，却让吕布乘机夺了徐州。吕布夺得徐州后，又采纳谋士陈宫的建议，邀请讨伐袁术失败的刘备回到徐州，让他驻军在沛县。刘备无奈，只好接受这一现实。

刘备驻守沛县，与吕布的军队守望相助，关系十分友好。这时，袁术派大将纪灵率领大军讨伐刘备，吕布出面调解，辕门射戟，使纪灵不敢进攻刘备，解除了刘备的危难。这样，刘、吕二军的关系更好了。吕布曾对刘备说："我今天解了你的危难，今后你若得志，不可忘记我的恩义啊！"刘备再三感谢。后来，张飞拦路抢了吕布派人从山东买回的一百五十匹马，引发了两家矛盾，吕布围攻沛县讨马，刘备等突围投靠曹操。

曹操率领大军亲征徐州，吕布兵败，退入下邳城坚守。两个月后，吕布在睡觉时被捆绑起来，然后其部将打开城门，将其献给曹操。曹操在白门楼上处置吕布及其随从，是否斩杀这员盖世骁将，曹操一时犹豫不定。当时刘备在场，吕布对刘备说："公为座上客，布为阶下囚，为何不发一言而相救呢？"刘备点头应允。一会儿曹操上楼，吕布表示自己愿意投降，以辅佐曹操平定天下。曹操回头问刘备说："如何？"刘备却回答说："公不见丁建阳、董卓之事乎？"吕布听罢，十分生气，于是大骂刘备道："这个家伙是最无信的人！"又谴责刘备说："你难道不记得辕门射戟时的情形了吗？"刘备一言不发，曹操于是下令将吕布缢死，然后割下脑袋示众。

曹操杀祢衡

汉献帝建安初年，曹操想派使者去荆州劝说荆州牧刘表归顺自己。这时，谋士贾诩向他建议道：“刘表喜欢与当代的名士交往，希望您能派一位名士前往荆州，这样就能达到目的了。”曹操认为贾诩的建议很有道理，就想物色一位名士，于是他找到了祢衡。

祢衡是汉末名士，长于文学和辞令，且与孔融交善。他来到曹操府中，曹操并没有特别重视他，因此祢衡心有不满。在宴会上，祢衡几次三番羞辱曹操，说曹操没有识人之才，手底下尽是无用之人。

曹操听了祢衡的一番话，不禁大怒。这时，曹操的部将张辽向曹操说道：“祢衡这个人说话如此放肆，不如让我杀了他吧？”曹操笑笑说：“这个人在外面有点虚名，我今天杀了他，人家就会议论我容不得人。”他沉默了一会儿，心中顿生一计，只见他装出大度的样子，用手指着祢衡说：“我现在派你出使荆州。如果你能劝降刘表，我就委任你做大官。”祢衡早就听说过刘表的为人，知道他残暴不仁，他心里明白，刘表是不会归降曹操的，出使荆州多半会凶多吉少，这分明是曹操借刀杀人的伎俩，所以坚决不肯答应。

曹操立即传令侍从，要他们备下三匹马，派两个人挟持祢衡前往荆州。

祢衡到荆州见了刘表之后，表面上颂扬刘表的功德，实际上尽是讥讽之语。刘表不高兴，叫他去见黄祖。有人问刘表：“祢衡戏谑主公，为何不杀了他？”刘表说：“祢衡多次羞辱曹操，曹操不杀他，是因为曹操怕因此失去人心，所以叫他当说客到我这里来，要借我的手杀他，使我蒙受害贤的恶名。我如今让他去见黄祖，让曹操知道我刘表有见识。”众人皆说好。祢衡到了黄祖的地盘，黄祖邀请祢衡一起饮酒，二人喝得大醉。这时，黄祖向祢衡问道：“你在许都有什么人？”

祢衡说：“大儿孔融，小儿杨修。除此二人，别无人物。”

黄祖又问：“我像什么呢？”

祢衡回答说：“你像庙中的神，虽然受祭祀，遗憾的是不灵验！”

黄祖大怒，说道：“你把我比成泥塑木雕，看来你是不想活了！”于是下令杀了祢衡。祢衡至死骂不绝口。曹操得知祢衡受害，笑着说：“腐儒舌剑，反自杀了！”

刘秀除心患

刘秀的哥哥是被更始帝刘玄所杀，当时刘秀势力单薄，只能把悲痛深深地埋在心中，装出懦弱无能的样子，甚至主动回去向刘玄请罪。但刘秀知道忍辱负重并非长远之计，毕竟他名声在外，迟早会落得和哥哥一样的下场，因此想方设法摆脱了刘玄的控制，拥有了独立的地盘。

与刘玄决裂后，刘秀率兵向长安进军。而洛阳乃是通往长安的军事重地，刘玄派李轶前往镇守，以阻挡刘秀大军的西进之势。

刘秀手下的将军冯异给李轶写了一封劝降信。李轶看完信后，内心极为矛盾——他知道刘玄成不了大事，早就有意脱离，但是他曾经参与杀害刘秀之兄的行动，故不敢轻易归顺刘秀，担心对方容不下他。于是，李铁给冯异回了一封信，信中写道：“今天你我都镇守着军事要地，地位举足轻重。若你我能同心同德，那我还会有什么顾虑呢？请将我的意思转达给萧王（即刘秀），我愿意为他尽微薄之力。”

当这封措辞委婉的信到达冯异手上后，他很快就明白，李铁这是在暗示自己，让自己保证他归顺后的生命安全及高官厚禄。于是，冯异给李铁回信表示劝勉与安慰，同时出兵攻打洛阳周围各县，看李铁是否发兵援救，以试探他是否真的有诚意。而李铁果然信守承诺，不与冯异交战。

冯异经过一番试探，见李铁的确言行一致，就把此事的经过报告给了刘秀，并递上李铁的信，劝刘秀不计前嫌，接受李铁的归顺。

但即便不计较杀兄之仇，刘秀也深知李铁是一个反复无常之人，今天他能背叛刘玄投向自己，明天也能背叛自己归顺他人，这种人留着始终是心头之患。但是，如果现在将他拒之门外，对战局的发展又十分不利。

经过反复考虑，刘秀终于想出一条借刀杀人的妙计。他在给冯异的回信中，对是否接受李轶归顺这个问题避而不谈，只是提醒道：“李轶此人诡计多端，心思深沉难测，一般人难以看明白。大家还是各自坚守阵地为上，防止李轶要什么花招。”然后，刘秀故意泄露了李轶打算归降的事，并派人暗中大肆传播，众人对此议论纷纷。

就这样一传十，十传百，不久，刘玄手下的另一员大将得知这个消息，知道李轶怀有二心，就派人刺杀了他。这样一来，洛阳驻军突然失去主将，军心动摇，许多人纷纷投奔到刘秀军中，局势很快发生了逆转。

洪秀全除异己

清朝后期，爆发了震惊中外的太平天国起义。以洪秀全、杨秀清为首的起义领袖，在起义过程中发挥重大作用。不过，洪、杨二人却在关键时刻为争夺权力而发生内讧，最终，洪秀全运用“借刀杀人”之计，不但杀掉杨秀清，还铲除了其他人的势力。

1851年，广西农民洪秀全发动了金田起义。起义军在短短两年内就攻占了江南重镇南京。不久，洪秀全以南京为都，将其改名为天京，并定国号为“太平天国”。

定都天京后，洪秀全建造了天王府，此后，他深居简出，只顾享受奢靡的生活，军政大权都落在了东王杨秀清手中。杨秀清把持朝政，专横跋扈，不仅对同等地位的其他诸王颐指气使，甚至不把洪秀全放在眼里。他经常假传“天父”圣旨，训斥洪秀全，洪秀全尴尬恼怒，却又不能反抗，满朝文武更是敢怒而不敢言。随着太平天国在战事上取得一系列胜利，特别是在杨秀清的指挥下，太平军击破了围困天京三年之久的清军江南大营以后，东王杨秀清的声望达到鼎盛，而这也让他生出了篡夺大位的野心。

追逐权力的欲望一旦滋生，便难以遏制。杨秀清开始一步一步实施自己的计划，他先以调虎离山之计将诸王先后调离天京：北王韦昌辉去江西，翼王石达开回湖北，燕王秦日纲赴丹阳。其后，杨秀清开始了他夺权计划的第二步。七月初，他假传神旨，谎称天父下凡，令洪秀全亲往东王府，并质问洪秀全道：“你和东王都是我的儿子，东王立下了这么大的功劳，为什么只称九千岁？”洪秀全只好答道：“东王打江山有功劳，也应当是万岁。”“天父”又问：“东世子（杨秀清的儿子）难道只是千岁吗？”洪秀全回答说：“东王称万岁，世子自然也是万岁。”

洪秀全之所以如此委曲求全，只是慑于杨秀清的权势，他暗地里却开始布置除掉杨秀清的计划。于是，洪秀全秘密下诏，命韦昌辉、石达开、秦日纲三人统兵回京救驾。这三人中，驻守丹阳的秦日纲首先抵京，但因势单力薄未敢动手。八月三日，韦昌辉率三千精兵从江西赶回天京。二人秘密觐见洪秀全，然后连夜派兵扼守全城的要害之地，占据了所有通往东王府的街道，接着以迅雷不及掩耳之势直闯东王府，杨秀清为秦日纲所杀。本来照洪秀全的旨意，此次行动只杀杨秀清及其兄弟三人，但韦昌辉公报私仇，在东王府内实施大屠杀，除杨秀清第五子漏网外，其余人等无一幸免。这其实是韦昌辉的阴谋，因为他也有夺权的野心，于是趁此机会铲除异己，意欲为日后夺权铺平道路。

十天之后，石达开才匆忙赶到天京，入见天王洪秀全，知道了整件事情的详细情况，于是气愤地斥责韦、秦二人滥杀无辜。韦昌辉认为石达开偏袒杨秀清，又想杀了石达开。石达开识破了他的意图，不敢久留天京，连夜匆匆出城。结果，韦昌辉当晚率兵屠戮了石达开的家眷，又派秦日纲率万余人追杀石达开。

事情发展到这个地步，洪秀全再也不能坐视不理，他责怪韦昌辉杀人太多，认为屠杀石达开的家人是绝情寡义之举。韦昌辉听了，心中愤愤不平，觉得洪秀全一味袒护石达开，这是要联合石达开一起来对付自己，于是想要一不做二不休来个斩草除根，连洪秀全一起杀掉。谁知洪秀全早有准备，经过两天的较量，洪秀全将韦昌辉及其党羽二百余人全部杀死。秦日纲后来也被召回处斩。

至此，这场“天京变乱”才算被平息。

第四计　以逸待劳

【原文】

困敌之势[1]，不以战；损刚益柔[2]。

【注释】

①困敌之势：迫使敌人处于围顿的境地。

②损刚益柔：语出《易经·损》。“刚”“柔”是两个相对的事物现象，在一定的条件下相对的两方有可相互转化。“损”，卦名。本卦为异卦相叠（兑下艮上）。上卦为艮，艮为山，下卦为兑，兑为泽。上山下泽，意为大泽侵蚀山根之象，也就说有水浸润着山，抑损着山，故卦名叫损。“损刚益柔”是根据此卦象讲述“刚柔相推，而主变化”的普遍道理和法则。　此计正是根据“损”卦的道理，以“刚”喻敌，以“柔”喻已，意谓困敌可用积极防御，逐渐消耗敌人的有生力量，使之由强变弱，而我因势利导又

可使自己变被动为主动，不一定要用直接进攻的方法，同样可以制胜。

【译文】

迫使敌人处于困难的局面，不一定用直接进攻的手段（而采取疲惫、消耗敌人的手段）。

【解析】

此即制敌之法也。兵书云："凡先处战地而待敌者逸，后处战地而趋战者劳。故善战者，致人而不致于人。"兵书论敌，此为论势，则其旨非择地以待敌；而在以简驭繁，以不变应变，以小变应大变，以不动应动以小动应大动，以枢应环也。如管仲寓军令于内政，实而备之；孙膑于马陵道伏击庞涓；李牧守雁门，久而不战，而实备之，战而大破匈奴。

【事例】

曹刿论战

公元前684年，齐国拜鲍叔牙为大将，派其带领大军侵犯鲁国，一直推进到长勺（在今山东莱芜东北，一说在曲阜北）一带。鲁庄公听到消息后，决定奋起反抗。大臣施伯极力推荐一个名叫曹刿的人，说此人文武双全，如果让他带兵，一定能战胜齐国。

于是鲁庄公马上派施伯把曹刿请来，向他请教怎样才能打退齐军。曹刿问庄公凭什么与齐国一战，庄公说自己一生尽力为百姓做事，因此可以得到百姓的拥护。曹刿说这是取胜的关键，并表示愿意追随庄公前去迎敌。庄公听罢，非常高兴，于是拜曹刿为大将，让他随自己一起出征。

齐军与鲁军在长勺摆开了阵势。齐军之前一路高歌猛进，士气高昂，鲍叔牙一见到鲁军，就立刻命令击鼓进军。这时，只听见齐军那边战鼓齐鸣，杀声震天，兵士们如潮水般冲了过来，鲁庄公也急忙下令鲁军击鼓迎敌。曹刿制止了鲁庄公，说：“敌人刚打了胜仗，现在锐气正盛，如果交锋，正中他们下怀，不如暂缓交兵，严阵以待，等待适当时机，千万不可急躁。”

齐军一阵冲锋过来，但鲁军并不与之交战，只是竭力稳住阵脚。齐军见没有冲垮鲁军的队列，只得退回原地。过了一会儿，齐军再次擂鼓冲锋，鲁军依然坚守不出，阵地也纹丝不动，齐军只能重归本营。但鲍叔牙并不死心，并据此判断鲁军势弱怯战，于是命令齐军第三次击鼓进军，准备一举消灭鲁军。经过两次冲锋，齐军将士认为鲁军懦弱不敢出击，斗志已经松懈。曹刿听到齐军第三次击鼓，便对鲁庄公说：“现在是出击的时候了！”

齐军正在冲锋，忽然听到鲁军阵中传出震耳欲聋的鼓声，又看到鲁军士兵像猛虎下山一样冲了过来，顿时心中慌乱，被杀得溃不成军，大败而逃。鲁庄公见齐军逃却，正要下令全线追击，又被曹刿制止：“且慢，等我看看。”说完，曹刿跳下车，查看地上的车辙马迹，又跳上车，手扶横档向逃走的齐军方向张望了一阵，然后说："可以放心追击。"鲁军一路尾随，把齐军赶出国境。此役鲁军大获全胜，缴获的战利品堆积如山。

事后，鲁庄公问曹刿为什么头两回不迎战，而要在敌人第三次击鼓时才出击。曹刿答道："凡是打仗，凭的完全是士气。当第一次击鼓时，齐军的士气非常旺盛，不可硬拼；第二次击鼓时，齐军的斗志已经有所松懈；到第三次击鼓时，齐军士气衰竭，已经没什么战斗力了。而这时我军初次鸣鼓进攻，攻疲乏之敌，自然能旗开得胜。"

鲁庄公点头称是，但仍然不明白齐军败退时为什么不立刻追击。曹刿回答道："齐国是大国，素来诡计多端，虽然逃跑了，但我唯恐还有埋伏。我看见对方的车辙印杂乱无章，远处的旗帜也倒下了，这才确定他们是真的溃散，所以才敢放心大胆地追击。"

城濮之战

春秋前期，晋国与楚国争夺中原地区的霸主。公元前633年冬，楚国派大将成得臣领军，同时联合陈、蔡、郑、许等诸侯国共同攻打宋国。宋国派使臣向晋国求救。晋文公召集群臣商议此事，大臣们都认为楚国经常发兵攻打中原诸侯，如果晋文公能挺身而出，扶助弱小，那么成就霸业就指日可待了。晋文公几经思量，决定攻打楚国的盟国曹国和卫国，并认为届时楚国必定引兵救援，这样自然就可以解除楚国对宋国的包围了。

公元前632年春，晋军攻占了曹国和卫国，并俘虏了两国国君。楚成王并不想同晋文公交战，听说晋国出兵的消息后，急忙命成得臣从宋国退兵。但成得臣自恃兵强马壮，认为宋国已经是囊中之物，迟早可以拿下，不肯半途而废。他还派人对楚成王说："我虽不敢说一定能打胜仗，至少也要拼个死活。"楚成王听了，很不高兴，将大军调回国内，只留下少部分兵力归成得臣指挥。

成得臣对此也并不在意，依然雄心勃勃地想要做出一番功绩给楚成王看。他先派人通知晋军，要他们释放曹、卫两国国君。晋文公则暗中告诉这两国国君，如果他们答应跟楚国断交，就恢复他们的君位。结果，他们真的按晋文公的意思去办了。

成得臣本来是想援救这两个国家，却不料它们反而先跟楚国断交，气得火冒三丈，说："分明是重耳逼他们做的。"于是立即命令全军赶到晋军驻扎的地方。

两军相遇之后，晋文公立刻下令晋军退避三舍。将士们反对说："我们的统帅是国君，对方的统帅则是臣子，哪有国君让臣子的道理？"大臣狐偃解释说："打仗先要占个理字，理直就气壮。当年楚王曾经帮助过主公，主公向他许下过一旦要是两国交战，晋国将退避三舍的诺言。今天我们后撤，就是为了实现这个诺言。如果我们对楚国失信，就是我们理亏。如果我们退了兵，他们却不罢休，步步进逼，那就是他们输了理，到时再跟他们交手也不迟。而且，后退还可以避开楚军锐气，待其斗志松懈时再与之交战，获胜的把握更大。"

众将士见狐偃说得有理，于是晋军一口气后撤了三十里。见楚军尾随追来，又继续后撤，一共退了九十里，到了城濮（今山东鄄城西南）才停下来，并布置好了阵势。

楚国有部分将领见晋军后撤，想就此停止攻势。但成得臣认为晋军怯战，坚决不听部下的建议，下令穷追不舍，一直追到城濮，与晋军相互对峙。

成得臣还派人给晋文公下了一封战书，其中的措辞十分傲慢。晋文公回答说："我们从来都不敢忘记贵国的恩惠，所以一直退让到这里。既然你们不肯谅解，那我们只好在战场上一较高低了。"大战开始后，两军刚一交手，晋军就佯装败退，他们还把砍下来的树枝拖在战车后面，这样战车后退时，地上就会扬起一阵阵的尘土，伪装出十分慌乱的模样。

成得臣骄傲自大，向来不把晋人放在眼中，不加考虑就率军追了上去，正中晋军埋伏。晋军的主力部队猛冲过来，将楚军拦腰截断，原来假装败退的晋军则掉转头与主力部队前后夹击，把楚军分割围歼。

晋文公吩咐将士们只要打败楚军即可，不得继续追杀。成得臣收拢败兵残将，在回国的半路上，觉得无法向楚成王交代，就自杀谢罪了。这就是"城濮之战"。

晋国打败楚国的消息传到当时周朝的都城洛邑后，周襄王亲自到践土（在今河南原阳西南）慰劳晋军。晋文公趁此机会召集各国诸侯召开大会，订立盟约，继齐桓公之后成为中原的第二个霸主。

铁木真以逸待劳破劲敌

铁木真成为蒙古部首领之后，招携怀远，举贤任能，势力一天天地强盛起来。曾与铁木真结为盟友的札木合心怀不满，寻机要与铁木真一比高低。铁木真的叔父拙赤居住在撒阿里川一带，他经常令部属到野外放牧。一次，他的一群马被人劫走，放马人急忙通报拙赤。拙赤极为愤怒，只身一人前去追赶。傍晚时分，拙赤追上劫马者，把为首的那个人用箭射倒，然后乘乱将马群赶回。

原来，拙赤射中的那个人正是札木合的弟弟。札木合闻讯悲恨交加，遂联合塔塔儿部、泰赤乌部等十三部，合兵三万，杀奔铁木真的营地。

铁木真得到消息后，立即集合部众三万人，分作十三翼，做好迎敌的准备。开始的时候，铁木真的部队抵挡不住气势汹汹的札木合军，不得不且战且退。

在军务会议上，博尔术对铁木真说：“敌军气焰方盛，意在速战速决，我军应以逸待劳，等敌军力衰之时再出击掩杀，定获全胜。”铁木真采纳了博尔术的意见，聚众固守。札木合几次遣军进攻，都被铁木真的弓箭手一一射退。

本来，草原兴兵，不带军粮，专靠沿途抢掠或猎获飞禽走兽来筹备食物。札木合远道而来，军粮渐少，又无从抢夺，士兵只得四处寻觅野物，整日不在军营当中。博尔术见敌军东一队西一群，势如散沙，立即入帐禀报铁木真。铁木真认为时机已到，遂命各部奋力杀出。

此时的札木合正在帐中休息，得知铁木真发动进攻，慌忙吹号角集合部队，可是他的士兵大多数出外捕猎，来不及回归。札木合手下的十二个主将因敌不过排山倒海而来的铁木真军，纷纷落荒而逃。札木合见大势已去，遂骑快马从帐后逃走。已养足精力的铁木真军，像砍瓜切菜一样，将在帐营中的札木合部队数千人全部消灭。

陆逊火烧连营

三国时期，吕蒙白衣渡江，关羽大意失荆州，最后败走麦城，为东吴所擒杀。蜀主刘备得到噩耗后，痛哭流涕，怒不可遏，发誓要为结拜兄弟报仇雪恨。

诸葛亮和诸位大臣都苦苦哀劝，希望刘备以大局为重，不要因一时意气破坏孙刘联盟，使曹操有机可乘。但刘备报仇心切，根本不听劝告，亲自率领七十万大军征伐东吴。蜀军从长江上游顺流进击，居高临下，一路势如破竹，连胜十余阵，直至彝陵、猇亭一带，深入吴国腹地五六百里。东吴难以抵挡，连折数员大将，甘宁、潘璋等先后战死，举国震惊。

孙权见蜀军声势浩大，心生畏惧，赶紧派人向刘备求和，但遭到断然拒绝。孙权无奈，经阚泽举荐，只能启用当时名不见经传的青年将领陆逊为大都督，命其率五万人迎战。

蜀军攻势猛烈，一路急进。东吴将士见其步步紧逼、来势汹汹，都摩拳擦掌，想要和蜀军决一死战。但陆逊深谙兵法，正确地分析了当前局势，对将士们说道："刘备率军东征，锐气正盛，而且他们地处上游，占据了险要地带，呈居高临下之势，我军难以进攻，故不可与之硬拼，一旦失利，后果非同小可。应当坚守不出，等到蜀军疲惫，士气低落时，再伺机反击。”

陆逊手下众将士本来就对这个毫无资历的年轻书生心存轻视，现在见他不肯出战，更加认定他是个胆小鬼，都在背地里愤愤不平。陆逊也知道众将士对自己有看法，说：“我虽然只是一介书生，但主上对我委以重任，认为我有一项长处，就是能忍辱负重。各位将军务必各守隘口，牢据险要，不许轻举妄动。违令者斩！”军法严明，众将心中即使再怎么不满，也无人敢公开违抗。

陆逊上任后，有意识地实行战略撤退，吴军完全撤出了山地。刘备见东吴方面避而不战，加上蜀军人数众多，在五六百里的山地一带难以展开，欲战不能，反而处于被动地位，只得下令沿路扎下大营，前后长达七百里地。

刘备派人每天去东吴阵前骂战，但陆逊耐性极好，一直按兵不动，双方对峙达半年之久。刘备见蜀军士气开始低落，心中十分焦急，于是派几千人马从山上到平地扎营，想以此引诱东吴出击，以便与陆逊展开决战。

陆逊对手下众将说：“据我观察，蜀兵在平地扎营，周围山谷中必有伏兵。”于是依然坚持不出战。刘备见自己的计策不奏效，而蜀军粮草补给也越来越困难，不得不陆续将队伍从山上迁到平地，以便更好地取水用粮。

陆逊看到蜀军战线绵延数百里，首尾难以兼顾，又在山林中安营扎寨，犯了兵家之大忌，于是召集手下众将士，决定向蜀军发起进攻，他解释说：“蜀军刚来时，气势旺盛，我们无法轻易取胜。现在，蜀军已经疲惫，士气低落，防卫松懈，我们获胜的时刻已经到了。”

就在这天晚上，陆逊命令将士们每人携带火种和一束茅草，趁着蜀军不备，悄悄潜入他们的营地，四处点火。蜀营用木栅栏连在一起，在大风的吹动下，火势很快蔓延，七百里连营瞬间成了一片火海，东吴一下就攻破了蜀军四十座大营。

刘备见火势已无法阻挡，蜀军伤亡惨重，且有好几员蜀军大将被迫投降，因此只能带着残兵败将逃往白帝城。经此一役，刘备又悔又恨，一病不起，不久便去世了。

陆逊面对数量远超自己且士气旺盛的敌人，坚守不出，以逸待劳，最后伺机反攻，火烧蜀军连营，大获全胜，创造了战争史上以少胜多的著名战例。

第五计　趁火打劫

【原文】

敌之害大[1]，就势取利，刚决柔也[2]。

【注释】

①敌之害大：害，指敌人所遭遇到的困难，危厄的处境。

②刚决柔也：语出《易经·夬》卦。夬，卦名。本卦为异卦相叠（乾下兑上）。上卦为兑，兑为泽；下卦为乾，乾为天。兑上乾下，意为有洪水涨上天之象。《夬夬》的《彖》辞说："夬，决也。刚决柔也。"决，冲决、冲开、去掉的意思。因乾卦为六十四卦的第一卦，乾为天，是大吉大利，吉利的贞卜，所以此卦的本义是力争上游，刚健不屈。所谓刚决柔，就是下乾这个阳刚之卦，在冲决上兑这个阴柔的卦。此计是以"刚"喻己，以"柔"喻敌，言乘敌

之危，就势而取胜的意思。

【译文】

当敌人遇到危难时，就要趁势出兵夺取胜利。这是一个强大者果敢决断，抓住有利战机，制服敌人的谋略。

【解析】

敌害在内，则劫其地；敌害在外，则劫其民；内外交害，败劫其国。如：越王乘吴国内蟹稻不遗种而谋攻之，后卒乘吴北会诸侯于黄池之际，国内空虚，因而捣之，大获全胜。

【事例】

诸葛亮安居平五路

夷陵之战结束后，刘备率领残兵败将退往白帝城。蜀军在夷陵几乎全军覆没，刘备又愧又恨，竟一病不起。临终之前，他从成都招来诸葛亮等人，托付后事，随即病逝。诸葛亮立年幼的刘禅为帝，自己总领军国大事。

刘备去世的消息传到了魏国，曹丕高兴不已，想来个趁火打劫，“乘其国中无主，起兵伐之”。这时，司马懿向曹丕献上一计：“陛下可修书一封，差使前往辽东鲜卑国，拜见国王轲比能，并以金帛贿赂他，请他率领辽西羌兵十万，从旱路攻取西平关；再修书一封，派遣使者前往南蛮之地，拜见蛮王孟获，请他起兵十万，攻打益州、永昌、牂牁、越嶲四郡，以威胁西川的南面；再遣使前往吴国，与孙权修好，并以割地为条件，请求孙权起兵十万，攻打两川峡口，径取涪城；又可差使令降将孟达率领十万上庸兵，西攻汉中；然后命大将军曹真为大都督，领兵十万，由京兆径出阳平关取西川。”司马懿认为，在这五十万大军的夹击之下，即便诸葛亮有姜太公的军事才能，也无法抵挡。曹丕听后，认为这是条妙计，便立即按计行事，联合东吴、南蛮、西番诸家，共起五路大军数十万人马，大举伐蜀。

蜀国得到消息，朝野上下一片慌乱，后主刘禅不知该怎么办，只好向丞相诸葛亮请教退敌之策。然而，诸葛亮以“染病”为由闭门谢客，一连数天都不见人影，更不用说出面料理公务、应付危机了。刘禅又急召丞相入朝商议军务，丞相府的下人却回报说：“丞相生病了，无法出门。”刘禅急得团团转，忙派董允、杜琼两位大臣登门探病，实际上是去禀报军情，诸葛亮却避而不见。

刘禅无奈，只得率领百官亲自登门拜访。到了丞相府门口，刘禅让百官在外等候，自己独自走进相府中，却见诸葛亮“独倚竹杖，在小池边观鱼”。刘禅站在后面看了很久，这才徐徐问道：“丞相无恙否？”诸葛亮回头一看，发现竟然是后主，慌忙弃杖，伏地谢罪。刘禅扶起他，询问为何一直待在府内，不肯出去理事。诸葛亮大笑，扶后主入内室坐定，告诉他五路大军伐蜀的事情，自己早有所闻，刚刚并不是在观鱼，而是在思考，而且已经有了对策。其实，诸葛亮之所以闭门不出，甚至连后主的宣召也不理会，一是为了冷静观察，沉着应对；二是为了保守军事机密。后主到来之前，诸葛亮早已暗中调遣兵马，驱退了羌王轲比能、蛮王孟获、叛将孟达、魏将曹真这四路大军。

原来，诸葛亮经过一番观察和分析，迅速制定出了退敌之策：轲比能所进犯的是西平关，而现在的蜀将马超祖上是西川人氏，一向深得羌人的拥戴，羌人把马超誉为“神威天将军”，诸葛亮便派使者送快信令马超紧守西平关，埋伏四路奇兵，每日轮换把守，以抗拒敌军；南蛮孟获引兵侵犯四郡，诸葛亮令人写快信派蜀将魏延带领一路军马在险要地段进进出出，以作为疑兵之计，南蛮兵只凭勇力作战，但是疑心重，如果看见疑兵，必然不敢进攻；至于孟达，诸葛亮知道其与蜀国大臣李严曾结拜为生死之交，诸葛亮回成都时，留下李严镇守永安宫，诸葛亮写了一封信，冒充李严的亲笔信，派人送给孟达，孟达见信后必然推病不出，不会率军进攻汉中；还有一路是魏军的嫡系，由曹真领兵侵犯阳平关，但阳平关地势险要，完全可以守住，诸葛亮调赵云引一支军队把守关隘，只镇守，不出战，曹真如果见蜀军不出战，时间久了就会自己退去，此路军也不必担忧。为防万一，诸葛亮还秘密抽调关兴、张苞二将，令其各带领三万人马，屯守于紧要之处，为各路救应。

果然不出诸葛亮所料，以上四路军队，皆被蜀军击退。至于东吴这一路兵，诸葛亮也已经有了退敌之策，但尚需一名能言善辩之人，作为使臣前往东吴（施行这一计策）。刘禅听了，这才安下心来。百官之中，只有邓芝看出了诸葛亮的心思，于是诸葛亮上奏后主，请求派邓芝为使臣前往东吴游说孙权。经过邓芝的努力，孙权终于答应撤军。这样，魏国的“趁火打劫”之计未能得逞。

当己方内部出现危机，敌人企图趁火打劫的时候，首先也是最重要的，是保持冷静的头脑，沉着分析形势、研究敌情，在稳住己方阵脚的前提下，方可妥善处理危机，化险为夷，反败为胜。

诸葛亮正是在危机四伏的情况下保持住头脑的冷静，所以他能敏锐地看到，曹魏、东吴、西番、南蛮和孟达诸家各自利益不同，各怀鬼胎，虽然军事力量很强，但结成的联盟犹如一盘散沙，然后针对他们的弱点“对症下药”，巧妙地分化瓦解各路敌军，使蜀汉转危为安，正是“运筹帷幄之中，决胜千里之外”。

晋惠公伐秦

晋献公死后，晋国陷入混乱，正在梁地（今陕西韩城南）避难的晋公子夷吾向秦国许诺说：

假使秦国可以护送自己回晋国，并帮助自己成为晋国国君，自己就把河西的五座城池割给秦国。然而，在当上国君（即晋惠公）后，夷吾却反悔了，秦国为此非常生气。

晋惠公掌权没几年，晋国就发生了大饥荒，饥荒一直持续了五年，晋国的国力大受影响，国家粮库空虚，百姓民不聊生，四处逃难。晋惠公无奈，只得再次向秦国求援，希望秦国能帮助自己渡过难关。不过，秦国的国君秦穆公仍然对几年前晋惠公背约的事情耿耿于怀，他的第一反应便是拒绝。秦大夫公孙枝听说后，赶忙找到秦穆公，说：“当年是晋侯违背约定，晋国的百姓是无辜的。现在晋国的百姓正在受灾，我们应该援助他们。”秦穆公听了，改变了主意，答应了晋惠公的要求，晋国的百姓对秦国很感激。

但秦穆公万万没有想到，第二年秦国也闹起了饥荒，秦国本来有足够的粮食可以抵御饥荒，只是这些粮食早在一年前就作为援助送给了晋国。一时间，秦国人心惶惶。秦穆公派人到晋国求援，他想到秦国屡屡向晋国伸出援手，晋国不会对秦国的困难坐视不管，更何况这一年晋国粮食大丰收。

晋国的大臣韩简认为，晋国应当知恩图报，支援秦国，但大夫郤芮、虢射不仅反对帮助秦国，还唆使晋惠公趁秦国闹大灾时联合梁国一起攻打秦国。晋惠公动了心，采纳了虢射等人的意见，整顿兵马大举攻秦。

晋国的背信弃义大大激怒了秦国，秦国国民上下一心奋勇抗晋。一开始，局势对秦国十分不利。激战中，秦穆公还险些被晋军俘虏，幸亏被山野土著救出。秦、晋两军在韩原展开大战（今陕西韩城西南），背负不义之名的晋军被杀得落花流水，晋惠公也成了秦人的俘虏。

晋惠公本想趁火打劫捞取利益，却没料到此举会让他陷入失道寡助的境地，他不只没能从这场战争中获取好处，还被秦人俘获，自身难保。一想到晋惠公几次三番违背诺言，秦穆公就愤怒不已，打算将他杀死祭天。若不是秦穆公的夫人（即晋惠公的姐姐）及时阻止，晋惠公恐怕要死无全尸了。最后，秦国和晋国缔结了盟约，晋惠公也被送回了晋国。

趁火打劫不但要选好时机，还要考虑天时、地利、人和等因素，否则就要像晋惠公那样“偷鸡不成蚀把米”了。

山海关之战

1644年，明朝崇祯皇帝自杀身亡，李自成的农民军开入京城，明王朝寿终正寝。这年四月，李自成挥兵北上，计划平定北方，掌握辽东。四月二十一日，他和驻守山海关的吴三桂展开激战，双方人马斗得昏天暗地，不可开交。

山海关曾是明朝的军事重地，包括关城、东罗城、西罗城、南翼城、北翼城、威远城、宁远城等七大城堡，要想将其攻克十分不易。然而它偏偏又是李自成掌握辽东必须攻克的堡垒，李自成率领农民军同时向西罗城、东罗城和北翼城发起攻击，随着战事的推进，其获胜的希望越来越大。

这让吴三桂非常惊慌，照这样下去，用不了多久李自成就会将山海关攻破，到时他自己就性命难保了。情急之下，吴三桂将生存的希望寄托在清军身上。他非常明白，野心勃勃的满洲人也很想拿下山海关这一重镇。只是相对于李自成而言，协助清军对吴三桂本人更为有利，至少帮助清军入关，清军不会伤害他的性命。

而清军也早有趁火打劫之心，不过面对吴三桂的求援，指挥清军的多尔衮却选择了坐山观虎斗，坐收渔人之利。在多尔衮看来，吴三桂并不值得信赖，不把他逼到山穷水尽的境地，他不会乖乖降清。另一方面，若清军过早出手灭掉李自成，吴三桂就有机会保留一定的军事力量对付清军。因此多尔衮假意为吴三桂提供帮助，实际上只打掉了一小部分农民军，并未对整体战事起到什么影响。

吴三桂心急如焚，最后只能亲自前往清军大营，以表投降的诚心。多尔衮借机向吴三桂提出相当苛刻的条件，要其剃头盟誓，归降大清，吴三桂只好一一照做。多尔衮这才正式出兵援吴，他的介入极大地改变了战场的形势。清军集中力量攻打李自成的阵尾，吴三桂则主要负责攻打李自成的阵头，两相配合，李自成首尾受敌，应对不暇，很快陷入被动。再加上清军多为骑兵，而农民军多为步兵，根本不可能抵挡住前者的冲锋，面对清军的猛攻，农民军只得步步后退。

山海关之战结束了，李自成大败。多尔衮联合吴三桂追击李自成。李自成回到紫禁城后，匆匆举行登基仪式，没过几天就离开了北京。而清军不仅缴获了农民军的大量辎重，还顺利地进入北京城，进而一举南下，统一了全国。

在山海关之战中，清军采用“趁火打劫”之计，不仅取得了山海关，攻入北京城，还为统一全国创造了条件。

第六计　声东击西

【原文】

敌志乱萃[①]，不虞[②]，坤下兑上[③]之象，利其不自主而取之。

【注释】

①敌志乱萃：援引《易经·萃》卦中《象》辞："乃乱乃萃，其志乱也"之意。萃，悴，即憔悴。是说敌人情志混乱而且憔悴。

②不虞：未意料，未预料。

③坤下兑上：萃卦为异卦相叠（坤下兑上）。上卦为兑，兑为泽；下并为坤，坤为地。有泽水淹及大地，洪水横流之象。

此计是运用"坤下兑上"之卦象的象理，喻"敌志乱萃"而造成了错失丛杂、危机四伏的处境，我则要抓住敌人这不能自控的混乱之势，机动灵活地运用时东时西，似打似离，不攻而示它以攻，欲攻而又示之以不攻等战术，进一步造成敌人的错觉，出其不意地一举夺胜。

【译文】

当敌人混乱得像丛生的野草，无法预料将要发生的事情时，这正是《萃》卦中所说的水高出地面（必然溃决）的象征。必须利用敌人不能自主的机会去消灭他们。

【解析】

指表面上声言要攻打东面，其实是攻打西面。军事上使敌人产生错觉的一种战术。

【事例】

班超破匈奴

汉武帝时，张骞出使西域，加强了汉王朝与西域各国的联系。汉宣帝设立西域都护以后，西域诸国一直与汉朝保持着良好的关系。后来，王莽改制时贬黜了西域各国王号，引起了普遍不满。

王莽派军前去攻打，结果全军覆没，西域诸国也完全断绝了与汉王朝的联系。

一直公开与汉王朝对立的匈奴单于见状，趁机于新莽末年和东汉初年大肆扩充实力，准备重新夺回西域。

东汉建立后，莎车（今新疆莎车）和鄯善派使者前往洛阳朝贡，并请求东汉政府派遣都护。但当时东汉政权尚未完全稳固，刘秀忙于铲除地方割据势力，便没有应允两国的请求。建武二十一年，鄯善、车师等十六国又遣子入侍，并再次请派西域都护，可惜仍然未获同意。后来，西域各国互相攻伐，匈奴乘虚而入，控制了西域地区，得到了西域诸国的人力、物力，实力大增，其后更是屡次兴兵进犯东汉河西诸郡，边地百姓不堪其扰，叫苦不迭。

班超奉命出使西域，就是为了团结西域各国，共同对抗强大的匈奴。要想使西域诸国能联合起来共同对抗匈奴，就必须先打通南北通道。莎车国地处大漠西边，归附匈奴后，它还经常煽动周边小国一同反对汉朝。班超遂决定首先平定莎车。

班超联合于阗（今新疆于田）等国，率二万五千人进攻莎车，莎车国王大惊，立刻向龟兹（在今新疆、拜城、库车一带）求援，龟兹王得报，便亲率五万人马援救莎车。班超见敌众我寡，不可力敌，必须智取，于是决定用声东击西之计，迷惑敌人。

班超先是召集于阗王和各部将领，说明己方人数少，难以取胜，不如假装各自撤退，还特别嘱咐出发时把动静闹大一些。然后派人在军中散布士卒对主将的不满言论，制造因不敌龟兹而准备撤退的假象。班超还特意“关照”了几位莎车俘虏，保证让他们能听得一清二楚。

这天黄昏，班超大军分两路撤退：他自己率部分人向西，而于阗大军则向东撤退，队伍表面上显得慌乱，其实是故意制造机会让俘虏脱逃。俘虏逃回莎车军营，第一时间报告了汉军慌忙撤退的消息。龟兹王大喜，认为班超是因为惧怕自己才慌忙逃走，便想趁机阻截。龟兹王被喜悦冲昏了头脑，没经过详细侦查，就立刻下令兵分两路，派八千骑兵向东追击于阗军，他本人则亲率一万精兵往西边追杀班超。

班超早已是成竹在胸，大漠广袤无垠，而茫茫夜色更是掩藏形迹的最好帮手。班超率军撤退十里地后，下令部队就地隐蔽。龟兹王求胜心切，也不仔细哨探，结果率领追兵从班超军的隐蔽处飞驰而过，错失了消灭班超的良机。

班超派出的探子报告说，龟兹王所率领的大股骑兵已经离去，于是他立即集合部队，与事先约定的东路于阗人马汇合一处，迅速回师杀向莎车，到达目的地时正是鸡鸣时分。班超军宛如从天而降，莎车猝不及防，还没来得及组织抵抗就已经土崩瓦解，士卒只顾四散奔逃，被斩杀者有五千多人，大批牲畜财物也成了汉军的战利品。莎车王来不及逃走，只得主动投降。

龟兹王气势汹汹地追逐了一夜，却连班超部队的影子都没看见，正在疑惑时，却传来莎车被打败的消息，他知道大势已去，只能率部返回龟兹。经此一役，班超之名威震西域。

奇袭鹿耳门

明天启四年，荷兰殖民者侵占我国台湾。清朝初年，在东南沿海一带抗清的郑成功立志收复台湾。

1661年四月，郑成功率领二万五千将士在金门举行了隆重的誓师仪式，并顺利登上澎湖列岛。郑成功命四位将领留守澎湖，然后自己率军继续东征。要赶走荷兰殖民者，收复台湾岛，必须先攻下赤崁城（今台南安平）。为了全面掌握军情，郑成功派出熟习水性的兵勇侦查荷军情况，并亲自查看地形，寻访当地老人，了解到攻打赤崁城只有两条航路可走：一条是大员港，又叫南航道。这条道港阔水深，船只可以畅行无阻，又较易登陆，所以荷兰人在此设有重兵，并修建了坚固的工事和密集的炮台，港口还有敌舰巡视防守。另一条是北航道，直通鹿耳门，但是水浅道窄，礁石密布，只能容许小船通过。荷兰殖民者还故意凿沉了一些船只，以阻塞航道，他们认定这里无法登陆，因此只派了少量兵力驻防。

在与当地老人的交谈中，一条重要信息引起了郑成功的注意：北航道的海水涨潮时，大船也可以通过。军情万分紧急，郑成功当机立断，决定趁海水涨潮时强行渡海。一些将领认为风大浪险，劝主帅不可冒险，但郑成功不为所动，决定从北航道向荷军发起进攻。

荷兰殖民军急忙调集大批军队防守航道。为了迷惑敌人，郑成功的部队喊声震天，炮火不断。这一下，郑成功非常成功地把殖民军的注意力全部吸引到了南航道，而北航道上却一片宁静。郑成功趁南航道激战正酣，便于三十日晚亲自乘船冒着暴风雨横渡海峡，经过一番努力，部队于四月一日拂晓抵达鹿耳门港外。郑成功乘胜进兵，包围了赤崁城中的荷军，并割断了赤崁城与台湾城之间的联系，让它们彼此孤立起来。

赤嵌城中的荷兰人本想负隅顽抗，却发现自己腹背受敌，心中大为惊恐，纷纷抱头鼠窜，郑军趁势猛攻，将敌人一举歼灭。荷兰人走投无路，不得不挂白旗投降。郑成功在登陆后第四天，就收复了赤嵌城。接着，郑成功一鼓作气，拿下了台湾城，收复了整个台湾岛。台湾终于重又回到了祖国的怀抱。郑成功不愧是我国伟大的民族英雄。

韩信讨伐魏王豹

刘邦在彭城（今江苏徐州）被项羽击败后，损失惨重，很多原本归顺他的人都倒向了项羽，魏王豹就是其中之一。

当初，魏王豹借口回老家探望生病的母亲，离开汉军返回封地，而一到封地，他就向项羽示好，切断了黄河渡口紧邻晋关的要道，拉起了反汉的旗帜。

魏王豹有十万人马，他的背叛对刘邦而言无疑是火上浇油，汉军登时面临着被项羽和魏王豹夹击的危险。刘邦派人游说魏王豹，希望他能重新加入汉军，却遭到了魏王豹的拒绝。

最后，刘邦只好命韩信为左丞相，要他和灌婴、曹参一起，率领十万大军攻打魏王。魏王豹得知这个消息，就派大将柏直率领大军死死扼住黄河东岸的蒲坂（今山西永济西蒲州镇），阻止汉军过河。

韩信仔细观察了蒲坂的地形，发现这里地势险要，易守难攻，直接硬攻胜算渺茫。于是他离开蒲坂前往黄河上游的夏阳（今陕西韩城南）考察情况。在夏阳，他发现了一件令人惊喜的事情，由于魏王几乎将所有注意力都放在了蒲坂，致使夏阳驻军防守力量单薄。韩信遂决定采取声东击西的战术，假装攻打蒲坂，实则攻打夏阳。

韩信将军营扎在蒲坂对岸，在军营四周插起旗子，又找来一些船，大张旗鼓地训练起士兵，似乎在向对岸的魏军表示，汉军早晚要从这里渡河。与此同时，他又悄悄地将汉军主力调往北边，为真正的决战做好准备。渡河需要船只，韩信一面叫人砍树制舟，一面安排人买小口大肚的瓦瓮。

灌婴、曹参不明白他的用意，韩信就告诉他们，将这样的瓦瓮封住口，口朝下倒立起来，数十只一起排成长方形，再用木头夹住，就制成了筏子。这种筏子不但制作起来方便快捷，承载能力比普通的木筏子要高很多。

没过多久，韩信就做好了渡河的准备。他要灌婴带一万兵马在蒲坂对岸虚张声势，做出要过河的样子，迷惑敌人。而他自己则和曹参一起带领大部队乘着用瓦瓮做的筏子由夏阳偷偷渡河。

魏军果然上当了，密切关注着蒲坂的局势，等了好久，只看到对面的汉军叫嚷着要渡河，却始终不见有汉军渡过来，就在他们以为汉军不打算过河的时候，突然听到韩信已拿下魏城安邑（今山西夏县北）的消息，韩信正势不可当地杀向魏王豹所在的平阳（今山西临汾）。魏王豹这才知道韩信已经渡过黄河，他赶忙组织力量阻截汉军，可是已经回天乏术，不久平阳失守，而他自己也被汉军俘获了。

智守南阳

东汉末年，曹操南下征伐占据南阳的张绣。张绣深知曹操兵势强大，自己绝不是他的对手，因此决定高挂免战牌，坚守南阳不出。不久，曹操兵临南阳城下，亲自指挥大军攻城，可是一连攻了十多天，也没有把它拿下来。

面对这一困境，曹操暗自想道：南阳城异常坚固，而且周围还有一条又深又宽的护城河保护着，这样强攻下去不会有什么效果。想到这里，曹操立即下令暂且停止攻城，亲自骑马到城池周围观察地形，寻觅取城良策。这时，他发现南阳城的东南角多有毁坏，是城防的薄弱点，因此心中顿生一计。回到军营后，他马上召集众将官，通令全军攻打南阳的西北角。

张绣的谋士贾诩在城楼上看到曹操视察地形，立即猜到曹操的意图，于是他求见张绣，对张绣说道："我在城楼上看到曹操绕城观察地形，他定是发现南阳城东南角多有毁坏，防守不够坚固，便暗自选择以那里为突破口，却假意来攻打西北角，这是他的'声东击西'的计策。他一定是想等我军把注意力集中在西北角时，在夜间乘我不备而攻打东南角。我们可以'将计就计'，多派百姓装扮成守城的士兵，佯装中计，去守卫西北方。我军再选出精锐之士于夜间埋伏在城东南角的房屋内。等曹操从东南角入城时，我军趁机杀出，到时定能大获全胜。”

张绣听罢，十分赞成贾诩的建议，于是开始依计行事。果然，曹操看到张绣派出“重兵”防御南阳的西北角，而东南角却没有多少人防御，以为张绣中计，心里暗自高兴起来。到了这天夜里的三更时分，曹操亲率大军由东南角翻过壕沟，砍开城外的鹿障，很快就在城墙上掘开一个大洞，曹军见城内异常安静，便鱼贯而入。这时，只听到一声炮响，突然从城中屋内涌出大量伏兵，一齐杀向曹军。曹军见大事不妙，纷纷向后溃退。而南阳守军则越战越勇，直杀得曹军抱头鼠窜，曹操也弃马而逃。

南阳之战中，曹操损失惨重，只得率军撤回北方。

声东击西

魏景元四年七月，魏国大将军司马昭遣派镇西将军钟会率军十万，从长安出发，大举开往汉中，又令安西将军邓艾从陇右出击，前往沓中牵制蜀将姜维，向蜀汉发起全面进攻。魏军兵势强大，蜀军不能抵挡，很快就丢掉汉中之地。此时，驻守沓中的姜维，也被邓艾击败，情势相当危急。

姜维听到汉中失守的消息后，打算前去救援，但是去汉中的必经之路阴平桥，此时已被魏将诸葛绪占据。想到这里，姜维万分着急，他仰天长叹道：“这是老天要让我命丧于此啊！”

就在这危急时刻，副将宁随向姜维建议道：“尽管现在魏兵已切断阴平桥头，但雍州兵力必然空虚，如果我军从孔函谷抄近路去奇袭雍州，诸葛绪一定会把驻守阴平桥的守军调走去援救雍州，到那个时候，我军再夺取阴平桥，继而守住剑阁，便可以收复汉中了。”姜维想了想，觉得这招“声东击西”的计谋很好，便采纳了宁随的建议。

这时，驻守阴平桥的诸葛绪听说姜维去攻打雍州，心里暗自想道：雍州一向由我驻守，一旦有了闪失，上峰一定会责罚我的。于是连忙撤走大部分军队去回援雍州，桥头只留少量军兵把守。姜维率兵走出三十里左右，得到诸葛雍回援雍州的消息，便调转方向，迅速赶往阴平桥，轻而易举地拿下了阴平

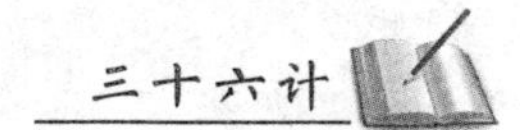

桥，烧毁敌寨，率兵直奔剑阁。

诸葛绪赶回雍州后，听说姜维拿下了阴平桥，这才知道中计，等他返回阴平桥时，姜维已率军过去半日了，他因此受到了钟会的责罚。

第二套　敌战计

第七计　无中生有

【原文】

诳也，非诳也，实其所诳也[1]。少阴、太阴、太阳[2]。

【注释】

①诳也，非诳也，实其所诳也：诳，欺诈、诳骗。实，实在，真实，此处作意动词。句意为：运用假相欺骗对方，但并非一假到底，而是让对方把受骗的假相当成真相。

②少阴，太阴，太阳：此“阴”指假相，“阳”指真相。句意为：用大大小小的假相去掩护真相。

【译文】

使用假象欺骗敌人，但并非一假到底，而是巧妙地让对方把欺骗当作真实。即开始用小的假象，然后用大的假象，（造成敌人的错觉使其）最后把假象当成真相。

【解析】

本指本来没有却硬说有。现形容凭空捏造。

无而示有，诳也。诳不可久而易觉，故无不可以终无。无中生有，则由诳而真，由虚而实矣，无不可以败敌，生有则败敌矣，如：令狐潮围雍丘，张巡缚嵩为人千余，披黑夜，夜缒城下；潮兵争射之，得箭数十万。其后复夜缒人，潮兵笑，不设备，乃以死士五百砍潮营，焚垒幕，追奔十余里。

【事例】

张巡力挫令狐潮

安史之乱爆发的次年正月，叛军将领张通晤攻陷宋州、曹州等地。谯郡太守杨万石慑于叛军威势，打算率领全郡军民投降，并逼迫张巡为其长史（副职）。张巡接到委命后，不但不为所动，反而更坚定了讨伐叛军的决心。当时，单父县尉贾贲也起兵拒叛，击败了张通晤后，进兵至雍丘，与张巡会合，共有士兵二千人。

这时，叛军将领令狐潮率军围攻雍丘。张巡领导军民英勇杀敌，多次击退叛军的进攻。令狐潮在初攻雍丘失败后，又引叛将李廷望率众四万攻城，一时人心震恐。但张巡沉着冷静，布置一些军队守城，其余分成几队，亲自率军向叛军发起突然攻击。叛军猝不及防，大败而逃。次日，张巡命人在城上筑起栅栏加强防守，然后捆草灌注膏油向叛军木楼投掷，使叛军无法逼近，致使叛军木楼攻城之策失败。

令狐潮见无法取胜，便下令把雍丘围得水泄不通，打算困死城中军民。两军相互对峙四十多天，城中粮草短缺，朝廷的援兵也一直没有赶来。令狐潮听说唐玄宗已经到蜀地去了，又用书信招降张巡，但是张巡不为所动。

令狐潮曾经招降张巡的六员部将，于是派这六个人进入雍丘城，让他们以张巡兵力不够、无法与敌对抗的现实向张巡劝降，并且还说："皇上是死是活还不知道呢，不如投降令狐将军吧。"

张巡沉思了一会儿，假装答应。第二天，张巡在公堂上摆出唐玄宗的画像，率领众将士向画像朝拜，人人都泣不成声。张巡将这六个人带到堂前，以国家兴亡的大义斥责他们，然后把他们杀掉，城中军民的士气大增。

然而，此时城中的箭都已经用完了，张巡很头疼，他想：现在没有箭了，如何守住城池呢？是否可以用诸葛亮的草船借箭之计呢？对，就这么办！于是，他下令将士们将禾秆束成上千个草人，并给他们穿上黑衣，将士们都不明白他为什么这么做。

一天晚上，张巡令士卒用绳子拴着草人，然后将它们放到城下，令狐潮的士兵以为是守军偷袭，纷纷向草人射箭，过了一段时间，才知道从城上下来的是草人。张巡得到几十万支箭，城防的力量有所增强。

在之后的几天夜里，张巡又从城墙上放下草人来，叛军又朝着草人射箭，待确定下来的是草人后，便不再射箭。又过了一段时间，叛军觉得好笑，便不再防备了。

张巡见叛军失去戒心，便在一天夜里组织了敢死队，共有五百人，然后把他们送到城下。叛军以为又是草人，因此没有在意，也没有向城下射箭。敢死队趁机杀向令狐潮的军营，令狐潮的军队大乱，烧掉营垒逃跑。张巡看准时机，率领城中守军杀出，向前进攻了十多里地。令狐潮大败，被迫退到离城数十里的地方驻扎下来。之后，张巡率领守军再破令狐潮的叛军，令狐潮率领残军退到陈留，不敢再出来了。

张巡利用草人借箭，待敌人识破“草人借箭”的计谋后，张巡又继续迷惑敌人，多次放草人出城。敌人放松警惕，不再对草人放箭，张巡便利用这个机会，放真人出城，出其不意地攻入敌人的军营，取得一场大胜。这一故事正是对“无中生有”之计的成功运用。

离间害死斛律光

斛律光，字明月，北齐著名大将。他骁勇善战，治军严明，威望甚高，历任大将军、太傅、右丞相、左丞相等职，封咸阳王。

当时北齐后主高纬昏庸无能，宠信奸臣祖珽等人，朝政大权都把持在这些小人手中。斛律光为人正直，对祖珽这些人的胡作非为非常不满，经常斥责他们，祖珽等为此怀恨在心，无时无刻不想着加害于他。但是，斛律光的一个女儿是齐孝昭帝太子高百年的妃子，另一个女儿就是高纬的皇后，整个家族在北齐尊贵无比；况且斛律光治家甚严，生活节俭，不肯谋求私利、收受贿赂，也不肯结党营私、干预朝政，祖珽根本拿不到他的任何把柄，一时也奈何他不得。

当时，北周的勋州刺史、骠骑大将军史韦孝宽也是一员名将，他企图进攻北齐，却屡次败在斛律光手中，北周其他人更是一听到斛律光的名字便望风而逃。

韦孝宽知道在战场上无法打败斛律光，想起高纬昏庸，又听说斛律光与权臣祖珽等人素来不睦，觉得有机可乘，于是制造斛律光篡位的谣言，编成儿歌，派出间谍在北齐国都邺城传唱，歌曰：“百升飞上天，明月照长安。高山不推自崩，槲树不扶自树。”

祖珽听到后，觉得这是个陷害斛律光的绝佳机会，于是又居心叵测地在最后加了两句：“盲眼老公头颅落，饶舌老母不得语。”还派人教孩子们在街上大肆传唱。

果然，这些谣言后来慢慢传到了后主高纬的耳中，他不解其意，便询问心腹祖珽。祖珽知道自己的机会来了，便拿出事先准备好的说辞：“‘百升’合起来为一斛（斛是古代一种计量单位），‘明月’是斛律光的字。‘高山’指高氏江山，‘槲树’就是指斛律氏。这些童谣分明是说斛律光意图谋朝篡位。至于最后两句，‘盲眼老公’是指我（祖珽双目失明），‘饶舌老妇’则是指陛下的乳母。这童谣听着真让人不寒而栗啊。”

祖珽用心险恶，他说出这番话的目的就是要挑唆高纬对斛律光产生猜疑，进而除掉斛律光。

高纬此人虽然昏庸，但生性怯懦，他也知道斛律光为栋梁之材，因此一直犹豫不决。祖珽一计不成，又生一计，他买通了斛律光手下的一个幕僚，指示他诬告斛律光秘密调集军队进京，并在家中暗藏兵甲器械，还豢养了几千家丁，一俟时机成熟，便要犯上作乱。高纬信以为真，终于下定决心杀掉斛律光。

但斛律光位高权重，又手握重兵，如果公开动手，必定会引起动乱，如何才能顺利杀掉他呢？祖珽又适时地给高纬献上一条奸计，说道：如果陛下命令斛律光前来，恐怕他心存怀疑而不肯从命。不如派人送他一匹好马，告诉他说："皇上明天去东山游玩，邀请他同行。他一定会入宫拜谢，到那时正好趁机下手。"

于是高纬假称赏赐斛律光骏马一匹，约其第二天一起游观东山。斛律光不备，独自一人前往皇宫，来到凉风堂时，高纬的卫士刘桃枝从后击其后脑，斛律光屹立不倒，回头斥道："你们经常做这种卑鄙无耻之事，但我到死也不会做对不起国家和皇帝的事。”刘桃枝和另外三个人见斛律光丝毫不作抵抗，便用弓弦勒死了这位一代名将。斛律光死后，高纬以谋反罪尽灭其族，派人抄家时，只搜出一些宴射用的弓箭刀鞘，此外再无余财。

高纬自毁长城，朝野为之痛惜。周武帝得知斛律光被害，极为高兴，下令大赦全国，并于公元577年发兵攻入邺城，灭了北齐，然后下诏追封斛律光为上柱国、崇国公，并指着诏令对众人说：“此人若在，朕岂能至邺？”

斛律光戎马一生，从无败绩，却死于敌人散播的谣言之下，含冤莫白。北齐自毁栋梁，结果自取灭亡。

宋太祖杯酒收钱财

北宋建立之初，有两个节度使起兵造反，宋太祖亲自出征，费了很大的力气才平定叛乱。此事也让宋太祖忧心忡忡，担心将领们的威望太高、兵权太重，国家将来会重蹈唐朝藩镇割据的覆辙，对皇权造成威胁，于是来了个“杯酒释兵权”，收回了地方将领的兵权。从此以后，这些将领赋闲在家，一个劲儿地积蓄财产，整日只顾着吃喝玩乐。但看到他们手中的财产逐渐增多，宋太祖又担心会另生事端，受“杯酒释兵权”的启发，他又想出一个“杯酒收钱财”之法。

首先，宋太祖给每位将领赏赐了一块宝地，让他们在这块土地上修建豪宅。宅地是皇上所赐，将领们当然不敢怠慢。接到赏赐后，将领们立即大兴土木，等到住宅完工了，宋太祖就招他们进宫，赐宴招待他们。酒宴上气氛很好，君臣和乐，宋太祖趁机再三劝酒，结果那些将领个个喝得酩酊大醉，连路都走不动了，更不用说自己回家。

宋太祖传令，让每位将领家中来一个公子，把各自的父亲搀扶回家。宋太祖将宾客送到大殿门外，在他们即将离开的时候，若无其事地说：“你们的父亲刚刚在酒宴上都表示愿意捐给朝廷十万缗（一千钱为一缗）钱。”

将领们酒醒后，发现在自己家中，于是连忙叫来家里人询问自己是怎么回来的，在皇上面前是否有失礼之处。自然也在询问中知道了捐钱之事。尽管将领们都怀疑自己是否真的在酒醉时许诺过向朝廷捐钱，但是既然此事是从皇帝口中说出，不管真假皆已成定局，第二天都非常识时务地上交了十万缗钱。

宋太祖担心将领们手中积蓄的钱财太多，对自己的统治有所不利，就想从他们手中收取一部分作为限制。但他毕竟是一国之君，怎么能主动开口向手下臣子要钱呢？于是，宋太祖便巧使一招“无中生有”之计，反正当事人也无法确认自己一定没有说过给朝廷捐献之言，这样既保全了皇上的尊严，又帮朝廷大赚了一笔，将领们却无话可说，真可谓一石三鸟。

第八计　暗度陈仓

【原文】

示[1]之以动[2]，利其静而有主[3]，“《益》动而巽[4]。”

【注释】

①示：给人看。动：这里指正面佯攻、佯动等迷惑敌方的军事行动。

②利其静而有主：敌方静下心来专注于（我方的佯动）则对我方有利。主，专心、专一。

③益动而巽：语出《易经·益》：益动而巽，日进无疆。意思是，充分发挥。

④军事行动的灵活性，像风一样乘虚而入、迂回偷袭。益，增加。巽，八卦之一，象征风，风无孔不入，有隙即钻。

【译文】

采取佯攻的行动，利用敌人在某地集结固守的有利时机，迅速绕到敌人的薄弱之处发动突袭，出奇制胜。

【事例】

明修栈道暗度陈仓

秦朝末年，群雄并起，楚怀王许诺：先入关中者为王。

项羽在巨鹿之战中大败秦军，想要趁势一举攻下咸阳。但当他到达函谷关时，却获悉刘邦早已趁着他与秦军激战时抢先进入关中，攻占了咸阳，并与关中父老约法三章，赢得了民众的支持，自立为关中王。

项羽大怒，仗着自己的军事实力强大，率军直逼关中，扬言要消灭刘邦，刘邦自知不敌，于是将咸阳和关中拱手相让。

项羽自封为西楚霸王，定都彭城（今江苏徐州），势力范围包括今天的江苏、安徽、山东、河南等地区。然后项羽给各路诸侯“计功割地”，按说其中刘邦功劳最大，项羽却视而不见，故意将偏僻荒凉的巴、蜀分封给刘邦，刘邦因此获得了“汉中王”的称号。但就是这样，项羽仍然不放心，又将与汉中相邻的关中之地一分为三，分封给秦朝的三位降将——雍王章邯、塞王司马欣和翟王董翳，让他们率领重兵镇守，以遏制刘邦北上。其中，直接与刘邦相接的是雍王章邯。刘邦见状，心中怨愤不已，就想立即率兵进攻项羽，在萧何、张良的一再劝阻下，才决定隐忍不发。

眼见天下分封已定，张良打算离开刘邦，回韩国侍奉韩王成。临行前，刘邦送给张良许多金银珠宝，张良却悉数转赠给项伯，并请求他说服项羽将汉中地区加封给刘邦。项伯果然照办。

于是刘邦占据了秦岭以南巴、蜀、汉中三郡，建都南郑（在今陕西南郑县东北）。刘邦前往汉中时，张良为他送别，走到褒中（今陕西褒城）时，张良见此处群山环抱，沿途都是悬崖峭壁，只有栈道可以通行，于是建议刘邦沿途烧毁入蜀的栈道，一方面表明自己绝无东扩之意，消除项羽的戒心，一方面也可以防备他人的袭击。然后在蜀中养精蓄锐，等待时机。刘邦也依计而行。

刘邦内心深处一天也没有忘记过争夺天下的雄心，进入汉中后，他励精图治，积极休整。公元前206年，刘邦见时机成熟，便派大将军韩信东征。而陈仓，正是刘邦从汉中入关中的必经之地，两地之间有崇山峻岭阻隔，又有雍王章邯率重兵把守，要强攻夺取，殊为不易。为了麻痹敌人，韩信向刘邦献上一计，他故意派出樊哙带领一万士兵，大张旗鼓地修复已经被烧毁的山间栈道，并限令一个月修好，摆出一副要从原路杀回关中的架势。

章邯果然中计，一方面觉得十分好笑，因为这样浩大的工程没有几年是无法完成的；另一方面也确实如韩信所料那样密切注视着修复栈道的进展情况，并调来重兵在栈道所经地区的各个关口严加防范，准备阻拦汉军进攻。

但令章邯万万没有想到的是，就在栈道开始重修不久，韩信早已暗中率领汉军主力部队翻山越岭，从隐蔽的小道偷偷来到了陈仓，出其不意地从侧面发动袭击，一举攻下了陈仓。章邯听说陈仓失守，慌忙率兵迎战，结果连连失利，章邯见大势已去，被迫自杀。在不到三个月的时间里，刘邦就趁势一举平定了三秦，夺取了关中地区，并以这块富饶的宝地为基点，开始了争夺天下的大业。

韩信二施“暗度陈仓”

西魏王豹最初依附于刘邦，后来见汉兵失利，马上就转身投靠项羽了，并公然反对刘邦。大将军韩信率兵进攻西魏，大军行进至黄河渡口临晋关（在今陕西大荔东）。西魏王豹闻讯，赶紧调集大军前往把守临晋关对岸的蒲坂（在今山西永济西），打算倚仗黄河天险，封锁临晋关河面，将韩信拒之门外。

作为一个优秀的将领，韩信深知，如果强行从临晋关渡河作战，难度太高，不仅会给己方造成大量伤亡，而且成功的把握太低。于是决定故伎重施，再来一次“暗度陈仓”。

韩信一边制造从临晋关渡河的假象，一边抓紧调派人马，赶造船只，还派出探子秘密沿黄河上游察看地形。经过认真调查和反复比较，韩信发现黄河上游夏阳（在今陕西韩城南）地势险要，魏兵守备虚弱，于是韩信决定从那里渡河。

韩信命令佯装从临晋关渡河，让部分士兵大声击鼓呐喊，并拖船入水，摆出大举强渡的架势，魏军紧张地注视着汉军在临晋关的一举一动，却无论如何也想不到，韩信已经率领汉军主力从夏阳渡河，然后一路直扑魏都平阳（今山西临汾）。

等到西魏王豹得到消息，匆匆出动人马堵截汉军时，一切都为时已晚。汉军势如破竹，占领了西魏，生擒了西魏王豹。

偷渡阴平

三国后期，蜀主昏庸，吴主残暴，魏国实力最为强大，不过大权都掌握在司马氏手中。司马昭为统一天下，派大将邓艾和钟会率军伐蜀。

钟会开始连战皆捷，占领了蜀国许多城池，后来却被蜀国大将姜维阻挡在剑阁之外，无法继续西行。钟会手下人数虽多，却奈何不了姜维，再加上粮草供应跟不上，只能盘算着撤兵回去。

正在这时，邓艾从阴平赶来。当时，钟会统领着十万大军，他自恃兵多将广，根本不把手下仅有三万人马的邓艾放在眼中。

邓艾早就听说钟会在剑阁受阻，当时他就在心中暗自盘算：剑阁地势险峻，无法通过，是否还能找到别的入蜀通道呢？

于是他派出许多探马去调查当地的地形、环境，终于发现了一条从阴平通往成都的隐秘小路。这条小路据说是当年汉武帝南征时派人开凿的，四面都是崇山峻岭，已经有三四百年无人行走了。

听到这个消息后，邓艾心中大喜，心想：真乃天助我也。既然此路已有好几百年无人通行，想必蜀军做梦也想不到我会率军从此路秘密前往成都，自然也不会加以防范。

而剑阁地势险要，素来有“一夫当关，万夫莫开”的说法，邓艾赶到剑阁后见此情形，知道短时间内无法从正面攻破剑阁，于是把自己的想法告诉了钟会。

钟会当时早已是身经百战、沙场经验丰富的大将，素来瞧不起邓艾，现在听他讲出这种异想天开的计策，更是万分不屑。但是钟会想让邓艾出丑，所以并不阻拦。

邓艾知道钟会的想法，便向司马昭建议说不如派一支队伍偷渡阴平天堑，过汉中德阳亭，然后直取成都，姜维得到消息，必定率军援救，到时候就可以乘虚攻下剑阁了。

司马昭觉得此计甚为合理，便予以采纳。他一方面命令钟会继续从正面进攻，并架起云梯炮架，只管猛攻剑阁，以吸引姜维的注意力，另一方面派邓艾领兵偷偷往阴平而去。

邓艾命儿子邓忠为先锋，率五千精兵手执斧头、凿子等器具，逢山开路，遇水架桥，自己亲自率领三万人马带着干粮、绳索沿着开凿的险路紧随其后。魏军几次陷入绝境，但硬是凭着勇气闯了过去。就这样马不停蹄地奔行了二十多天，他们共走过了七百多里的崎岖山路。

最后，魏军来到江油北面的摩天岭，邓忠与开路的士兵见前面已是深谷绝壁，人马无法前进，也无法再开凿道路，唯恐前功尽弃。邓艾对将士们说："'不入虎穴，焉得虎子。'我们已经走过了七百多里山路，前面就是江油。哪怕脚下是刀山火海，我们也绝不能后退半步，一定要闯过去。"

将士们受到邓艾慷慨之气的激励，表示愿意与他同生共死。

于是，邓艾命令士兵们将武器扔下山去，然后带头用毡裹住身子滚下深谷。部将们也不顾生死，紧紧跟随邓艾，有毡的裹着毡滚下山，没有毡的就将绳索绑在腰上，攀着树木，鱼贯而行。终于，邓艾率军成功越过了摩天岭，然后直奔江油。

当邓艾军突然出现在江油城下时，蜀军守将正在家中饮酒。他本以为守住了大路就万无一失，却根本料不到邓艾会突然出现，结果很快就被消灭，邓艾轻松拿下了江油。

接着，邓艾又乘胜前进，一路拿下涪城、绵竹，后主刘禅听到消息，也不打算率军抵抗，率太子及群臣六十多人出城投降，蜀汉就此灭亡。

李允则筑城御敌

由于五代十国时期，石敬瑭把幽云十六州割给辽国，中原地区的北面门户大开。北宋建立后，一直想收回幽云地区，但辽国已在此经营多年，北宋的几次进攻都无功而返。后来，辽国频频南下，北宋始终处于不利地位，只能采取守势。

北宋真宗时，李允则担任雄州知州，为防备契丹大军突然南下进犯，他打算修筑城池，防患于未然。

但问题在于，当时契丹与北宋已经签订了合约，如果公开在边境修城筑墙，怕契丹以此为借口，趁机进行武装挑衅，到时候反而落个主动挑起战事的责任。再加上契丹军事实力强大，北宋朝廷一味苟安求和，因此必须更加谨慎行事。

在雄州城北门外原来有一个瓮城（又称月城、曲池，是为了加强城堡或关隘的防守，而修建的半圆形或方形的护门小城，多建在城门外，但也有建在城门内侧的特例），李允则想修筑一个大城，把这个瓮城也包围进来。于是他先下令在城北修建了一座东岳祠，购置了许多祭祀器具，同时派人在路旁演奏，一时鼓乐喧天，这其实主要是为了引起契丹人的注意。

过了几天，李允则命手下人偷偷将东岳祠中的祭祀器具全部运走，然后放出风声，说这些器具是被契丹人盗走的。李允则还煞有介事地派人四处捉拿盗贼，闹得满城风雨。趁此机会，李允则表示：盗贼横行无忌，必须筑城围护才行。

有了这个借口作为掩护，他开始大张旗鼓地修整城墙，并把原来居住于瓮城的人全部纳入新修的大城之中。

每年祭祀河神的时候，李允则都会在两国界河举行划船比赛，并欢迎契丹人前来观看。这个划船比赛其实是水战演习。

雄州北面原本挖了许多陷马坑，还修建了许多供瞭望用的土堡，李允则故意对人说："我大宋既然与契丹讲和，还要这些东西干什么呢？"于是命令填平陷马坑，拆除土堡，在上面开垦田地，并在四周修建矮墙，种上大片荆棘。结果这样一来，这个地方反而比之前更加难以行走。

李允则还在北部修建了一座佛塔，站在塔顶，可以将方圆三十里的景象尽收眼底。又命人在边界种上榆树，时间一久，这些地区树木林立，自然而然地形成了天然屏障。李允则告诉身边的人："成长起来的榆树是最好的障碍物，能使敌人的骑兵无用武之地。"

李允则煞费苦心，制造种种假象，巧妙筑城设防，敌人却误认为他的所作所为只是为了让百姓有一个良好的生活环境，并无其他企图。在契丹尚未明白李允则的真实意图时，一座牢固的防御堡垒已经建成。

第九计　隔岸观火

【原文】

阳乖序乱[①]，阴以待逆[②]。暴戾恣睢[③]，其势自毙。顺以动《豫》，《豫》顺以动[④]。

【注释】

①阳乖序乱：阳，指公开的。乖，违背，不协调。此指敌方内部矛盾激化，以致公开地表现出多方面秩序混乱、倾轧。

②阴以待逆：阴，暗下的。逆，叛逆。此指暗中静观敌变，坐待敌方更进一步的局面恶化。

③暴戾恣睢：戾，凶暴，猛烈。睢，任意胡为。

④顺以动豫，豫顺以动：语出《易经·豫》卦。豫，卦名。本卦为异卦相叠（坤下震上）。本卦的下卦为坤为地，上卦为震为雷。是雷生于地，雷从地底而出，突破地面，在空中自在飞腾。《豫卦》的

《象》辞说“豫，刚应而志行，顺以动。”意即豫卦的意思是顺时而动，正因为豫卦之意是顺时而动，所以天地就能随和其意，做事就顺当自然。

此计正是运用本卦顺时以动的哲理，说坐观敌人的内部恶变，我不急于采取攻逼手段，顺其变，“坐山观虎斗”，最后让敌人自残自杀，时机一到而我即坐收其利，一举成功。

【译文】

当敌方内部矛盾激化，甚至明显表现出分崩离析之势时，我方应暗中静观其变，等待敌方形势进一步恶化。敌人横暴凶残，互相仇杀，势必自取灭亡。我方应采取顺其自然的态度，相机行事，坐收渔人之利。

【解析】

隔着河看对岸的火。比喻对别人的危难不予援救而在一旁看热闹。

【事例】

苏代巧言退敌

战国末年，秦将武安君白起攻打赵国，长平之战全歼赵军四十万，并将降卒尽数坑杀，只有少部分人回去报信。

赵国上下一片恐慌，军心涣散，白起乘胜连下赵国十七城，兵锋所向，直指赵国国都邯郸，消灭赵国，指日可待。

在这生死存亡的危急关头，平原君的门客苏代挺身而出，表示愿意冒险赶往秦国，以解赵国倒悬之危。赵王给了他很多金银珠宝，让他见机行事。

苏代带着厚礼，星夜赶到咸阳，求见应侯范雎。苏代对范雎说："武安君经过长平一役，声望日隆，现在攻破邯郸指日可待，到时候他就成了秦国统一天下的头号功臣。这虽然是天大的喜事，我却为应侯您担心啊。虽然您现在地位在武安君之上，但将来恐怕您不得不屈居其下了。而武安君这个人，可不太好相处。"

苏代看准范雎此人心胸狭隘，便离间其与白起的关系，果然说得他沉默不语。过了好一会儿，范雎才向苏代询问有何对策。苏代见机会来了，胸有成竹地说道：“赵国经过连番交战，国力早已衰弱，不足为惧，应侯何不趁此机会劝秦王暂时罢兵议和。这样一来就能名正言顺地剥夺武安君的兵权，您的地位也就稳如泰山了。”

范雎听了，立即进宫面见秦王，对秦王说道：“秦兵长期在外征战，劳苦日久，急需修整，不如暂时宣谕息兵，允许赵国割地求和。”秦王向来对范雎言听计从，结果，秦、赵两国议和，赵国献出六城，终于获得了喘息之机。

白起眼看就能建立不世之功，却突然被召班师，心中恼怒不已，后来听说是应侯范雎的建议，即使知道对方这么做的目的，但也无可奈何。

两年后，秦王撕毁和议，再次发兵攻赵。当时白起身患疾病，于是秦王派王陵统帅十万大军前往。赵王这次起用了老将廉颇，抵御秦军进攻。廉颇善于防守，稳扎稳打，秦军久攻不下。秦王大怒，命白起挂帅出征，白起却称病不出。秦王派王陵围攻邯郸，但始终没有进展。

秦王无奈，只好再次下令白起挂帅，白起自言病重，拒不受命。秦王怒不可遏，立即削去白起官职，将他赶出咸阳。

范雎见白起这个老对头失势，趁机向秦王进言，最终促使秦王将白起赐死。

曹操除二袁

官渡之战后，袁绍兵败身亡，他的两个儿子为了争夺权力不断争斗，曹操趁火打劫，袁氏兄弟大败，只得投奔乌桓。曹操继续进兵，击败了乌桓。

袁氏兄弟只得带领几千人马投奔了辽东太守公孙康。这时，曹营诸将建议曹操乘胜远征，一鼓作气平定辽东，擒拿袁氏兄弟。曹操却说："你们少安毋躁，公孙康自会杀了袁氏兄弟，然后将他们的首级送上门来，我们用不着劳师远征。"众人听了，认为曹操是在开玩笑，心里都不以为然。

曹操只管下令班师，转回许昌，静观辽东局势。到了九月，公孙康果然杀了袁氏兄弟，并派人向曹操送来他们的人头和一封降书。众将非常惊讶，于是询问曹操其中的道理。曹操笑着说：“袁家父子向来有夺取辽东的野心，现在二袁兵败，如丧家之犬，投奔辽东实为迫不得已。而公孙康向来害怕袁氏兄弟吞并他，如今二袁上门投靠，他心存疑虑，相互间必生猜疑之心。若我当时从外部用兵急攻，他们必然会暂时放下仇怨而联合起来对付我。倘若我远远地回避，他们就会自相残杀，而我尽可以坐收渔翁之利了。”大家听了，对曹操佩服不已。

事实也正如曹操所猜测的那样，公孙康担心收留二袁后会留下后患，而且还会得罪势力强大的曹操。但他又考虑到，如果曹操趁势攻打辽东，自己势单力薄，无法阻挡，因此不得不拉拢二袁，以共同抵御曹操。所以，当公孙康探听到曹操已经班师转回许昌的消息后，认为曹操并无进攻辽东之意，便觉得袁氏兄弟没有利用价值了。于是设下伏兵，然后召见二袁，突然将其擒获，割下他们的首级，并立即派人把首级和降书送到曹操营中。

曹操一招“隔岸观火”，不费吹灰之力便得了二袁首级，又得了公孙康的降书，可谓一举两得。曹操能成功运用此计，源于他对当时局势的正确分析和判断。

秦国坐收渔利

战国时期，韩国和魏国打仗，打了整整一年，都没打出个结果来。远远关注着这场战争的秦惠王打算要它们停止战争，于是向大臣们征询意见：“我想使韩魏两国休兵，大家觉得怎么样？”有的大臣表示支持，认为从道义上说，秦国帮助韩魏解决纷争是件好事。有的大臣则表示反对，理由是别的国家打仗，和秦国没有关系，秦国没必要趟这湾浑水。就在大家争论不休的时候，一个名叫陈轸的楚国客卿说话了：“大王想统一天下吗？”

秦惠王答：“当然想。”陈轸听了，要求给秦惠王讲个故事。秦惠王答应了。“春秋时期，鲁国有个武艺高强的人名叫卞庄子。一天，卞庄子到一个地方住宿，听说当地有两只老虎常跑出来伤害家禽，还咬伤、咬死过人。卞庄子便决心为民除害，带了把闪着寒光的青铜剑去山上刺虎。卞庄子所在的旅店有个小伙子也跟着卞庄子一起去刺虎，两人来到一个山谷里，看到一大一小两只老虎正在吃一头牛。卞庄子拔了剑就要往前冲，小伙子却拦住了他，说道：这两头虎正吃牛吃得起劲，吃到后面，一定会发生争夺，一争夺就会相互撕咬。小的会被大的咬死，大的会被小的咬伤。这时你再冲上去。对付一只受伤的老虎不比同时对付两只健壮的老虎要省力得多么？’卞庄子认为此计甚妙，就和小伙子一起藏进了附近的树林。过了一会儿，两头虎果然争斗起来。大者伤，小者死。卞庄子跳出来刺死了受伤的大虎，一下子得到了杀掉两头老虎的名声。”

陈轸的故事讲完了，秦惠王似有所悟。陈轸接着说：“如今韩魏交战，打了一年还没有打完，势必大国损伤，小国危亡，到时您讨伐受伤的大国，一定可以一举两得。”

秦惠王采纳了陈轸的意见，直等到魏国受了重创，韩国被打得破败不堪的时候，秦国才派大兵袭击这两个国家。隔岸观火的策略让秦惠王不费吹灰之力就从韩魏手中夺走好几座城池。

第十计　笑里藏刀

【原文】

信而安之[①]，阴以图之[②]，备而后动，勿使有变。刚中柔外也[③]。

【注释】

①信而安之：信，使信。安，使安，安然，此指不生疑心。

②阴以图之：阴，暗地里。

③刚中柔外：表面柔顺，实质强硬尖利。

【译文】

设法使敌人相信我方是善意友好的，从而不生疑心，放松警惕；我方则暗中策划，积极准备，相机而后动，决不可让敌人有所察觉而采取应变措施。这是一种内藏杀机而外示柔和的谋略。

【解析】

比喻外表和气而内心阴险。

兵书云："辞卑而益备者，进也……无约而请和者，谋也。"故凡敌人之巧言令色，皆杀机之外露也。宋曹玮知渭州，号令明肃，西夏人惮之。一日玮方对客弈棋，会有叛夸数千，亡奔夏境。堠骑（骑马的侦宿员）报至，诸将相顾失色，公言笑如平时。徐谓骑日．"吾命也，汝勿显言。"西夏人闻之，以为袭己，尽杀之。此临机应变之用也。若勾践之事夫差．则意使其久而安之矣。

【事例】

公孙鞅轻取峭山

公孙鞅，战国时卫国人，又名卫鞅、商鞅。他应秦孝公求贤令入秦，主持变法二十余年，使秦国强大起来，实力凌驾于六国之上。

黄河、峭山一带地势险要，秦国要对外扩张，必须夺取这一地区。当时，这一地区是魏国的领土，秦王派公孙鞅为大将，率兵攻打魏国。

公孙鞅领命出发，大军直抵魏国的吴城城下。吴城当年是魏国名将吴起苦心经营之地，吴起在此构筑了坚固的工事，加上此处地势险要，秦军正面强攻恐怕是劳而无功。正在公孙鞍为攻城之策苦苦思索时，他派出去的人打探到魏国守将是公子卬，公子卬与公孙鞅曾经有过交往。公孙鞅心中大喜，觉得可以从这一点下手，于是马上修书一封，主动与公子卬套近乎。

信中说，虽然你我二人现在各为其主，但鉴于过去的交情，罢兵议和方为上策。字里行间无不流露出对昔日友谊的怀念。公孙鞅还在信中建议约定一个时间商谈议和之事。就在这封信送出的同时，公孙鞅命令秦军前锋立即撤回，摆出主动撤兵的姿态。

公子卬看到来信，又得知秦军退兵的消息，非常高兴，立马给公孙鞅回了信，约定了会谈日期。公孙鞅见公子卬已经完全相信了自己，于是下令在约定的会谈地点暗中设下埋伏。

会谈当天，公子卬只带了三百名随从前往约定地点，见公孙鞅的随从更少，而且全都没有携带兵器，心中更是对对方的诚意深信不疑。会谈开始后，气氛友好而融洽，公孙鞅和公子卬重叙旧谊，借此表达与对方交好的诚意。然后公孙鞅设宴款待公子卬，公子卬欣然入席。谁知还不等坐定，忽听公孙鞅一声号令，四周突然杀出重重伏兵将魏兵包围，公子卬和三百随从事先毫无准备，还没来得及做出反应，便全部被生擒活捉。

随后，公孙鞅从被俘的随从中挑选了几个人，让他们前去诈开吴城城门，自己领兵紧跟其后，迅速占领吴城。魏国无奈之下，只得向秦求和，主动割让西河一带。

口蜜腹剑

李林甫出身于李唐宗室，是唐高祖堂弟长平王叔良的曾孙，从辈分来讲，他还是唐玄宗李隆基的远房叔父。此人品行和声望素来不高，但因为善音律，懂才艺，加上善于谄媚逢迎，因此从最初负责宫廷宿卫、仪仗的低级官吏，逐步爬上了宰相的高位。

李林甫在与人接触时，总是做出一副平易近人的样子，口中总是有无数的甜言蜜语。据《旧唐书》记载，他“貌状温恭，与人语必嬉怡微笑”，只看他那和蔼可亲的笑容，不少人都会以为他是一位忠臣。

实际上，李林甫肚子里却藏着毒剑，随时准备暗中伤人。正如北宋史学家司马光在《资治通鉴》中所描写的那样：“李林甫为相，凡才望功业出己右，及为上所厚、势位将逼己者，必百计去之。尤忌文学之士，或阳与之善，啖以甘言，而阴陷之。世谓李林甫‘口有蜜，腹有剑’。”意思是说：李林甫当上宰相后，对于朝中百官，凡是才能和功业在自己之上而受到玄宗宠信或官位快要超过自己的，一定要想方设法除去，尤其忌恨由文学才能而进官的士人。有时表面上装出友好的样子，说些动听的话，而暗中却阴谋陷害。所以世人都称李林甫“口有蜜，腹有剑”。

李林甫开始受宠的时候，与他同任宰相的还有张九龄，此人贤明能干，清正廉明，素有政绩，声望极高。李林甫对他嫉妒得要命，生怕自己被张九龄比下去了而失宠，所以想方设法排挤张九龄。

加上张九龄为人正直，对李林甫的所作所为非常鄙视，根本不把他放在眼里，这自然令李林甫恼恨万分，急欲除之而后快。但张九龄大权在握，李林甫只能表面上处处讨好他。

当时，玄宗最宠爱武惠妃，她所生的寿王和盛王也特别受宠，而太子却逐渐被皇帝疏远了。但武惠妃并不满足，她想让自己的儿子当上太子，于是在玄宗面前诬告太子结党营私，图谋不轨。李林甫也跟着在皇帝面前煽风点火，说太子有怨言。玄宗大怒之下，就想立刻废掉太子。但废太子是一件非常重大的事情，必须征询百官的意见。皇帝于是招来当朝几位宰相，询问他们的意见。张九龄认为此事非同小可，太子为国家之本，又是由皇帝亲自教养，并无大的过失，所谓的谋反之事证据不足，不可因为皇帝的喜怒而废掉太子。李林甫当时也在场，但从头到尾都一言不发。背地里，他却在玄宗宠信的宦官们面前说："皇家的事，何须别人插手。"言外之意就是说张九龄多管闲事，手伸得太长。

李林甫心里很清楚，要不了多久，这些话就会传到玄宗的耳朵里。正如他所料，玄宗听了之后，也觉得张九龄太专断。他和李林甫谈起此事，李林甫趁机在玄宗面前说了许多关于张九龄的坏话。

公元736年，唐玄宗想要加封朔方节度使牛仙客。张九龄认为牛仙客不过是一个庸人，他在任上所做的都是分内工作，可以适当赏赐，却不应加封，还约李林甫一起进宫劝谏玄宗。李林甫慷慨激昂，当面表示赞同，进见时却一直默默无语，回来后还私自把此事告诉了牛仙客。

第二天，牛仙客面见玄宗，泪流满面地表示自己要放弃官爵。玄宗仍想加封牛仙客，张九龄据理力争，玄宗非常恼火，质问张九龄说："什么事情都要听你的吗？"张九龄表示这是自己的分内之事，而且牛仙客出身小吏，目不识丁，将这样一个人拔擢为宰相根本不合适。

李林甫瞅准时间，向玄宗进言道："天子用人，有何不可？张九龄不过是区区一介文官，却泥古不不识大体，根本成不了大器。"玄宗听了，更加不喜欢张九龄，渐渐疏远了他。

张九龄与中书侍郎严挺之是好友。严挺之前妻离婚后嫁给了蔚州刺史王元琰。恰好王元琰被指控贪赃枉法，玄宗将此案交给严挺之等审查，严挺之替王元琰脱了罪。李林甫把这个消息秘密地告诉了唐玄宗，玄宗认为严挺之包庇王元琰，打算严厉追究。张九龄极力替严挺之辩护，却不知道自己正好中了李林甫的奸计。玄宗把以前积累的猜疑与此事联系起来，认为张九龄结党营私，最后罢免了他的宰相职务。李林甫成功地独揽了唐朝大权。

计除江彬

明武宗朱厚照虽然天资聪颖，但是性好玩乐，纵情于声色犬马，不理朝政，先后宠信大宦官刘瑾、奸臣江彬，幸亏朝中尚有一批能干的大臣支撑。

明武宗死后不久，内阁大学士杨廷和负责主持朝廷大事，他在入宫禀告过皇太后的情况下，以武宗遗诏的名义，撤销了威武团练诸营，并将所有受命入卫京师的边兵都遣归原地，为了安抚军心，众将士均得到了厚赏。

当时江彬正担任兵马提督，忙于改组团营，没有时间入宫，因此没有在第一时间得到武宗的死讯。当他接到遗诏，得知要罢团营、遣边兵时，不由大惊失色，赶紧招来心腹商议对策。其中就有人建议说，现在皇帝刚刚归天，朝政不稳，不如趁此机会起兵造反。江彬其实早就心怀异志，恨不能早成大事。但谋朝篡位毕竟非同小可，一旦事败，不仅身首异处，还要株连九族，为了谨慎起见，他派安边伯许泰入宫打探消息，等摸清楚宫内外的情况后再作打算。

杨廷和见许泰前来，知道这是“来者不善，善者不来”，脸上不动声色，心中却已经有了计较。寒暄过后，杨廷和微笑着对许泰说：“许伯爵来得正好，大行皇帝突然晏驾，诸事忙乱，头绪繁杂，我等正为此苦恼，本欲请诸公前来协助办理，偏偏遗诏上清清楚楚地写着‘罢团营，遣边兵’。而要妥善处理这些事宜，必须仰仗江提督，故而一时没有奉请，还望见谅。”

许泰见杨廷和所言有理，又态度谦和，便打消了心中的疑虑，回去向江彬复命。

许泰前脚刚走，杨廷和立即唤来志同道合的幕僚，一番密谈之后，决定伺机捉拿江彬。然后杨廷和命手下的魏彬立即入宫，将此事秘密禀报给皇太后，太后当场允准了这一计划。随后，杨廷和又与江彬会了一次面，向他详细述说了内阁的情形，而且言辞谦恭，此举使得江彬更加安心不疑。

又过了一天，江彬带着几名贴身卫士入宫。等候在门口的魏彬一见江彬到来，立刻迎上前，说：“坤宁宫刚刚落成，昨日太后颁下懿旨，命朝中大员及工部官员致祭，江公你来得正是时候。”

江彬一听，欢喜不已，赶紧换了一身衣服入宫致祭。祭祀完毕，江彬在往外走的时候遇到了杨廷和的心腹张永。张永亲热地跟江彬打招呼，随即又邀请他一同宴饮。

酒过数巡，太后懿旨忽至，命令逮捕江彬，江彬接旨时惊慌不已，当场推案而起，翻身上马想要离去。但此时城门早已关闭，无路可逃的江彬被官兵当场拿下。

第十一计　李代桃僵

【原文】

势必有损，损阴以益阳[①]。

【注释】

①损阴以益阳：阴：此指某些细微的、局部的事物。阳，此指事物带整体意义的、全局性的事物。这是说在军事谋略上，如果暂时要以某种损失、失利为代价才能最终取胜，指挥者应当机立断，做出某些局部或暂时的牺牲，去保全或者争取全局的、整体性的胜利。这是运用我国古代阴阳学说的阴阳相生相克、相互转化的道理而制定的军事谋略。

【译文】

当局势发展到必然会有所损失的时候，就应该牺牲局部来换取全局的胜利。

【解析】

原指桃、李共患难。比喻兄弟相爱相助。后用来指互相顶替或代人受过。我敌之情，各有长短。战争之事，难得全胜，而胜负之诀，即在长短之相较，乃有以短胜长之秘诀。如以下驷敌上驷，以上驷敌中驷，以中驷敌下驷之类：则诚兵家独具之诡谋，非常理之可测也。

【事例】

赵氏孤儿

春秋时，晋景公手下有一个大奸臣名叫屠岸贾，他鼓动晋景公除掉对晋国有功的赵氏家族。晋景公默许了，于是屠岸贾率三千人马把赵家团团围住，将赵朔、赵同、赵括、赵婴齐等全部杀掉。

赵朔的妻子庄姬公主是晋侯的姑姑，当时她已经怀了身孕，被秘密送进宫中躲藏起来。屠岸贾闻讯，决心赶尽杀绝，便撺掇晋景公杀掉公主以绝后患。但景公念在姑侄情分上，不肯杀公主。屠岸贾知道公主已经怀了孩子，见景公不杀公主，便决定等公主分娩后，杀掉赵朔的遗腹子以斩草除根。

公孙杵臼和程婴是赵朔的门客，两人是好友，对赵家非常忠心。赵朔死后，两人秘密见了面。

公孙杵臼质问程婴："你为何忍辱偷生？"

程婴说："赵朔的妻子已经怀了赵家的骨血，如果生下来的是个男孩，我就把他抚养成人，让他去报仇雪恨；如果生下来的是个女孩，我就彻底失望了，到时只好以死来报答赵氏的知遇之恩。”

不久，庄姬公主分娩，在宫中生下了一个男婴。屠岸贾听说后，亲自带兵到宫中进行搜索，公主将婴儿藏在裤内，侥幸躲过了一劫。程婴派一个信任的人假扮医生，入宫给公主看病，在忠臣韩厥的协助下，趁机将婴儿装在药箱中偷偷带出宫外。

屠岸贾猜测婴儿是被偷送出宫了，于是立即悬赏缉拿。

眼看庄姬公主母子俩好不容易逃脱了这次劫难，程婴对公孙杵臼说：“虽然屠岸贾这次没有找到孩子，但他绝对不会善罢甘休。你觉得该怎么办？”

公孙杵臼没有回答，却问程婴：“抚育孤儿与死亡，哪件事更容易？”

程婴回答：“当然是死亡容易，抚育孤儿难。”

公孙杵臼说：“赵君生前对你最好。我不如你，只好请你去做最难的事情，我只能去做容易的事情，所以，让我先去死吧。”

两人商议过后，决定采用调包计：找一个男婴与赵氏遗孤对调，然后公孙杵臼带着这个婴儿逃到首阳山，程婴则故意去告密，让屠岸贾搜到假的赵氏遗孤，这样他才会停止搜捕，赵氏的嫡脉才能保全。

当时，程婴的妻子也恰好刚刚分娩，生下了一个男婴，程婴于是决定拿自己的儿子代替赵氏遗孤。程婴回家后，心中悲痛万分，因为他知道自己的孩子肯定会被屠岸贾杀死。但程婴还是用大义说服了妻子，然后含泪将自己尚在襁褓之中的儿子抱上，与公孙杵臼一齐逃到了首阳山中。程婴的妻子则带着赵氏孤儿往另一个方向逃走。

屠岸贾很快就知道了此事，迅速带兵赶到首阳山。程婴假装走投无路，从山中出来，对屠岸贾说：“程婴不肖，无法保全赵氏孤儿的性命。反正孩子免不了一死，如果屠岸贾将军付给我千金，我就把孩子的藏身之处告诉你。”

屠岸贾一心想要知道赵氏孤儿的下落，当场就答应了程婴的要求。在程婴的带领下，屠岸贾等人终于找到一间隐匿在山中的小茅屋，公孙杵臼就住在里面，屠岸贾还从屋中搜出了一个用锦被包裹着的男婴，想来这就是赵氏遗孤了。公孙杵臼当着众人的面大骂程婴背信弃义，一边骂还一边佯装乞求："杀了我吧，孩子是无辜的，请放他一条生路。"

心狠手辣的屠岸贾一心想要斩草除根，当然不会答应，于是当场摔死了婴儿，杀了公孙杵臼。

程婴眼睁睁看着亲子和好友当场惨死，却只能按捺住满心的悲痛和愤恨，装出若无其事的样子。

从此，程婴背负着忘恩负义、出卖朋友的"骂名"，忍受着世人的唾骂，带着赵氏孤儿逃往外地，隐居起来，将他抚养成人，并让他学会了一身本领。

十五年后，赵氏孤儿终于长大成人，他就是赵武。赵武知道了自己的身世后，立誓要向屠岸贾复仇，替赵家讨回这笔血债。后来，赵武与朝中韩厥里应外合，杀了奸臣屠岸贾，报了血海深仇。而公孙杵臼的忠烈之名和程婴的忠义精神也终于大白于天下。

程婴见赵氏大仇已报，自己不肯独享富贵，遂拔剑自刎。

赵武为程婴服丧三年。而程婴与公孙杵臼合葬于一墓，他们被后人称为“二义”，其忠义英烈之名流传千古。

田完子舍身保全齐国

春秋末年，齐国国君姜氏的势力逐渐衰弱，大夫田成子取代姜氏独揽了齐国大权。但是，田成子上台名分不正，所以朝野上下及齐国内外都感到不服气。

怨气积累久了，总会有爆发的时候，何况有心人更不会放过这个机会。终于有一天，越国以田成子谋逆篡权为借口，派军队攻打齐国。

田成子得知这一消息后心慌意乱，赶紧招来幕僚商议对策。但是幕僚们的意见本身就存在很大分歧。

有的说：“越国发兵来犯，欺人太甚。虽然我国军事力量弱小，但可以发动齐国上下共同抗敌。”

有的说：“目前国内局势不稳，人心浮动，如果倾城而出，恐怕会怨声载道，难以服众。”

有的说：“越国强大，大王您何不效仿其他国家，割让几个城池给越国，让它主动退兵，或可免动干戈。”

田成子想来想去，觉得上述建议都不是破敌良策，而他自己一时又拿不出好计策，因此陷入了苦恼之中。正在这时，田成子的哥哥田完子为他献上一计，说：“我想率领一批忠良之士出城迎敌，迎敌一定要真打，打了一定要战败，不仅是战败，而且一定要全部战死。请大王准许，因为只有如此，才能让越国退兵，从而保住齐国。”

田完子的话刚一说完，满座皆惊，田成子同样大惑不解，便追问道：“你为何要带一批忠良之士出城迎敌？”

田完子回答：“王弟你刚刚拥有齐国，人心未定，百姓们并不知道你的治国之才，甚至有人对你恨得咬牙切齿，骂你是窃国大盗、无能之辈，所以在目前这种情况下，很难指望百姓们为你卖力。只有那些心中存有大义，认为齐国蒙受了耻辱的忠良之士，才愿意撇开私怨，冒死抵御外敌。”

田成子又问：“即便如此，那为什么要做到战必败，败必死的程度呢？”

田完子答道：“越国也知道现在就吞并齐国是不可能的，

所以此次出兵，目的无非是在各路诸侯面前要要威风，顺便还能捞个‘正义’的名声。我带忠良之士出兵迎敌，战败身死，这就是‘以身殉国’。越国见自己杀死了大王的兄长，教训齐国的目的已经达到。同时也知道了齐国尚有这样一批慷慨赴死的勇士，必然心生畏惧，认为没必要为此次行动付出过高的代价。所以，越军在我们死后，一定会班师回国。”

田成子听了，为兄长的自我牺牲精神所感动，当场流下热泪。为了将齐国从危机中拯救出来，他不得不听从了兄长的建议。果然不出田完子所料，越军在杀死了以田完子为首的一批忠良之士之后，旋即班师，齐国终于转危为安。

田完子反复权衡利弊，做出了以身殉国的决定，用“李代桃僵”的计策，将齐国从灾难中拯救了出来。

田忌赛马

战国时，齐威王和齐国的大将田忌都很喜欢赛马，因此两人经常在一起比赛。两人约定的比赛方式是：把各自的马分成上、中、下三等，比赛时，上等马对上等马，中等马对中等马，下等马对下等马。齐威王是一国之君，他的马自然比田忌的马要强一些，所以每次比赛田忌都是三场连败，田忌因此输了不少钱。

有一次，田忌的好友孙膑也去看了比赛，结果自然又是田忌输了。田忌觉得很扫兴，正要垂头丧气地离开赛马场时，却听见有人叫自己的名字，抬头一看，原来是孙膑。

孙膑招呼田忌过来，然后拍了拍他的肩膀，说："我刚才看了赛马，才发现原来威王的马比你的马快不了多少呀。"

孙膑话还没说完，田忌就瞪了他一眼："没想到居然连你也来挖苦我。"

孙膑说："我没有挖苦你。你再同大王赛一次，我保准能让你赢他。"

田忌疑惑地看着孙膑，问道："你是说另外换马比赛？"

孙膑摇摇头，说："一匹马也不用换。"

田忌一听，立刻泄了气，说："那还不是照样得输。"

孙膑胸有成竹地说："你按照我的安排去做，保准没问题。"

田忌知道孙膑足智多谋，虽然心中困惑不已，但还是决定听他的话。

齐威王之前屡战屡胜，正在得意扬扬之际，看见田忌在孙膑的陪同下迎面走来，便讥讽田忌说："怎么，难道你不服气，嫌输得不够，还想再来一次？"

田忌说："当然不服气，咱们再比一场！"还掏出一大堆银钱放在桌子上作为赌注。

齐威王见了，心里暗暗觉得好笑，不过田忌之前每次都是他的手下败将，现在居然主动把钱送上门，他自然也不会拒之门外，于是吩咐手下人把前几次赢的钱全部拿来，还追加了一千两黄金。然后满怀信心地说道："现在就开始吧！"

随着一声锣响，比赛开始了。第一局，还是田忌输了，而且是以极大的差距输掉了这场比赛。

齐威王兴奋地站起来说："想不到大名鼎鼎的孙膑先生，想出来的对策也不过如此。"孙膑并没有与齐威王做口舌之争，因为他自信能够挽回败局。

在接着进行的第二场比赛中，田忌的马竟然胜了一局，齐威王有点慌了。

但更让齐威王目瞪口呆的事情还在后面，第三局比赛还是田忌获胜。这样，在三局比赛中，田忌胜了两局，结果自然是田忌获得了最终的胜利。田忌不仅收回了之前输掉的赌注，还大赚了一笔，孙膑也因此更受信任和重用。

面对这样出乎意料的结果，齐威王百思不得其解。原来，孙膑发现，田忌的马和齐威王的马之间的差距并不大，于是第一场比赛用下等马对齐威王的上等马，第二场比赛用上等马对齐威王的中等马，第三场比赛用中等马对齐威王的下等马。田忌赛马的故事，正是用了“李代桃僵”的计谋。

第十二计　顺手牵羊

【原文】

微隙在所必乘[1]；微利在所必得。少阴，少阳[2]。

【注释】

①微隙在所必乘：微隙，微小的空隙，指敌方的某些漏洞、疏忽。

②少阴，少阳：少阴，此指敌方小的疏漏，少阳，指我方小的得利。此句意为我方要善于捕捉时机，伺隙捣虚，变敌方小的疏漏而为我方小的得利。

【译文】

敌人出现的漏洞再微小，也必须乘机利用；利益再微小，也要力争获得。要变敌人的小漏洞为我方的小胜利。

【解析】

顺手就牵了羊。比喻不费劲，乘机便得到的。现多指乘机拿走人家东西的偷窃行为。

大军动处，其隙甚多，乘间取利，不必以胜。胜固可用，败亦可用。

【事例】

楚王问鼎

楚国位于江、汉流域，向被视为南方之蛮夷。其先熊绎在西周初期曾被成王封为子爵，但楚国对周室时服时叛，不受封建之约束。春秋初年，王权衰微，楚君熊通索性于公元前740年自立为王（即楚武王），欲与天子分庭抗礼，一较长短。不久其子文王定都于郢（今湖北江陵西北），国势进一步强大起来。春秋初期，强楚实乃中原诸国之心腹大患，而中原诸侯经常说的“尊王攘夷”，也往往以抑楚为其主要目标。

楚早就有窥伺中原的志向，所以长期以来，它一方面并吞周围小国，一方面不断向北推进。但它先在齐桓公时被阻于召陵，继而在晋文公时战败于城濮，其北进图谋一再受挫。后来，楚庄王即位，开始任用贤才进行改革，使楚国迅速强大起来。

公元前606年，楚庄王亲自率领军队讨伐周都洛邑西南方的陆浑之戎。陆浑之戎是姜戎的一支，是不同于华夏族的少数民族。陆浑之戎原住在西北的瓜州，由于不臣服于秦国，秦国率兵把它驱逐到远处。晋献公认为，姜戎是炎帝后裔，应与华夏族同等对待，所以把伊水中上游的山地封赐给姜戎。姜戎在伊水立国，熊耳山区尽为戎地。陆浑之戎成为楚国北扩的重大障碍，楚庄王决定以武力将其剿灭。

陆浑之戎生性剽悍，习于骑战，但不习于战阵兵法。楚军长驱直入，大破陆浑之戎。返回楚国的时候，楚军到达洛水之畔，楚庄王在这里举行盛大的阅兵式，打算顺手牵羊，一举灭掉周朝，从而实现其称霸中原的目的。

楚军阅兵于周朝边境的消息传到了洛邑，周王极为恐慌。周朝的大夫王孙满自告奋勇，表示能劝退楚王。周王便下令让王孙满慰劳楚王，以观楚军的动静。

王孙满素有贤德，是一位杰出的政治家。他到达洛水之南，见楚军营帐相连，甲胄鲜明，楚王居于中帐，不降阶相迎。王孙满看到楚王的架势，知道他态度傲慢，浑然不把自己这位“代天巡狩”放在眼里。但是，王孙满并不介意，他仍旧向楚王致答了周天子劳师之意，说道："周朝天子听说大王率军路经此地，因此特派小臣前来慰劳。"

楚庄王听了王孙满的话，心里更加得意了，他并不向王孙满致谢，而是傲慢地问道："九鼎现在都在周朝，其大小轻重如何？"

王孙满一听楚王打听九鼎的大小轻重，深知其有灭周之心，于是从容地回答说："大小、轻重在于德而不在于鼎。"

楚庄王听后，大惑不解，忙问道："这句话怎么说呢？"

王孙满回答道："从前，夏朝施行德政的时候，远方的国家把物产画成图像进献，九州又进贡了各自出产的铜。夏王于是用这些铜铸成了九鼎，把图像铸在鼎上，鼎上各种事物都已具备，使百姓懂得哪些是神，哪些是邪恶的东西。所以百姓进入川泽、山林，就不会碰上不顺利的事情。"

"因此能使上下协调一致，承受上天的福佑。夏桀昏乱无德，九鼎便迁到商朝，前后六百年；商纣暴虐，九鼎又迁到了周朝。如果德行美好光明，九鼎虽小，也重得无法迁走。如果德行奸邪昏乱，九鼎再大，也是轻的。上天保佑有圣明德行的人，也是有限度的。成王将九鼎安放在王城时，曾占卜预告周朝传国三十代，享国七百年，这个期限是由上天决定的。周朝的德行虽然衰落，天命并没有改变。九鼎的轻重，也就不必询问了。”

楚庄王闻此，知道取代周王室的时机还不成熟，于是率领军队撤退了。

王孙满知道楚庄王的亡周之心，他阐述“德”，一方面是想以理说退楚王，一方面也说明想取得天下，只能凭借德行，才能令天下顺服。仅仅通过得到鼎来窃取天下的权力，纵然能够成功，也不能长久。楚王在听到王孙满的一番言论后，知道自己还无法取代周朝，于是只得撤军了。这样，楚王顺手牵羊的美梦破灭了。

夏侯惇劫营

公元215年，曹操挥兵汉中，攻打张鲁，一开始战争进行得很顺利，曹军很快便打到了阳平关（今陕西宁强西）下。他要夏侯惇负责对阳平关的战事，但后者一直攻了十多天，没能攻下阳平关。另一方面，驻守阳平关的张卫、杨任等人仗着阳平关地势险要，固若金汤，所以拒不投降。曹操眼看伤亡的人数每日剧增，带来的粮草也不多了，就改变了计划，转而采纳了谋士刘晔的意见，暂停攻关，另作他计。于是，他要许诸通知前方的夏侯惇暂停进攻。

由于阳平关依山而建，有十余座城墙，所以夏侯惇将兵力分散在其周围的各座山上，短时间内很难将士兵集合起来，其前锋部队在赶往集合地点的时候还迷了路。不过，这支部队不止没给夏侯惇惹什么麻烦，还给他带来了惊喜——误打误撞地发现了张卫的一个别营。

事发突然，该部队没有时间将自己的发现报告给夏侯惇，当即就和张卫的部队打了起来。张卫的部队没有准备，仓促迎战，误以为曹军已将阳平关攻克，大惊之下斗志全无，竟然全军撤退。

夏侯惇军乘胜追击，三下五除二便拿下了别营。之后，他们没有停下来享受这小小的胜利果实，而是跟着张卫的逃兵，杀入了阳平关。

夏侯惇接到这个消息，连忙调整作战策略，他立即召回已经开始撤退的部队，用最快的速度将兵力集合起来，在夜色的掩护下杀向阳平关。而此时，关内的守军已乱作一团，杨任拼尽全力也没能阻止夏侯惇的长驱直入，张卫见败局已定，遂弃城逃跑。阳平关素来被张鲁当成是对付曹操的最大筹码，阳平关失守后，张鲁为免全军覆没，很快就投降了曹操，曹操顺势夺取了汉中。

虽说顺手牵羊需要运气，但如果夏侯惇在得知属下进入阳平关后，没有及时改变作战方案，曹军也不可能一鼓作气拿下这座一度久攻不克的堡垒。

韩信取三齐

公元前205年，齐王田荣和刘邦分别从东西两面夹击项羽。项羽亲自率领大军击败田荣，和刘邦在荥阳对峙。不过，由于在攻打田荣的过程中，楚军残忍地焚烧城郭、坑杀降卒，齐国发生了叛乱。田荣的弟弟田横趁机收容散兵，聚集力量攻打项羽。

项羽一心对付刘邦，无暇顾及齐国的内乱，田横便乘虚而入夺回齐国，并立田荣的儿子田广做了齐王。与此同时，作为刘邦的左膀右臂，韩信正忙着为刘邦开疆拓土，他采纳广武君李左车的意见，不用一兵一卒便迫使燕国投降，使其归服自己。

韩信原本就计划夺取燕、齐两国，但就在他准备挥师齐国的时候，刘邦派郦食其做说客劝说齐王田广背楚降汉。郦食其很好地完成了任务，素来对汉军有所提防的田广遂放下了对汉军的戒备。既然田广不再与汉为敌，韩信也没有必要讨伐他了。因此，听说此事后，韩信便打消了伐齐的念头，但他的谋士蒯通却建议他顺手牵羊。蒯通对韩信说："将军是奉诏攻打齐国，汉王只不过暗中派遣一个密使游说齐国，难道有诏令命你停止进军吗？为什么不进军呢？况且郦生不过是个读书人，坐着车子，凭着三寸之舌，就收服齐国七十余座城邑。您为将多年，反不如一个读书小子的功劳吗？"

韩信被蒯通说动了，于是按照蒯通的计谋，重又拉起旗帜，大举伐齐。齐王得知韩信要来攻打自己，又惊又气，一面派人向项羽求助，一面烹杀郦食其泄愤。然而，尽管项羽马上派来二十万大军援救田广，田广仍没保住自己的国家。最后，齐国被收入韩信囊中，刘邦也只得封韩信为齐王。

第三套　攻战计

第十三计　打草惊蛇

【原文】

疑以叩实[①]，察而后动；复者，阴之媒也[②]。

【注释】

①疑以叩实：叩，问，查究。意为发现了疑点就应当考实查究清楚。

②复者，阴之媒也：复者，反复去做，即反复去叩实而后动。阴，此指某些隐藏着的、暂时尚不明显或未暴露的事物、情况。媒，媒介。句意为反复叩实查究，而后采取相应的行动，实际是发现隐藏之敌的重要手段。

【译文】

发现了可疑情况就要去寻求实情，只有调查清楚后才能采取行动；反复查探分析，是发现敌人阴谋的重要方法。

【解析】

打动草惊动了藏在草里的蛇。后用以指做事不周密，行动不谨慎，而使对方有所觉察。

敌力不露，阴谋深沉，未可轻进，应遍探其锋。兵书云："军旁有险阻、潢井、葭苇、山林、翳荟者，必谨复索之，此伏奸所藏也。"

【事例】

崤之战

周襄王二十四年，郑文公、晋文公相继去世，帮助郑国守卫城池的秦国大夫杞子等认为这是偷袭郑国的好机会，便告诉秦穆公，自己掌握着郑国的北门，如果偷偷地派兵伐郑，拿下郑国指日可待。

秦穆公听到杞子的汇报，非常高兴，遂征求大夫蹇叔的意见。但蹇叔不看好这个计划。蹇叔以为，从来没听说过让疲劳之师去攻打远方的国家，军士疲劳，远方的君主又有所防备，事情恐难以成功。秦军的动作，郑国一定会知道，而军队长途跋涉又没有所得，注定会产生反叛之心。但是秦穆公完全听不进蹇叔的话，因此下了攻打郑国的命令，派大臣百里傒的儿子孟明视、蹇叔的儿子西乞术以和白乙丙统领大军出征。

出征的那天，蹇叔哭着说，自己只能看到秦军出发却看不到他们回来。秦穆公听了很是不快。

秦军出发了，到达滑邑。一个名叫弦高的郑国商贩在滑邑的市场上看到秦国大军，就顺手将自己的十二头牛献给秦军，说："听说秦国想灭掉郑国，郑国的国君很小心地进行防备，还派我送牛来犒劳贵国将士。"秦国的军官听到这话，互相说："郑国已经察觉到我们偷袭他们的事情了，继续前进不会有什么好结果。"

弦高立刻返回郑国，将秦军袭郑的事情告诉郑国国君郑穆公，后者则在探明情况后立即派大夫皇武子暗示留在郑国的杞子等人，郑国已知晓秦国的计划，杞子等人听后都知趣地离开了郑国。而秦军方面得知秦在郑国的内应已经离开，伐郑的胜算甚小，便改变了作战计划，转而攻打并灭掉了滑邑。

不过，事情并没有就此结束。正值服丧期的晋国得知秦国打算偷袭郑国，认为这正是天赐的攻秦良机。晋襄公采纳了中军帅先轸的意见，起兵攻秦，为鼓舞士气，晋襄公还穿着丧服亲自督战，晋军在崤函地区的东、西崤山之间设下埋伏，就等着秦军送上门来。

此时，秦军正在孟明的率领下经过崤山，还没有对当地的地形进行侦查，不知不觉进入晋军的埋伏圈。晋军封锁了山谷的两头，堵死了秦军的退路，对秦军发动猛攻。晋襄公亲临战场，率兵出击，秦军被打得措手不及，进退不能，最后秦军被悉数歼灭，领军的几位大将也成了晋军的俘虏。秦军因打草惊蛇全军覆没，晋军则因为行动隐秘获得成功。

大战于朱仙镇

1642年，李自成围攻开封，崇祯皇帝连忙调兵遣将，援助开封。

明朝大军由丁启睿、左良玉等人率领，号称四十万，李自成所率的农民军则号称三十万，双方人马在开封西南九十里处的朱仙镇展开对决。由于不想让明朝援军和开封守军集合起来，李自成决定将明军分割开来，分别在开封和朱仙镇设置包围圈，又在南面的交通要道挖开了一条长百里、宽一丈六的壕沟。这条沟一来可以截断明军的粮道，二来可以成为明军逃跑路上的障碍。

为了打赢这场仗，顺利拿下开封，李自成作了周密的部署，而他的敌人却迟迟没能拿出完整的作战计划。丁启睿主张主动出击，左良玉则认为应坚守不出。李自成注意到这个问题，将手下兵士分成两路，一路猛攻位于朱仙镇的由虎大威率领的明军，制造混乱，打草惊蛇，让敌军深陷于陷阱。一路负责攻打左良玉，迫使其动弹不得，无法虎大威提供增援。李自成的计划得到了有力执行。结果，明军方面，虎大威战死，左良玉不知所措。左良玉见局势对自己愈发不利，最后竟不顾丁启睿的号令，连夜出逃。李自成故意放出一条路让左良玉及其军队逃亡，果然不出他的所料，左良玉逃到了农民军事先挖好的大沟前。沟宽且深，骑兵不能跨越，逃兵败将纷纷丢盔弃马，就在这时，又杀出一路农民军，明军死伤惨重，尸体充满了壕沟。

左良玉被打得惊恐不已，他所率之部全军覆没，自己逃了上千里，一直逃到湖北襄阳，才松了一口气。其他明朝将士的命运也好不到哪儿去，丁启睿狼狈不堪，逃跑时弄丢了皇帝御赐的尚方宝剑。

李自成的打草惊蛇之计大获成功，农民军不止拿下了开封，还招降了明朝二万步兵、八千骑兵，缴获了大量粮草、武器，士气大增。相反，明朝却因这次失利元气大伤，这四十万兵马本是其最精锐的一支部队。更重要的是，此次失败极大地挫伤了明军的士气，朱仙镇大战后不足两年，明朝的都城北京就被李自成攻克。

汉水战曹操

公元218年，刘备领兵十万围困汉中。曹操得知后非常吃惊，亲自率领四十万大军与之相抗。

蜀军见曹操来势汹汹，便退驻到汉水以西，蜀魏大军隔水相望。

一天，刘备和军师诸葛亮外出观察两岸情况，思考克敌之策。诸葛亮见汉水上游有一片土山，认为可以埋伏千余士兵，回营后，便要大将赵云带着五百名士兵，伏于土山之下。临行之前，诸葛亮还特地要这五百士兵都带上鼓角，他告诉赵云，每到黄昏时分，只要听到营中有炮声响起，就擂鼓吹角，但不能出战。

第二天，曹军到阵前挑战，蜀军却坚持按兵不动。曹军叫喊了一阵，见对方没有动静，便班师回营。赵云依计擂鼓吹角。

诸葛亮站在高处观察敌军的动向，这天夜里，他见曹营的灯火熄灭了，便命令士兵开炮为号，埋伏在土山处的赵云等听到炮声，马上擂鼓吹角。曹兵被蜀军的动静惊动了，非常恐慌，怀疑蜀兵会来劫营，忙起来迎敌，不想出营一看，并未看到有人劫营。这样一夜折腾了好几次，曹兵不由怨声载道，他们被蜀军的号角弄得魂不守舍，寝食难安。而曹操虽然知道这是诸葛亮的计谋，却也不敢号令将士不去理会蜀军的战鼓战号，万一蜀军发动了真正的袭击，精神松懈的曹军很可能反应不过来。考虑再三，曹操最终决定退兵三十里，另寻地方安营扎寨。

诸葛亮见曹兵后退了，便趁势率部渡过汉水。而在渡过汉水之后，诸葛亮又让将士们背水扎寨，故意让蜀军身处险境，同时也让曹操大惑不解。曹操担心诸葛亮又在耍什么计谋，就修书一封给刘备，和他约定时间进行交战。

约定的日子很快到来，战斗一开始，蜀军就假装失败，向汉水方向撤退，但在撤退的时候，蜀军却故意将不少辎重弃于道旁，曹操不由疑心大起。为了避免落入敌人圈套，曹操早早便鸣金收兵，禁止魏军追击蜀军。有人不明白曹操的意图，问：“为何不乘胜追击？”曹操则答道：“蜀军背水扎寨本就可疑，现又故意丢弃辎重则更令人怀疑，小心为上，必须火速撤兵。”

然而，就在曹兵开始后撤的时候，诸葛亮亮起了旗号，指挥蜀兵重新杀来，曹军猝不及防，慌乱溃散，损失惨重。原来诸葛亮的“打草惊蛇”，就是为了让曹军陷入恐慌混乱，给蜀军创造获胜的条件。曹操猜不透诸葛亮的意图，保险起见计划撤兵，结果正中诸葛亮之计。

第十四计　借尸还魂

【原文】

有用者，不可借[①]；不能用者，求借[②]。借不能用者而用之，匪我求童蒙，童蒙求我[③]。

【注释】

①有用者，不可借：意为世间许多看上去很有用处的东西，往往不容易去驾驭而为己用。

②不能用者，求借：此句意与①句相对言之。即有些看上去无什用途的东西，往往有时我还可以借助它而为己发挥作用。犹如我欲“还魂”还必得借助看似无用的“尸体”的道理。此言兵法，是说兵家要善于抓住一切机会，甚至是看去无什用处的东西，努力争取主动，壮大自己，即时利用而转不利为有利，乃至转败为胜。

③匪我求童蒙，童蒙求我：语出《易经·蒙》

卦。蒙，卦名。本纷是异卦相叠（下坎上艮）。本卦上卦为艮为山，下卦为坎为水为险。山下有险，草木丛生，故说“蒙”。这是蒙卦卦象。这里“童蒙”是指幼稚无知、求师教诲的儿童。此句意为不是我求助于愚昧之人，而是愚昧之人有求于我了。

【译文】

有作为的，不求助于人；无作为的，求助于人。利用那些无所作为的并顺势控制它，结果就不是我受别人支配，而是我支配别人。

【解析】

迷信人认为人死后灵魂可附着于别人的尸体而复活。后用以比喻已经消灭或没落的事物，又假托别的名义或以另一种形式重新出现。

换代之际，纷立亡国之后者，固借尸还境之意也。凡一切寄兵权于人，而代其攻宁者，皆此用也。

【事例】

巧借亡者之名

秦朝末年，赋税和徭役十分繁重，百姓怨声载道。公元前209年，终于爆发了陈胜、吴广起义。

陈胜、吴广本是秦朝征发到渔阳的戍卒中的小头目，他们前往渔阳途中，遇上了大雨，无法按时到达目的地。这令陈胜、吴广十分着急，因为按照秦律规定，戍卒延期抵达目的地，就要被斩首。于是，陈胜、吴广聚在一起，悄悄商议对策。他们二人一致认为，与其因为误期而被杀，还不如起来造反。陈胜表示，公子扶苏和楚将项燕都深得民心，但是他们都被害死，所以不如假托这两个人的名义，向全国发出号召，一定会得到天下人的响应。吴广完全赞成陈胜的主张。

两人经过精心准备，杀死负责押送戍卒的两名官吏，然后把众戍卒召集起来，号召大家一起反抗秦朝的暴政。众戍卒听罢，齐声高呼，表示愿意追随陈胜、吴广。于是，陈胜让戍卒们冒充是公子扶苏和项燕的队伍，并袒露右臂，作为义军的标志，打出了大楚的旗号。陈胜又筑起一座高台，用那两个军官的头颅祭天，举行誓师仪式，立誓同心协力推翻秦朝的暴政。

陈胜和吴广率先向暴秦发难以后，天下云集响应，各地义军风起云涌，很快席卷了大半个中国，秦朝的覆灭已成大势所趋。

陈胜和吴广在起义时借用了公子扶苏和楚将项燕的名号，吸引了不少人的追随，响应者中不断有人仿效他们，采用了“借尸还魂”之计来提高队伍的威信，增强号召力。

公元前208年，陈胜战死，但起义军的余部仍在坚持斗争。楚人项梁和他的侄子项羽也在乱世中拉起了一支人马。项梁正是楚国名将项燕的后人。

另外一支义军则找到了楚国贵族的后裔，并推举他为领袖，也有不少人闻风前去归附。项梁在薛城召开会议，商议推举楚王的事宜。项梁既为名将之后，便产生了自立为楚王的想法，但谋士范增劝他说：八十多年前，楚怀王被诱骗到秦国，然后被囚禁在那里，至死不得还归。

这样的奇耻大辱，楚人一直铭记于心。如果能找到一位楚国王室的后代，立他做楚王，不但可以将原先的楚国百姓笼络至将军麾下，而且楚地的其他义军也会前来归附。

项梁听从了范增的建议，派人四处寻找楚王的后人，最后终于找到了楚怀王的一个孙子，名叫熊心，当时他还只是一个十三岁的牧童。项梁按照先前的计划，拥立这个幼小的牧童登基，称其为楚怀王。

“楚怀王”的出现，更加激起了百姓对秦朝的强烈不满和反抗情绪，起义军方面则是信心倍增，凝聚力大大增强，势力日益壮大，在接下来的战斗中又取得了一系列胜利。

范增主张拥立楚怀王的后人为王，其实这施用的就是“借尸还魂”之计。楚国早已被秦国灭掉，成了过去，但它在反秦斗争中仍有相当大的号召力。抬出楚国这面大旗，可以有效地号令天下，给项梁等人的反秦起义披上了一层合情、合理的外衣，借历史上的楚怀王，来实现灭亡秦朝的目的。

朱三太子案

康熙十六年，绰号“白头贼”的福建永春人蔡寅自称是朱三太子，借助巫术，领数万兵马，在台湾郑经的配合下攻打漳州。不过，蔡寅的借尸还魂并没有成功，第二年便在天宝山（福建省漳州西北郊）被清朝将领黄芳世所灭。这年六月，河南柘城也有人自称是明朱三太子，率众起事，也遭到了清廷的镇压。借助“朱三太子”之名来反清复明。

康熙年间影响较大的是杨起隆的“朱三太子案”。杨起隆为人果敢，又有谋略。康熙十二年十二月，杨起隆借吴三桂在云南发动叛乱的机会在京城举事。虽然行动很快被镇压下去，但杨起隆成功逃脱。清朝政府费了很大的力气追捕他，始终一无所获。几年之后，又有人借杨起隆之名在陕西汉中领兵抗清，行事手法和杨起隆十分相像。然而，事后发现，这人只是杨起隆的部下。此人后被清廷逮捕，押往北京处死。

实际上，朱三太子本是明崇祯皇帝的三子朱慈焕。明亡后，朱慈焕流落民间，过着颠沛流离的生活，并没有萌生过反清的念头。相反，为了安度余年，他还隐姓埋名，生怕被人利用。但一直以来都有人以他的名义进行谋反，康熙四十七年，朱慈焕被清廷抓获，被交往九卿科会审，清朝政府找到几个投降清廷的老太监辨认他的身份，老太监们皆称不认识他。最后，清廷以“假冒朱三太子”为名，将朱慈焕凌迟处死。朱慈焕的几个儿子也被杀死。

对清朝政府来说，朱三太子并不可怕，可怕的是朱三太子的名号。该名号的感召力太大了，激起了无数人“反清复明”的心。每每有人打着朱三太子的旗号起义，都让康熙有芒刺在背的感觉。而朱慈焕死后，朱三太子并没有消失。康熙四十六年冬天，在江苏太仓州和浙江四明山都有人以朱三太子之名起事，让康熙好不烦恼。而十三年后，在遥远的台湾，百姓朱一贵也自称是朱三太子，发动起义。清初有相当长一段时间，对那些渴望反清复明的人来说，朱三太子都是一面极具吸引力的旗帜。

刘备占益州

公元211年，益州牧刘璋唯恐曹操进攻巴蜀，他的谋士张松便给他出谋划策，要他迎接刘备入蜀。刘璋同意了，遂派法正带四千人及巨款送给刘备。这对刘备而言正是天赐良机，巴蜀地理位置好，资源丰富，很方便英雄大展宏图，建功立业。于是，刘备接受了刘璋的请求，和庞统一起进入益州，留诸葛亮、关羽等据守荆州。

刘璋热情地欢迎刘备到来。而此时，由于被刘备的英雄气概所折服，原为刘璋谋事的张松、法正都建议刘备杀掉刘璋自立。但刘备认为自己初来乍到，人心尚未归服，不能轻举妄动。进入益州后，刘备十分注重提高自己的声望。刘璋推荐他做大司马，领司隶校尉，刘备也推荐刘璋做镇西大将军，领益州牧。刘璋配给刘备士兵，命其督白水军，还令他攻击张鲁。尽管刘备当时总共有三万多人，车甲、器械、资货甚多，但他并未急着出兵，而是树立恩德，收买民心。刘备和刘璋的友好关系一直维持到公元212年。这年曹操出兵征讨孙权，孙权向刘备求援。刘备便请求刘璋给自己万名士兵和军事物资，但刘璋只许诺为他提供四千兵马和一点点物资。刘备马上抓住这个把柄骂刘璋不义，然后将矛头对准刘璋，向刘璋宣战。刘璋根本不是刘备的对手，几场仗打下来，刘备的势力越来越大，刘璋的势力则越来越小。公元213年，曹操停止讨伐孙权，这让诸葛亮等刘备的得力助手得以腾出手来率军入川，有了他们的帮忙，刘备如虎添翼。公元214年夏天，刘备率汉军围成都数十日，派简雍为说客，劝说刘璋投降，刘璋终于放弃了抵抗。

刘备如愿以偿地占据了益州，为蜀国的建立打下了基础。在这个过程中，刘璋即他所借的“尸”，他以助刘璋抗曹为名，进驻益州，又借刘璋在益州的影响力，迅速地建立起自己的势力，最终反客为主，夺取了对益州的控制权。

第十五计　调虎离山

【原文】

待天以困之①，用人以诱之②，往蹇来连③。

【注释】

①待天以困之：天，指自然的各种条件或情况。此句意为战场上我方等待天然的条件或情况对敌方不利时，我再去围困他。

②用人以诱之：用人为的假象去诱惑他（指敌人），使他向我就范。

③往蹇来返：语出《易经·蹇卦》。蹇，卦名。本卦为异卦相叠（艮下坎上）。上卦为坎为水，下卦为艮为山。山上有水流，山石多险，水流曲折，言行道之不容易，这是本卦的卦象。蹇，困难；返，广大美好貌。这句意为：去时艰难，来时美好。

此计运用这个道理，是说战场上若遇强敌，要善用谋，用假象使敌人离开驻地，诱他就我之范，丧失他的优势，使他处处皆难，寸步难行，由主动变被动，而我则出其不意而制胜。

【译文】

等到自然条件对敌人不利时再去围困它，用人为的假象去引诱调动敌人。向前进攻有危险时，就要设法使敌人反过来攻打我。

【解析】

设法使老虎离开山头。比喻为了便于行事，想法子引诱人离开原来的地方。

兵书曰："下政攻城"。若攻坚，则自取败亡矣。敌既得地利，则不可争其地。且敌有主而势大：有主，则非利不来趋；势大，则非天人合用，不能胜。汉末，羌率众数千，遮虞诩于队仓崤谷。诩即停军不进，而宣言上书请兵，须到乃发。羌闻之，乃分抄旁县。翔因其兵散，日夜进道，兼行百余里，令军士各作两灶，日倍增之，羌不敢逼，遂大破之。兵到乃发者，利诱之也；日夜兼进者，用天时以困之也；倍增其灶者，惑之以人事也。

【事例】

孙策占领庐江

东汉末年，军阀割据，彼此混战不休。孙坚之子孙策年仅十七岁，却是江东有名的少年英豪，他继承父志，决心在乱世中做出一番事业。经过不断拼杀，孙坚的势力逐渐强大起来。

建安四年，孙策平定了长江以南诸郡之后，又欲向北推进，计划攻取江北的庐江郡。但是庐江郡以南是长江天险，北面又有淮水阻隔。当时占据庐江的是军阀刘勋，他的兵力不弱，且野心勃勃，要想战胜他，殊为不易。

不过，刘勋志大才疏，嗜财如命，针对这一弱点，孙策在和众将商议之后，决定以财物为诱饵，采用调虎离山之计，以夺取庐江。

计议已定，孙策当即派一名特使带着他的亲笔书信和厚礼前去拜见刘勋。使者对刘勋说：“我们素来对太守十分敬仰，愿意与太守交好。眼下上缭经常派兵侵扰江南各国。我们势单力弱，无法远征，因此，特备礼上书，请求太守发兵征伐上缭。如果太守肯出兵，将是对江南弱国的莫大恩惠，我们感激不尽，愿倾力支援太守。”说完即献上书信和厚礼。

刘勋见到厚礼，心中大喜，又见孙策在信中把他大肆吹捧了一番，夸他声名远播，所以心里更加得意了。更何况，刘勋早就听说上缭乃殷实富庶之地，占领了上缭就意味着有丰厚的收获，他其实对上缭觊觎已久，只是觉得有后顾之忧，因此一直没有采取行动。现在他见孙策软弱无能，便打消了顾虑，当即同意出兵上缭。

刘勋的部属刘晔极力劝阻道：“上缭虽然地方狭小，但城坚池深，易守难攻，短时间内难以攻克。我看这是孙策所施的‘调虎离山’之计，等大军都调出去之后，他就会乘我们内部空虚，发动突然袭击，到那时，庐江郡很可能就保不住了。”

但是，刘勋目光短浅，刚愎自用，早已被孙策的奉承和厚礼迷惑了神志，不听刘晔劝告，坚持出兵讨伐上缭，庐江城剩下的只有一些老弱残兵。

孙策密切监视刘勋的动向，见他率几万主力远征上缭，城内空虚，遂亲率大军，水陆并进，偷袭庐江，一路上几乎没有遇到什么抵抗就顺利地攻下了庐江。

刘勋猛攻上缭，却始终不能取胜，正在这时，突然传来消息，说庐江失守，这才知道中计，却是悔之晚矣，也无心再战。于是，这只丢了窝的“虎”只能带领人马灰溜溜地投奔曹操去了。

从此，孙策占据了整个江东地区，为吴国的建立奠定了基础。

调虎离山平乱

东汉朝廷正由邓太后临朝，代十三岁的汉安帝处理政事。眼看羌人将要攻陷武都，并有继续南下的意图，于是邓太后立即任命素有将略的虞诩出任武都太守，并在嘉德殿接见了他，给予他很厚的赏赐。

虞诩接到任命后，亲率三千兵马前往武都。羌军早就听说虞诩十分厉害，这时又得知朝廷正派他前来征讨，所以感到很紧张，羌人首领便率领几千人马，在陈仓（今陕西省宝鸡东）道上的崤山山谷（大散关）凭险设防，计划在这里拦截虞诩的军队。虞诩走到半路，听说羌人在崤山驻下重兵，防备严密，于是立即命令随行人马停止前进，并且宣称已上奏朝廷请兵增援，要等援军赶来之后，再一起发起进攻。羌人听到这一消息，被虞诩的计谋所迷惑，认为虞诩暂时不会向羌人发起攻击，因此肆无忌惮地分头到邻近的县城去抢掠，而只留下少数羌军在崤谷驻守。虞诩见羌人放松了警惕，立即下令将士们日夜兼行百余里，并且命令士卒每人挖两个灶坑。以后每人每天再增挖两个。羌人见灶坑的数量天天增加，都以为是汉军的援兵赶来了，所以不敢逼近他们。

军中有人不明白虞诩的意图，于是向他询问说："当初孙膑减灶，如今您却增灶，况且兵法上说每日行军不超过三十里，如今您日夜兼程，急行军二百里，这是什么缘故呢？"虞诩回答说："我军人少，增加灶坑是为了迷惑敌人；急行军二百里，那是让敌人难以发现我军的行踪。"（《后汉书·虞诩列传》）。周围人听了虞诩这番话，连连点头称是，佩服虞诩用兵有方。

果然，羌人误以为朝廷援军已到，自己的力量又已经分散，所以不敢轻易出击。虞诩顺利地

通过峭谷，转入外线作战，羌人在时间和空间上都转入被动。不久，虞诩平定了羌人的叛乱。

诸葛亮调虎离山

公元234年，诸葛亮率34万大军讨伐魏国，魏国则派司马懿为大都督领40万军迎击。两军在渭水之滨严阵以待。双方都知道对方是不容小觑的对手，因此都不敢掉以轻心。诸葛亮在祁山排兵布阵，司马懿则将大军屯在了渭水之北。出征之前，魏明帝曾嘱咐司马懿到了渭水之畔后，最好坚守壁垒，不要轻易和蜀军交战。蜀军见魏军只守不攻，一定会假装撤退引诱魏军，因此，魏魏明帝嘱咐司马懿坚守壁垒。

明帝要司马懿万万不可盲目追击，蜀军的粮草耗尽后，自然会撤走，到那时再趁机攻打他们。

司马懿听从了曹睿的建议，和蜀军打了几场小仗后，就挖沟造垒，只守不攻了。诸葛亮见此情况，非常焦急，蜀军远道

而来，粮草有限，不能长时间地和魏军对峙下去。于是诸葛亮将计就计，他特意高调地下达了分兵屯田的命令，要求士兵和当地百姓一起就地生产军粮。此举无异于向司马懿传递一个信息：蜀军已经想到了解决粮草问题的办法，蜀军做好了和魏军打持久战的准备。

司马懿知道后，不由得担心起来，而诸葛亮则一不做二不休，他研制了方便长途运送军粮的木流牛马，要士兵带着它往来穿梭，以便给敌人造成蜀军不愁没有粮草的假象。他还命令士兵在山上虚搭窝铺草营，装成和百姓一起屯田的样子，引诱魏兵过来劫营。而司马懿果真动了劫营之心，很想一把火将蜀军的粮草烧光，逼蜀军退兵。不过，由于担心诸葛亮设下埋伏，司马懿一改过去让主攻部队走在前面的做法，让部将在前面冲锋，负责吸引蜀军主力出营，自己则领大军在后面支援，趁蜀军主力被吸引走的工夫，烧掉蜀军的粮草。然而，诸葛亮早就揣测到司马懿的心思。当他看到魏军袭击蜀军大营时，立即意识到这是司马懿的佯攻之计。他赶忙命令士兵虚张声势，奔走呐喊，就好像真的调动主力迎击魏军一样。与此同时，诸葛亮却命一队精兵趁司马懿举大军来烧粮草的时候，偷袭司马懿的“后院”。蜀军干净利落地夺了魏军的营地，司马懿及其所领军队杀了好一阵才发现自己上了当，他们被蜀军引入山谷，中了埋伏，一时间利箭如雨点般从山谷两边射了下来。魏军大乱，想要逃跑，不想其周围尽是蜀军搭建好的草房。蜀军将草房点燃，魏军登时陷入一片火海。若不是突然下起了雨，司马懿自己也性命难保。

诸葛亮利用司马懿求胜心切的心理，成功地将他这只“虎”调出了山，取得了这场战役的胜利。

第十六计　欲擒故纵

【原文】

逼则反兵，走则减势[①]。紧随勿迫，累其气力，消其斗志，散而后擒，兵不血刃[②]。《需》，有孚，光[③]。

【注释】

①逼则反兵，走则减势：走，跑。逼迫敌人太紧，他可能因此拼死反扑，若让他逃跑则可减削他的气势。

②兵不血刃：血刃，血染刀刃。此句意为兵器上不沾血。

②需，有孚，光：语出《易经·需卦》。需，卦名。本卦为异卦相叠（乾下坎上）。需的下卦为乾为天，上卦为坎为水，是降雨在即之象。也象征着一种危险存在着（因为“坎”有险义），必得去突破它，但突破危险又要善于等待。“需”，等待。《易

经·需》卦卦辞："需，有孚，光"。孚，诚心。光，通广。句意为：要善于等待，要有诚心（包含耐性），就会有大吉大利。

【译文】

如果将敌人逼得太紧，它就可能拼命反扑；如果让敌人逃跑，则可以削减它的气势。对逃跑之敌要紧紧跟随，但不要过于逼迫，以此来消耗其体力，瓦解其斗志，等到敌人士气低落、军心涣散时再去擒拿它，这样就可以不动刀枪，避免不必要的流血牺牲。总之，不过分逼敌人，并使其相信这一点，就能使战局前途充满光明。

【解析】

要捉住他，故意先放开他。比喻为了进一步的控制，先故意放松一步。

【事例】

郑伯克段于鄢

春秋时，郑国的国君郑武公从申国娶了一个女子，名叫武姜。武姜为郑武公生了两个儿子，大儿子是后来的郑庄公，小儿子叫共叔段。武姜生庄公时因为难产而受到惊吓，所以给他取名为“寤生”，而且心里一直不喜欢他，偏爱共叔段，甚至对寤生继位非常不满，想改立共叔段为世子，于是多次向武公提出这个请求，但武公并没有答应。

武公死后，庄公即位，武姜请求郑庄公把共叔段分封到一个叫作“制”的城邑去。庄公婉言拒绝说：“制邑地势险要，原属虢国，从前虢叔就在那里丧命，封给共叔段不太合适。若是要求封给其他城邑，我都可以照您的吩咐办。”于是武姜请求封给共叔段另一个叫“京”的城邑，庄公答应了，让共叔段住在那里，称之为“京城太叔”。

大夫祭仲知道后，极力劝阻说：“分封的都城，其城墙如果超过三百丈长，就会成为国家的祸害。按照先王所订立的制度，国内最大的城邑不能超过国都的三分之一，中等的城邑不能超过国都的五分之一，小的城邑不能超过国都的九分之一。现在，京邑的城墙不合法度、不合礼制，您的利益将会受到损害。”

庄公说：“母后执意如此，我又怎能推却呢？”

祭仲回答说：“姜氏哪里会有满足的时候？必须及早处置，不能让祸根滋长蔓延，一旦滋长蔓延就很难办了。蔓延的野草尚且很难铲除干净，何况是您那备受宠爱的弟弟呢？”

庄公却只说了一句话：“做多了不义的事情，必定会自取灭亡，你姑且等待吧。”

共叔段被封在京邑后，十分得意，仗着有武姜做后盾，觉得庄公对自己无可奈何，便肆意妄为。

过了不久，太叔段使原来属于郑国的西边和北边的边邑归附自己，让这两座城邑同时向两方交纳贡赋。这一举动明摆着没把郑庄公这个国君放在眼中。

公子吕对郑庄公说：“一个国家不能有两个国君，现在您打算怎么办？如果您打算将郑国交给太叔（共叔段），那么我请求去服侍他；如果不给，那么就请您设法除掉他，不要让百姓们心存疑虑。”

庄公说：“不用管他，他这样下去自己会遭受灾祸的。”共叔段见郑庄公没什么作为，胆子越来越大，拼命扩张自己的势力，又把两处地方改入自己统辖的范围，这样一来，他的领地一直扩展到廪延（在今河南延津北）。

公子吕十分着急，又去求姜氏向郑庄公请封制邑。

见郑庄公，说：“现在可以行动了！共叔段的土地越来越大，如果现在还不动手，继续放任下去，他将得到百姓的拥护，到时候恐怕难以制服。”

庄公从容地说：“对君主不义，对兄长不亲，这样的人即使土地扩大了，最终还是会垮台的。”

共叔段一步一步做好了谋反的准备：他集结兵力，修整城郭，征集了充足的粮草和战车修缮了武器盔甲，准备偷袭郑国国都。

武姜和共叔段约定了起事日期，到时武姜打开城门做内应。

庄公探知了共叔段起兵的日期，他等的就是这一刻，于是果断地说：“现在可以出击了！”庄公假称自己出行去朝见周天子，暗地里却命令子封率领二百辆战车秘密攻打京邑。共叔段毫无防备，等他得到消息时，郑庄公已经兵临城下。京邑的人民早就知道共叔段的不义行径，都背叛了，共叔段只能仓皇逃到鄢城。郑庄公又率军追到鄢城。共叔段众叛亲离，无处容身，只能远远地投往共国。

七擒七纵

三国时期，趁着吴、魏交兵，无暇觊觎蜀汉之际，诸葛亮于黄初六年南下平定雍闿等人的叛乱。出兵之前，诸葛亮向马良的弟弟马谡征求意见，马谡建议说：“南中的人仗着当地地形险恶，早已怀有不臣之心。就算今天被打败，明天还会再反叛。一旦您北伐强敌，国内空虚，他们就会迅速反叛。将他们赶尽杀绝，既是残暴不仁的行为，也不是短时期内所能办到的事情。因此，您此次出兵应当以使他们心服为目标，所谓攻心为上，攻城为下；心战为上，兵战为下。”带着这一建议，诸葛亮亲自率领军队向南中地区出发了，并顺利击败雍闿、高定，就在蜀军准备撤兵之际，西南夷酋长孟获纠集被打散的残余人马，继续对抗蜀军。

考虑到将来的北伐大计，诸葛亮认为必须彻底解决这个后顾之忧。诸葛亮知道孟获不但性格坚毅、作战勇敢，而且待人忠厚，在南中一带颇有威望，当地的汉人中也有不少非常钦佩他的，考虑到之前马谡的建议，诸葛亮决定将孟获争取过来，把他变为自己的盟友，于是下令务必将其生擒活捉。

蜀军主力在泸水（今金沙江）附近的山谷中埋下伏兵，然后诱敌出战。孟获虽然作战勇猛，但不懂兵法和谋略。眼见蜀军败退，孟获以为对方不敌，便轻率地追了上去，结果闯入伏击圈内被生擒。

按说擒拿敌军主帅的目的已经达到，只要乘胜追击，自然可以大破敌军。但诸葛亮为了彻底收服孟获，让他心悦诚服，然后使其主动请降，这样才能真正稳定南方，不然就算一时打了胜仗，南方各部落仍然不会停止侵扰。于是诸葛亮断然下令释放孟获。

本来孟获被俘后，认为自己必死无疑，因此对自己说：“就算死也要死得像个好汉，不能丢人。谁知诸葛亮不仅没杀他，还亲自给他松绑，并好言劝他归顺。但孟获对这次失败感到非常不服气，便傲慢地拒绝了。诸葛亮也不勉强他，反而陪他参观自己的军营，还特意问他：你觉得这军营布置得怎么样？”

孟获从头到尾都看得很仔细，发现军营里都是一些老弱残兵，于是得意地笑了，很直率地说：“我以前是不知道你们的虚实，所以才会兵败被抓。现在看了你们的军营，原来也不过如此嘛。如果你放我回去，我肯定能够很轻松地打赢你。”

诸葛亮听了他的话，也不作解释，只是笑了笑，当场就把孟获给放回去了。他猜到孟获今晚会带人来劫营，因此早早地布好了埋伏。

孟获回去后，兴高采烈地对手下人说：蜀军净是些老弱残兵，不足为惧，而且蜀军军营的布置情况他也已经看清楚了，根本没什么了不起；今夜三更时分前去劫营，一定能逮到诸葛亮。

当天夜里，孟获从军中挑选了五百名刀斧手，悄悄地摸进了蜀军大营，一路上非常顺利，完全没有遇到阻挡。孟获暗暗高兴，以为成功在望，却见到蜀军伏兵突然从四面杀出，结果当场被擒住。

诸葛亮问孟获服不服，孟获自然不服，于是诸葛亮又放了他。

孟获接连被擒，不敢再鲁莽行事。他回营后便带领所有人马退到泸水南岸只守不攻，并下令拖走所有船只，以阻止蜀军渡河。

蜀兵到了泸水以后，没有船不能渡河，加上天气酷热，的确对士气造成了不小的打击。诸葛亮下令赶制了一些木筏和竹筏，派少量士兵佯装渡河，当他们渡到河心时，对岸就会乱箭飞射，于是趁势后退，然后再去渡河，这样就分散了孟获的注意力。同时将大军分成两路，分别绕到泸水上游和下游的狭窄处，趁其不备偷渡过河，并袭击了孟获的粮仓，还包围了孟获据守的上城。

孟获大怒，要严惩军士，激起了手下人的反抗。他们相约投降蜀军，趁孟获不备将其绑了起来，送到了蜀军军营。孟获说自己是被手下人暗算，不是被诸葛亮亲手抓住，仍然不服。于是诸葛亮再次饶过他，设宴款待他之后又将他释放。

孟获三次被擒，又三次被释，蜀军将士中有人对诸葛亮这种反复释放敌酋的做法不理解，认为他对孟获太过仁慈宽大了。

诸葛亮解释说："要想彻底平定南方，就必须重用孟获这样的人。如果他能心悦诚服，就能帮助我们约束当地人，这样一来甚至能抵得上十万大军。你们现在虽然要辛苦一些，但以后就不必再来这里打仗了。"

以后孟获又施了许多计策，但都被诸葛亮一一识破，四次被擒，四次被释放。其间，孟获还把南蛮各部族首领邀来共同对抗蜀军，结果被一网打尽，最后诸葛亮又把他们尽数释放回去。最后一次，诸葛亮火烧孟获的藤甲兵，第七次生擒孟获，又准备放了他。

孟获见自己屡屡"食言"，诸葛亮却始终宽大为怀，终于被深深地感动了。他不愿意再走，流着眼泪真诚地说："丞相七擒七纵，待我可说是仁至义尽。我打从心底里敬服，从今以后，绝不再反。”

诸葛亮平定南中后，准备率兵返回成都，临走之前，他并没有留下官员来治理南中，而是让孟获和各部落的首领照旧管理他们原来的地区。大家不明白这是为什么，有人问诸葛亮：“我们好不容易才征服了南中，为什么不派官员来治理，反而仍旧让这些头领来管理呢？”诸葛亮耐心地解释说：“我们派官员来，只有不方便，而没有任何的好处。因为留下我们的人治理，就得留兵。留下大批兵士，粮食就会成为负担，这样不行。再说，南蛮毕竟刚刚反叛过，打过仗，难免有所死伤，自己心里本来就会有所忌惮，如果我们再留下官员治理，很可能引起他们的猜忌，又引发祸患。我们不派官吏，既不需要留下军队，又不需要运送军粮。让各部落自己管理自己，汉人和部落之间相安无事，岂不更好？”大家听了这番话，都钦佩诸葛亮设想周到。

通过“攻心”战，诸葛亮彻底平定了南方。回到成都后，解除了后顾之忧的诸葛亮一面积蓄财富，一面加紧训练人马，一心一意准备大举北伐，收复中原。

智擒鳌拜

康熙是清朝杰出的君主，他在位六十一年，为清朝的兴盛奠定了基础。而他即位的时候，还只是个八岁的孩子。顺治帝临终之前，留下遗诏，命四位辅政大臣帮助康熙处理国家大事。这四位大臣分别是索尼、苏克萨哈、遏必隆、鳌拜，其中数鳌拜最有权势。

鳌拜仗着自己手握重兵，并不把年幼的康熙放在眼里，不时便会违逆康熙的旨意。大臣们对此都敢怒不敢言，稍稍和他意见不合，就会遭到他的迫害。康熙亲政后，鳌拜的嚣张气焰一点都没有收敛，还杀害了同为辅政大臣的苏克萨哈。这让康熙萌生了铲除鳌拜的念头。但是顾忌到鳌拜的权势，康熙并没有把这一想法表露出来，相反，对鳌拜，还表现得比往日更加谦恭。

康熙明白，单凭一己之力无法铲除鳌拜，便找来了自己最亲密的伙伴——索尼之子索额图，任命索额图为御前侍卫，和索额图一起筹备对付鳌拜的事宜，他以娱乐为名，让索额图在贵族子弟中挑选出一批少年入宫担任侍卫。这些少年个个都长得矫健强壮。康熙把他们留在身边，天天练习摔跤，一连几天都不处理政事。

鳌拜对康熙的变化感到奇怪，决定到宫中探个究竟。于是，在早朝后直奔康熙和小侍卫们一起“玩耍”的布库房。在布库房，康熙故意用话刺激鳌拜，要鳌拜和小侍卫比试。鳌拜答应了，三两下就把小侍卫打倒在地。康熙假意奉承了鳌拜一番，鳌拜心满意足地告退出去。在鳌拜看来，康熙无非是个胸无大志的贪玩少年，根本没有扳倒朝中权臣的能力。康熙成功地迷惑住鳌拜，不动声色地训练着少年侍卫。

一段时间之后，这些少年侍卫的武功都有了很大的长进。康熙见时机成熟，便单独宣鳌拜进武英殿面圣。骄横惯了的鳌拜不知有诈，没有一点戒备就去了，而他刚进入武英殿的大门就被不知从哪里钻出来的一群少年扑倒，他努力挣扎想脱身离开，却怎么也挣扎不动。就这样，权势熏天的鳌拜被擒住了。

鳌拜擅权已久，势力庞大，若和他硬碰硬地对决，即使身为皇帝也没有百分百的胜算。因此，康熙通过欲擒故纵，故意给鳌拜制造了一种假象，促使鳌拜误以为他只是个贪恋玩耍的寻常少年，从而放松了对他的戒备，也给了他扶植亲信、筹备倒鳌计划的时间。

第十七计　抛砖引玉

【原文】

类以诱之[①]，击蒙也[②]。

【注释】

①类以诱之：出示某种类似的东西并去诱惑他。

②击蒙也：语出《易经·蒙》如。参前“借尸还魂”计注释④。击，撞击，打击。句意为：诱惑敌人，便可打击这种受我诱惑的愚蒙之人了。

【译文】

用类似的东西去引诱敌人，使敌人懵懵懂懂地上当受骗。

【解析】

以自己的粗浅的意见引出别人高明的见解。

【事例】

楚国轻取绞城

楚国大举伐绞城。绞国见楚军士气旺盛，自知出城迎战肯定凶多吉少，于是决定坚守不出。绞城地势险要，易守难攻，楚军的多次进攻均被击退。两军就这样相持了一个多月。

楚国大夫莫傲屈瑕在仔细分析了双方的情况后，认为绞城只可智取，不可硬攻。他面见楚王，献上了一条“以鱼饵钓大鱼”的计谋。

莫傲屈瑕说：“既然绞城强攻不下，不如利而诱之。”楚王向他询问诱敌之法，莫傲屈瑕建议说，绞城被围月余，城中必定会缺少薪柴，我们正好可以利用这个，派一些士兵装扮成樵夫，上山打柴。敌军见了，一定会出城劫夺柴草。头几天，我军按兵不动，让他们先占得一些小利。他们必定因此而麻痹大意，派出大批士兵出城劫夺柴草，到时我们先设下伏兵断其后路，然后聚而歼之，乘势夺城。

楚王认为此计虽好，但绞国不一定能够上当。莫傲屈瑕说：“大王放心，绞国虽然小，但是轻敌躁进。轻敌躁进就会少虑寡谋。现在我们主动送上香甜的钓饵，不愁它不乖乖上钩。”

楚王于是依计行事，命一些士兵装扮成樵夫上山打柴。绞侯听探子报告说有樵夫进山，忙问这些樵夫周围是否有楚军保护。探子说，他们都是三三两两进山，身边并无兵士跟随。绞侯立刻布置人马，等这些“樵夫”背着柴火从山中走出时，突然发动袭击，顺利得手，抓了三十多个樵夫，夺得了不少柴草。

一连几天，绞军频频出动，收获颇丰。既然有利可图，又不见楚军出动，出城劫夺柴草的绞国士兵越来越多。楚王抛出的诱饵已经被敌人吞下，便决定及时收杆，逮到这尾大鱼。

第六天，绞国士兵仍然像前几天一样大摇大摆地出城劫掠，“樵夫”们见绞军来劫掠，顿时吓得没命逃奔，绞国士兵穷追不舍，却在不知不觉中被引入了楚军早已设下的埋伏圈中。霎时间，伏兵四起，杀声震天，绞国士兵本来战斗力就不如楚军，加上毫无防备，哪里抵挡得住，慌忙之余，只想后撤，却早已被伏兵断了归路，结果死伤无数。趁此机会，楚王迅速派兵攻城，绞侯这才知道自己中了计，但已经无力抵抗，只得主动开城投降。

楚军巧用“抛砖引玉”之计，轻轻松松拿下了之前久攻不下的绞城。

芒卯救魏

战国时，诸侯之间既互相攻打，又随时因利益而结盟，时分时合，混战不已。秦国与赵国结盟，相约一起攻打魏国。秦国还许诺，打败魏国后，就将原属于魏国的邺城（今河南河阳）割让给赵国。

魏国两面受敌，上下均十分恐慌，魏王急忙召集群臣商议对策，但急切间大家谁也拿不出妥善的办法。最后，一个名叫芒卯的人对魏王说：“大王无须为此事忧虑，秦、赵之间素来不和，现如今他们暂时联合起来，不过是为了瓜分我魏国的领土，扩大自己的地盘和势力。所以，我们只要主动让赵国尝点甜头，它自然会断绝与秦国的联盟关系。”然后芒卯就将自己的计划如此这般说了一遍，魏王一边听，一边连连点头称是。

按照计划，魏王派张倚出使赵国。张倚见到赵王，说：“如今大王与秦国联手攻打我国，无非是为了邺城。反正邺城早晚都要失陷，魏王素有仁爱之心，为了使两国百姓免遭战争之苦，于是决定不动干戈就将邺城献给大王，请大王接纳。”不用一兵一卒，就能白白得到邺城，赵王当然非常高兴，又问张倚：“如果寡人接受了这份礼物，那魏王有什么期望呢？”

张倚答道：“魏、赵两国一直维持着友好的关系，而魏、秦之间素来互相视为敌人。而且秦国乃虎狼之国，请大王仔细权衡其中的利弊。如果您想与魏国结好，请大王断绝与秦国的联盟关系，然后就可以得到邺城，不然的话，魏国即使拼到城毁人亡，也誓将与敌人血战到底。”

赵王当夜便召来群臣商议此事，经过一番讨论，最后决定接受邺城，便宣布与秦国断交。芒卯计策的第一步——“抛砖”已获成功。

赵国与秦国断交后，就准备兑现当初与魏国的协议。赵王派了一支部队前去接收邺城，而守城的主将正是芒卯。他对领兵的赵国将领说："我奉魏王之命在此守城，怎么可能将城池拱手出让呢？张倚哄骗赵王说要把邺城献给赵王，这是张倚的罪过，跟我没关系，你还是去找张倚吧。"

赵国大将没有办法，只好退兵。听了将领的回报，赵王才意识到上了魏国的大当。而秦王正在因赵国擅自毁约之事而恼怒不已，于是四处联络，准备联合魏国攻打赵国。

赵王听到风声后，惊慌失措，惶惶不可终日，但又想不出对策，在走投无路的情况下，只能决定将赵国的五座城池割让给魏国，来换取魏与自己联手共同抗秦。在这则故事中，魏国玩了一招"无中生有"，结果靠着抛出的空"砖"引来了真"玉"赵王与群臣商议救魏之计。

抛砖引玉诱唐军

公元696年，唐朝营州（今辽宁锦州市）都督施行暴政，轻侮契丹首领及其部属，引发了契丹人的强烈不满。加上契丹当时出现灾荒，饥民遍地，但是营州都督见死不救，不予赈济，更是严重激化了双方的矛盾。

五月，契丹松漠都督李尽忠、归诚州刺史孙万荣攻陷营州，俘虏数百人，并杀死了营州都督。

李尽忠自称“无上可汗”，以孙万荣为前锋，四处攻掠河北诸州，所向披靡，数日间聚集起数万士兵，号称十万大军，又准备向檀州进军。

武则天闻讯，紧急调派左鹰扬卫将军曹仁师、右金吾卫大将军张玄遇、左威卫大将军李多祚等大将出征，想尽快夺回营州，平定契丹。契丹先锋孙万荣熟读兵书，颇有谋略，他深知唐朝虚实，当初正是他乘着唐朝陷于内忧外患的境地才举兵反唐的。而在孙万荣的指挥下，契丹人连战连捷，声势益壮。

孙万荣看到唐军声势浩大，不宜与之正面交锋。他想到了攻破营州后囚禁在地牢里的被俘官兵，于是派人告诉这些俘虏说：“我们是契丹士兵的家属，现在营州缺粮，我们饥寒难耐，等到官兵一到就立即投降大唐。”同时在营州城中大肆制造缺粮的舆论，等官兵到时，故意让人放走被俘的唐军，还对他们说：“眼下没有粮食养着你们，但是又不忍心杀你们，想来想去还是决定放你们回去。”

唐军统帅曹仁师见逃回的唐兵个个面黄肌瘦，又听到俘虏们回报说契丹方面粮食奇缺，军心不稳，因此心中大喜，认定契丹不堪一击，夺回营州指日可待。其他将领也信以为真，张玄遇和麻仁节都想夺得头功，于是争先恐后地率轻骑向营州火速前进。一路上，他们又见到从营州逃出的契丹老弱士卒前来归降，他们声称营州粮荒严重，士兵们不堪忍受，纷纷逃跑，并且都表示愿意归降唐军。

于是张、麻二将对营州缺粮、契丹军心大乱之说更加深信不疑，加紧催动部队日夜兼程。赶到西峡石谷时，只见两边都是悬崖绝壁，中间只有一条狭窄的小道。按照兵法来说，这里正是设伏的绝佳之地。但是张、麻二人认为契丹士卒早就因为饥饿而不堪一击，加上夺取头功的私心作祟，于是没有仔细查探就命令部队继续前进。

唐军人数较多，只能排成长长的一列进入谷中，艰难行进。到了黄昏时分，忽听一声炮响，两边绝壁上飞下无数乱箭，骑兵也被绊马索绊倒，唐军人马自相践踏，死伤无数。

孙万荣见时机已到，亲自率领人马夹攻唐军。唐军前有伏兵，后有骑兵截杀，进退维谷，不战自乱，死者填满了山谷。张玄遇和麻仁节被契丹士卒生擒。

孙万荣利用从二人身上搜出的将印，写信报告曹仁师，谎称唐军已经攻下了营州，要他尽早前来处理契丹首领，并迫令张玄遇在伪造的信件上署了名字，随后派人把信送给曹仁师。

曹仁师收到这封假信后，立即下令唐军大部队急速前进，来到了西峡石谷，准备尽快通过峡谷赶往营州。结果，唐军在此又中了契丹的埋伏，导致全军覆没。

第十八计　擒贼擒王

【原文】

摧其坚，夺其魁，以解其体。龙战于野，其道穷也①。

【注释】

①龙战于野，其道穷也：语出《易经·坤》卦。坤，卦名。本卦是同卦相叠（坤下坤上），为纯阴之卦。引本卦上六，《象辞》："龙战于野，其道穷也。"是说即使强龙争斗在田野大地之上，也是走入了困顿的绝境。比喻战斗中擒贼擒王谋略的威力。

【译文】

摧毁敌人的主力，擒住或消灭它的首领，就可以瓦解它的整体力量。这就好像龙离开大海到陆地上作战，从而面临绝境一样。

【解析】

作战要先擒拿主要敌手。比喻做事要抓关键。

【事例】

智胜尹子奇

唐玄宗时爆发了安史之乱。一开始叛军声势浩大，连战连捷。公元757年，安禄山在洛阳被杀，他的儿子安庆绪接掌大权。安庆绪派手下大将尹子奇率十万劲旅向睢阳进犯，企图夺取江淮，继续扩大地盘。

睢阳守将许远知道情况危急，遂向河南节度副使张巡告急求援。张巡立刻带领三千兵丁火速前往救援，即便如此，两部人马合起来也不过七千人，与叛军相比，实在相差太悬殊了。好在张巡足智多谋，作战经验丰富，善于用兵。叛军包围城池以后，连连猛攻，张巡身先士卒，奋力抵抗，并在敌强我弱的情况下，俘获叛军将领六十余名，斩杀两万多敌人。初战告捷，睢阳守军军心大振。

叛军自然不甘心就这样失败，于是仗着人多势众，旋即卷土重来。张巡虽然指挥唐军打退了叛军一次又一次的进攻，并且每次都有所斩获，但始终未能动摇其根本。而张巡人马少，更加经不起消耗。对于睢阳守军来说，当时的形势依然非常严峻。

而尹子奇见二十余次攻城均被击退，士兵已经非常疲惫，因此不得不鸣金收兵，暂作休整。

当天夜里，叛军刚刚准备休息，忽听城头战鼓隆隆，杀声震天，似乎唐军即刻就要开城出战。尹子奇迅速集合列队，准备与冲出城来的唐军激战。谁知张巡却是“干打雷，不下雨”，虽然把战鼓擂得隆隆作响，却一直紧闭城门不出战。叛军被折腾了一整夜，没有得到休息，将士们又累又困，疲倦至极，连眼睛都要睁不开了，倒在地上就开始呼呼大睡。

正在叛军人困马乏的时候，只听城中一声炮响，张巡突然率领守军冲杀出来。叛军在睡梦中被喊杀声惊醒，吓得乱作一团。张巡一马当先，接连斩杀敌将五十余名，士兵五千余人。

但叛军依然未伤元气，张巡召集将领们商议退敌方案，有的说：敌军有十万，而我军只有几千人，恐怕难以抵挡，最好赶快请来援兵。有的说：“应该偷袭敌人的粮仓，乱其军心，断其后路，然后方能取胜。”但是，就算派人杀出重围去请援兵，也要数月才能到达，远水解不了近渴，恐怕到时睢阳早已失守。而敌军粮草由重兵把守，显然是早有准备，难以劫下。所以这些方案很快就被一一否定。

这时，张巡分析道：“如果硬拼，我军肯定不敌叛军，必须智取。只有先除掉叛军主将尹子奇，敌人定会乱作一团，我军再乘胜追击，打他个落花流水。”

但张巡以前从未见过尹子奇，现在两军混战，辨认起来更加不易。于是张巡心生一计，当尹子奇又开始发动进攻时，他命士兵从城头向敌阵放箭，只是这箭是用蒿草秆做的。叛军中有人捡到箭，以为睢阳守军的箭已经用光了，心中大喜，立刻兴冲冲地拿去向主将报告。张巡在阵前看得一清二楚，立即让部将南霁云张弓搭箭射向尹子奇。南霁云是有名的神箭手，虽然相距较远，但他依然一箭射中尹子奇左眼，这回可是“货真价实”的真箭，尹子奇立刻鲜血满面，差点落下马来。

张巡见尹子奇中箭，立即指挥几千精兵趁势掩杀，差点将尹子奇生擒活捉。尹子奇则如惊弓之鸟，仓皇逃命。主帅负伤遁走，手下将士顿失主心骨，乱成一锅粥，在唐军的冲杀下，兵败如山倒。

土木堡之变

明英宗朱祁镇在位时，宠幸太监王振。王振便恃宠专权，作威作福，欺下瞒上，朝中大臣多半仰他鼻息，天下人对王振更是敢怒不敢言。当时，北方的瓦剌日益强盛，对中原这块沃土垂涎三尺。

朝中有识之士建议在瓦剌南下的要道上设防，王振收了瓦剌首领也先的贿赂，断然拒绝了这一建议。1449年，也先亲自率领大军从蒙古出发，进犯河北一带，大同作为重镇，自然是敌人攻击的重点所在。王振此人好大喜功，虽然是一名太监，却总想效仿历史上的名将建立不世之功，好让自己留名青史。战报传回朝廷，面对大军压境的处境，王振不但不忧心忡忡，反而顿觉自己扬名后世的机会终于到来，于是不断怂恿明英宗御驾亲征。

明英宗软弱昏庸，又无主见，向来是王振说什么就信什么，一听王振说瓦刺军不堪一击，居然真的相信了，决定亲往前线与瓦剌军对敌，还命从无作战经验的王振为统帅，一切军政事务均由他独断独行。在没有经过充分准备的情况下，五十万明军就仓促北上了。途中又连降大雨，道路泥泞，部队行进速度缓慢。好不容易到达居庸关时，先头部队屡屡战败的消息频频传来，加上粮草缺乏，为了保护皇上安危，有部将建议英宗留驾居庸关，不再前行。但王振执意不肯，命令部队继续前行。部队粮草缺乏，士兵与战马饿死无数，沿途有很多倒毙的士兵和马匹。明军与瓦刺人交战，一触即溃，几乎全军覆没。

面对这样的战情，在众人的坚决要求下，王振被迫同意班师回京。但即便是在这样危险的环境下，鼠目寸光的王振居然还怀有私心——他先是要大军退兵时从他的家乡蔚州经过，想要跟乡里人摆摆威风，但是走到一半，他突然又怕大军损坏了自己田里的庄稼，硬是要求大军绕道而行。而且，在这样紧急的时候，他却让明军停下来，只是为了等候他装满私产的车队。

明军本来就行动缓慢，再经过这样的绕来绕去，几次拖延，结果走到宣府时，就被瓦剌大军追上，明军损失了三万骑兵。残余的明军狼狈逃到土木堡，瓦剌人紧追不舍，将土木堡围得水泄不通。

此时，明英宗身边只剩下少数护卫亲随，他们既打不过瓦剌大军，也无法突围而出，最后只得束手就擒。王振却打算扔下皇帝，独自逃走。英宗的护卫将军愤怒地喊道："我为天下杀此贼！"然后一锤打死了王振。

连皇帝都丢了，明军更加溃不成军，最后全军覆没。这就是历史上有名的"土木堡之变"。

瓦剌人捉到明英宗后，并没有杀他，而是如获至宝，因为他们想用明英宗做人质，以获得源源不断的财富。也先派人通知明朝送来一万两黄金，方可赎回英宗，钱到即放人。

明朝派人前往敌营，按约定献上万两黄金，却迟迟不见英宗被送还。后来才知道，瓦剌人早在前一天晚上就挟走了英宗，白白骗得万两黄金。

此后，瓦剌人继续向北京进发，一路挟持英宗同行。瓦剌军沿途烧杀抢掠，百姓深受其害，但明军因为英宗也在军中，投鼠忌器，不敢主动攻击。而瓦剌人显然也是瞅准了这一点，因此才让英宗随行。

长此下去，形势将对明朝越来越不利。兵部侍郎于谦认为应当另立新君，有识之士也纷纷表示赞成。于是，明朝另立新皇，是为景帝，而尊英宗为太上皇。

消息传出去后，英宗这个人质的价值大大降低，明朝对瓦剌的态度和口气越来越强硬。瓦剌人也渐渐明白，明朝不会为英宗付出太大代价。加上京城保卫战中，于谦表现优异，将之前不可一世的瓦剌骑兵打得大败。最后，瓦剌人终于同意将英宗送归明朝。

李靖追捕颉利

由于屡屡遭到突厥进犯，贞观三年，唐太宗决定对突厥发动进攻，命大将李靖等人统率十万兵马讨伐突厥。第二年的二月，李靖在阴山之战中大败突厥颉利可汗，致使后者不得不带领麾下数万人仓皇逃跑。逃跑途中颉利可汗派人向唐太宗请罪，表示愿意举国依附大唐。唐太宗一面派鸿胪卿唐俭和颉利接洽，一面派李靖领兵迎接颉利。

然而，李靖却认为颉利虽然表面上臣服，实际上仍盘算和大唐为敌，只待草丰马壮后再卷土重来。考虑到放过颉利如同放虎归山，李靖和另一名讨伐突厥的大将李世勣商量，决定冒险违抗命令，突袭颉利，将其余部一网打尽。于是，李靖带领人马进军阴山，路上，他们发现了数千顶突厥兵的帐篷，为了确保突袭计划不会提早泄露，李靖等当即决定将这些突厥人全部俘虏充入军中。而此时此刻，颉利可汗则因为见到了唐使唐俭，以为一切皆在自己掌握之中，因此沾沾自喜，没有任何提防。当他察觉到李靖等人的行动时，后者距他的大帐只有十几里路了，摆在他眼前的选择只剩下一种——逃跑。

颉利惊慌失措地跳上马，带着一支部队踏上逃亡之路。而剩下的突厥大军则群龙无首，乱作一团，根本没有心思对付杀气腾腾的唐军。李靖等人势如破竹杀得酣畅淋漓，一口气杀了突厥一万多人，俘虏十余万，其中包括颉利可汗的儿子叠罗施。一场突袭下来，颉利的身边只剩下一万多人，这些人还大多被李世勣堵在了碛口。

颉利可汗一路逃至灵州附近的苏尼失那里，试图在此稍作休整后向南前往依吐谷浑。但他的行踪被唐大同道行军总管李道宗得知，李道宗向苏尼失施压，逼后者交出颉利。这次，尽管颉利藏进了深山中，却依然没能逃跑成功。颉利就这样被唐军抓获了，颉利被抓后，苏尼失见大势已去，也归降大唐。根据《新唐书》的记载，苏尼失有帐部五万，原本位于灵州西北。

他为人骁勇善战，又常给手下恩惠，所以归顺者众多，对大唐而言，也是一股不容小觑的力量。若颉利可汗没有被抓住，借助苏尼失的力量东山再起，大唐又不知增添多少麻烦。由于苏尼失是“率众归服”，他归服之后，漠南之地尽归大唐的版图。唐太宗非常高兴，给了他优厚的赏赐，封他为北宁州都督、右卫大将军、怀德郡王。而颉利则被带到了长安，一直到死，他都没有能力再和唐朝作对了。

第四套　混战计

第十九计　釜底抽薪

【原文】

不敌其力①，而消其势②，兑下乾上之象③。

【注释】

①不敌其力：敌，动词，攻打。力，最坚强的部位。

②而消其势：势，气势。

③兑下乾上之象：《易经》六十四卦中，《履》卦为“兑下乾上”，上卦为乾为天．下卦为兑为泽。又，兑为阴卦，为柔；乾为阳卦，为刚。兑在下，从循环关系和规律上说，下必冲上，于是出现“柔克刚”之象。此计正是运用此象推理衍之，喻我取此计可胜强敌。

【译文】

不直接面对敌人的锋芒与之抗衡，而是间接地削弱它的气势。也就是说用以柔克刚的办法来转弱为强。

【解析】

从锅底抽掉柴火。比喻从根本上解决问题。

【事例】

勾践蒸粟还粮

春秋末年，吴、越逐渐崛起，两国之间经常发生摩擦。吴王夫差先打败越国，越王勾践为保全国家，只能屈膝求和，并亲入吴国为奴，伺候夫差。勾践表现得谦卑而谨慎，从而蒙蔽了夫差。

过了几年，夫差便允许其回国。

勾践回国后，卧薪尝胆，暗中积极备战，想要灭掉吴国，一雪前耻。

勾践让妻子织布，自己则带头下田耕作，并实行轻徭薄赋的政策，百姓吃穿不愁，家家蓄有余粮。人口逐渐增加，国力日渐强盛。

反观吴国，吴王夫差沉溺于酒色，不理朝政，他刚愎自用，生性多疑，不但重用伯嚭这样的小人，还逼死了忠臣伍子胥。夫差穷兵黩武，多次北上与中原诸侯争夺霸主之位，搞得国内怨声载道。

虽然越国已经国富民强，但为了麻痹吴国，勾践借口越国遇到灾荒，向吴国借了一万石粮食，许诺第二年将所借粮食如数归还给吴国。

眼看归还之期就要到了，勾践和大臣文种谈及此事，说：“如果我们不还粮食，吴王就会以此为借口，兴兵讨伐我们，而越国尚未完全做好准备，况且这样做也是我们失信于人；但如果把粮食还给吴国，这就等于是帮助敌人，而不利于越国。怎样才能做到两全其美呢？”

文种说：“粮食是一定要还的。但我们可以在粮食上做些手脚。我们从粮食中精选出一部分，蒸熟后再还给吴国。然后就有好戏看了。”

越国送还的粮食因为被蒸过，颗粒大而饱满，吴国人见了，非常高兴。于是到了第二年春天，许多人把这些粮食当作良种播到地里，他们本来以为会有好的收成。但是被蒸过的种子根本就不可能发芽，所以到秋天的时候，吴国的田地里几乎颗粒无收，严重的饥荒导致很多人饿死，吴国的国力大大衰弱了。

国以民为本，而民以食为天，勾践还的是蒸熟之粮，吴国不知内情而中了计，结果发生饥荒。

这是一招典型的“釜底抽薪”之计。勾践通过施用这一计谋，从根本上削弱了吴国的实力，也为最终灭掉吴国奠定了基础。

刘备夺取汉中

赤壁之战后，曹操惨败而归，但仍然牢牢掌握着北方地区。孙权在战后巩固并扩大了自己在江南的地盘，刘备则占据了荆州，并趁势进军巴蜀，夺取了益州，形成三足鼎立之势。汉中地处益州，地理位置十分重要，曹操进军汉中，威胁到了刘备的利益。刘备自然不甘心这样一块战略要地落入曹操手中，于是，曹、刘之间的汉中争夺战就这样爆发了。

公元215年，曹操设计消灭了西北的马超、韩遂势力，巩固了自己的大后方，随即便亲率大军进攻割据汉中的张鲁。

张鲁是东汉时期“五斗米道（又称正一道、天师道，是道教早期的一个重要派别）”的传教人，被东汉统治者封为镇民中郎将，领汉宁太守，成为一方统治者。

在得知曹操进攻汉中的消息后，张鲁自忖以汉中一隅之地及手下的将兵，不足以与曹操抗衡，便想开城投降，但他的弟弟张卫不肯。曹军到达平阳关（在今陕西勉县西北）后，张卫率一万多人拒关坚守，但最终为曹操所破，张鲁见此，便率部降了曹操。因此，曹操基本上控制了汉中及巴中地区。

刘备对此忧心忡忡，便派部将黄权出兵击败了曹军在巴中的势力，控制了该地区。此时，曹操的大军正驻扎在汉中，手下大将司马懿曾建议他抓住时机进攻益州。曹操鉴于西蜀守备严密、地形易守难攻，而且虽然平定了马超和韩遂的势力，但后方并没有完全稳定，一旦长久相持，很可能发生变乱，因而没有采纳司马懿的献言。

没过多久，曹操就把原驻守在长安的大将夏侯渊调来驻守汉中，自己则领兵回到许都。汉中的地理意义对刘备和曹操两方来说都极为重要：它是四川东北的门户，如果是曹操占据了汉中，那么益州北方就会无险可守，刘备刚占据四川不久，统治并不稳固，汉中落入曹魏手中无疑对他形成了极大威胁；而如果是刘备占据了汉中，不仅西北的门户守住了，而且进可直攻关中，退可固守成都。种种因素加起来，刘备自然决心将汉中掌控在自己手中。

公元217年，刘备留诸葛亮坐镇后方，坚守成都，负责粮草和军需供应，自己则亲率主力进攻汉中。刘备大军直抵阳平关下，想一举攻下这一战略要点。夏侯渊据险而守，顽强抵抗。刘备选精兵数万轮番进攻，怎奈阳平关本身易守难攻，加上魏军战力极强，两军在关前相持一年有余，始终不能分出胜负。

公元219年正月，刘备经过充分的准备与策划，决定采取行动来打破这种胶着不下的局面。

刘备率蜀军绕过地势险要、防守严密的阳平关，悄悄南渡汉水，沿南岸山地疾速向东行进，一举攻占了军事要地定军山。

定军山地势险要，关系重大，是汉中西南的门户，攻下了定军山，就等于打开了直通汉中的道路，并且威胁到了阳平关曹军侧翼的安全。刘备这一出其不意的举措迫使夏侯渊将驻防阳平关的兵力东移，去与刘备争夺定军山。

为防止蜀军进军北上或继续东进，曹军在汉水南岸和定军山东侧建营垒、修围寨、设鹿砦（用树木设置的形似鹿角的障碍物，是一种防御工事）。刘备趁着夜色的掩护攻打曹营，火烧南围鹿砦。夏侯渊命张郃守住东围，自己率轻骑援救南围。

刘备又率军猛攻东围，同时派老将黄忠带领精兵埋伏在东、南围之间的险要地段。面对蜀军的猛烈攻势，张郃难以招架，夏侯渊得报又急忙率军回援东围。黄忠以逸待劳，等夏侯渊率军而过时，突然居高临下袭击行军中的曹军。曹军毫无防备，仓促应战，很快就溃不成军，死伤惨重，夏侯渊本人也被黄忠斩杀。张郃拼死力战，杀出东围，退守阳平关。夏侯渊死后，张郃承担起统帅之职。曹操得知汉中战场失利，大惊，然后亲率主力从长安出斜谷，火速赶往阳平前线救援汉中。而此时的蜀军已经夺取并保住了定军山，扭转了先前的被动局面，胜利后的蜀军士气空前高涨，刘备也信心十足，并对随从的部将说："曹操就算是亲身前来和我决战，也无力回天了。"曹操急于尽快收复定军山，情绪急躁；刘备则"以静待哗"，派遣多股游兵，深入曹军后方进行袭扰，劫其粮草，断其交通，并伺机消灭小股部队。曹军正欲向前，却攻险不胜，求战不得；后方又屡遭侵扰，军需供应受到破坏，粮食短缺，军心恐慌，士兵们逐渐失去了斗志，士气越来越低落，临阵脱逃者日益增多。

僵持了一个多月，曹操眼见取胜无望，不得不放弃汉中，全军撤回关中。刘备如愿占据了汉中。跟着，他派刘封、孟达等袭取了汉中郡东部房陵（今湖北房县）、上庸（今湖北竹山西南）等地，进一步拓展了自己的势力。至此，汉中争夺战以刘备的大获全胜而告终。

第二十计　浑水摸鱼

【原文】

乘其阴乱[1]，利其弱而无主。《随》，以向晦入宴息[2]。

【注释】

①乘其阴乱：阴，内部。意为乘敌人内部发生混乱。

②随，以向晦入宴息：语出《易经·随》卦。随，卦名。本卦为异卦相叠（震下兑上）。本卦上卦为兑为泽；下卦为震为雷。言雷入泽中，大地寒凝，万物蛰伏，故如象名“随”。随，顺从之意。《随卦》的《象》辞说：“泽中有雷，随，君子以向晦入宴息。”意为人要随应天时去作息，向晚就当入室休息。

此计运用此象理，是说打仗时要得于抓住敌方的可乘之隙，而我借机行事，使乱顺我之意，我便乱中取利。

【译文】

趁敌人内部发生混乱，利用其力量虚弱而没有主见这一弱点，使敌人顺从我，就像人顺应天时到了夜晚就要入室休息一样。

【解析】

比喻趁混乱时机攫取不正当的利益。也作“浑水摸鱼”。

【事例】

草船借箭

曹操扫平江北后，打算南下灭掉东吴，从而一举统一天下。刘备得到消息后，派诸葛亮到江东去拜见孙权，以促成孙、刘联盟。

诸葛亮来到东吴后，见到孙权，并劝他与刘备联合。孙权权衡再三，答应了诸葛亮的请求，还委派大都督周瑜与诸葛亮一起讨论合作的事宜。

有一天，周瑜请诸葛亮来营中议事，说："我们即将跟曹军交战。水上交战，用何种兵器最好？"

诸葛亮说："水上交战，自然是用弓箭最好。"

周瑜说："先生跟我想的一样。但是现在军中缺箭，我想请先生负责赶造十万支箭。此乃公事，希望先生不要推脱。"

诸葛亮说："既然是都督委托，亮自当照办。却不知这十万支箭什么时候要用？"

周瑜问："十天够吗？"

诸葛亮说："眼看曹操大军即日将至，两军随时会开战，如果还要等待十天，恐怕会误了大事。"

周瑜问："那按先生的估计，几天可以造好？"

诸葛亮微笑着说："只要三天。"

周瑜说："眼下军情紧急，先生可不要开玩笑。"

诸葛亮说："这么重要的事，我怎么敢跟都督开玩笑？我愿意在此立下军令状，如果三天之内造不出十万支箭，亮甘受惩罚。"

周瑜听了，当场让诸葛亮立下军令状，并设酒席招待他，诸葛亮说："今天已经来不及了。从明天开始算起，到第三天，请都督派五百名军士到江边来搬取箭枝。"又喝了几杯酒之后，诸葛亮就告辞离去。

当天晚上，周瑜派鲁肃到诸葛亮的营中去打探消息。

鲁肃到了后，见诸葛亮并没有督促士卒制造弓箭，心里感到疑惑，便向诸葛亮询问到底怎么回事。诸葛亮微微一笑，并不答话。过了一会儿，诸葛亮请求鲁肃借给他二十条船，且每条船上要配置三十名军卒，船只都用青布幔子遮起来，还要一千多个草靶，分别竖在船的两舷。说完之后，诸葛亮还嘱咐鲁肃不要将此事告知周瑜。鲁肃是个忠厚长者，他听了诸葛亮的话，便答应了他的请求，却并不明白诸葛亮的意图。回去后，鲁肃瞒着周瑜，私自拨了二十条快船，每条船上配备了三十名军士，并照诸葛亮事先吩咐的，布好了青布幔子和草靶，等诸葛亮调度。

第一天，不见诸葛亮有什么动静。第二天，仍然不见诸葛亮有什么动静。直到第三天夜里四更时分，诸葛亮才秘密地把鲁肃请到船上。鲁肃奇怪地问他：“你叫我来做什么？”诸葛亮说：“请你一起去取箭。”鲁肃更加不解：“到何处去取箭？”诸葛亮回答道：“子敬（鲁肃的字）先不用问，去了自然便知。”鲁肃感到莫名其妙，但也不再发问。诸葛亮随即命令把二十条船用长索连在一起，朝江北曹军大营的方向开去。外面一片漆黑，浩浩江面上大雾弥漫，能见度极低，甚至连对面都看不清楚。五更时分，船队已经靠近曹军水寨。这时，诸葛亮下令将船只头朝西、尾朝东，一字摆开，横在曹军寨前。

然后，他又命船上的士卒一边用力擂鼓，一边高声呐喊，故意制造出击鼓进兵的假象。

鲁肃见状，吃惊地说道：“我们只有这几个人，如果曹军冲杀过来，可怎么办？”

诸葛亮笑着说：“江上雾大，曹操绝不敢派兵出战。你我只管放心地饮酒取乐，等到天亮了就回去。”曹营中忽然听到江上传来鼓声和呐喊声，慌忙去报知曹操。正如诸葛亮所料想的那样，曹操传令说：“江上雾气太大，敌人忽然来攻，恐怕有埋伏。我们看不清虚实，不要轻易出战。只调弓弩手来朝他们射箭，不让其靠近营寨便是。”

于是曹操急忙派人去旱寨调来弓弩手六千人赶到江边，会同水军射手共约万余人，一齐朝江中放箭。一时间，箭如飞蝗，除了部分落入水中，其余的纷纷射在船边的草靶上。过了一会儿，船身开始倾斜，诸葛亮又从容地命令调转方向，船头朝东，船尾朝西，一字排开，并命士卒更加大声地擂鼓呐喊，逼近曹军水寨。

等到天渐渐亮了，雾快要散尽的时候，船两边的草靶上全都密密麻麻地插满了箭枝。诸葛亮命令所有的军士齐声高喊：“谢谢曹丞相赐箭！”同时命令船队掉头返回南岸。

等到曹营兵卒将此事报知曹操后，曹操才知道自己上了大当，但是诸葛亮的船队此时早已驶出了二十多里，就算马上派水军去追赶也来不及了。白白损失了十万多支箭，曹操心中懊恼不已。

在返回的途中，诸葛亮对鲁肃说：“每条船上大约有五六千支箭，二十条船加起来总共有十万多支。来日用曹操的箭射曹军，那不是很好嘛！”

事后，鲁肃回到中军大帐，见了周瑜，将诸葛亮借箭的经过详细说了一遍，周瑜大惊，感慨道：“诸葛亮的确神机妙算啊。”

刘备浑水摸鱼取南郡

赤壁之战中，曹军大败，曹操不得不率领残兵败将退回许昌。临行前，曹操派大将曹仁驻守南郡（今湖北公安），以防止孙权北进。实际上，孙权和刘备两家都在打南郡的主意。赤壁大战的胜利，使孙权信心大增，于是派周瑜、程普等人乘胜追击，准备攻取南郡。与此同时，刘备也移师至油江口，意在夺取南郡。

在攻打南郡之前，周瑜先发兵攻下了彝陵（今湖北宜昌），然后乘胜攻打南郡。曹仁假装不敌，率军弃城而去，却暗中在城内埋下伏兵，周瑜中了诱敌之计，刚率军入城，就见乱箭从四周飞来，周瑜也中了一箭。众将保护周瑜杀出一条血路，回营后医治，才发现箭头有毒。医生叮嘱周瑜必须静养，万万不可动怒，否则毒入心脉，将无力回天。

曹仁见周瑜中了毒箭，非常高兴，知道此伤不宜动怒，于是故意每天派人到周瑜营前叫骂。周瑜手下众将怕他知道了生气，于是坚守营门，不肯出战。但曹军骂声太大，还是被周瑜听见了，周瑜气得当场就要应战，被众将苦苦劝住。

一日，曹仁亲自率领大军去东吴营前挑战，周瑜怒不可遏，带领人马就往外冲，东吴众将阻拦不住。开战不久，周瑜忽然大叫一声，口吐鲜血，坠于马下，众将大惊失色，赶紧将其救回营中。回营后大家才知道，周瑜早就打定主意将计就计，借此哄骗敌人。

没过多久，周瑜箭疮发作死去的消息迅速传开了。

同时，东吴军营中奏起了哀乐，挂起了白幡，士兵们都戴着白孝，哭声震天。

曹仁闻讯，大喜过望，想着周瑜刚死，东吴群龙无首，军心涣散，正好趁机前去劫营，不仅能大败吴军，还能割下周瑜的首级，送到许都请赏。

趁着夜色，曹仁亲率大军去劫营，只留下陈矫带领少数军士守城。曹军冲进周瑜大营，却见营中空荡荡的，一个人影也见不着，四下里寂静无声。曹仁知道中计，急忙下令退兵，但已经来不及了，只听一声炮响，吴军从四面八方杀出，为首大将正是“已经归天”的周瑜。

曹军心慌意乱，无力抵抗，曹仁好不容易杀出重围，想要退返南郡。但周瑜早已料到这一点，预先在通往南郡的道路上埋下伏兵，曹仁受到阻截，只得往北逃去。

周瑜大胜曹仁后，立即挥军直奔南郡而去。但是，等周瑜率部赶到南郡城下时，却见南郡城头布满旌旗了，城头上站着一员大将——赵云。

原来，赵云奉诸葛亮之命，趁着周瑜和曹仁激战之时，轻松地拿下了只剩老弱残兵的南郡。诸葛亮又利用夺得的兵符，派人冒充曹仁连夜前往各处求援，很容易就夺取了荆州、襄阳。

在这场战役中，刘备趁着周瑜与曹仁大战的机会，采用“浑水摸鱼”的计谋，轻而易举地拿下了南郡。

张守珪平契丹

张守珪，唐朝名将。开元十七年，契丹发动叛乱，大举进犯唐朝疆土，唐玄宗任命张守珪为幽州节度使，负责平定契丹之乱。

张守珪来到幽州后，一面积极整顿人马，训练士卒；一面加强幽州城防，将城墙加厚加高。契丹大将可突汗连攻数次，但均被打退。

一天，可突汗突然派使者来到幽州拜见张守珪。张守珪心中疑惑，便命军队加强戒备，然后打开城门。契丹使者自称是来投降的，说是可突汗愿意重新归顺朝廷，永不进犯。实际上，这只是一个借口，突可汗是想趁此机会探听唐军的虚实。

张守珪见契丹兵力强盛，但是偏偏在这时主动求和，知道其中必定有诈，但他并没有揭破契丹的阴谋，而是将计就计，客气地接待了来使，还说："既然可突汗派你来表示和好之意，我会派人随你到贵处去慰问可突汗。"

第二天，张守珪派王悔代表朝廷随契丹使者前往可突汗营中持节宣抚，并叮嘱王悔一定要设法摸清契丹的情况。王悔来到契丹营中，对可突汗说明了自己的来意，可突汗假意设宴盛情款待。王悔牢记自己的任务，在酒宴上留心观察契丹众将的一举一动：有的是真心实意地举杯相邀；有的则是虚与委蛇，表面热情，眼里却暗藏凶光。王悔由此断定：契丹众将对朝廷的态度并不一致。

随后，王悔发现契丹士卒中有一个人是自己认识的，两人交谈了一会儿，王悔从这名士卒口中探知，分掌兵权的衙官李过折与可突汗素有嫌隙，两人谁也不服谁，只是表面上假装友好罢了。听到这一情况后，王悔决定利用它挑起契丹军的内讧，乘机铲除可突汗。于是王悔特意去拜访李过折，假装对他和可突汗之间的矛盾一无所知，当着李过折的面大肆夸赞可突汗的才干，以激起李过折的嫉妒之心。

李过折听了，果然怒火中烧，愤然道："都是因为可突汗挑起了这场战争，才导致生灵涂炭，他有什么才干？"李过折还告诉王悔，说契丹这次求和根本是出于假意，可突汗早已在暗中向突厥借兵，不日就要攻打幽州。

王悔听后，知道时机已经成熟，便劝说李过折归顺唐朝，他说道："唐军兵势很盛，可突汗最后肯定会失败，李将军你一世英雄，论才能并不输于任何人。只要你能除掉可突汗，便是立了大功，我会向天子保举你，让你得到王爵。"

王悔此言正中李过折下怀，当即表示愿意归顺朝廷。王悔见大功告成，又探知可突汗已经派人去突厥搬救兵，便立即辞别可突汗，赶回幽州，把情况告诉张守珪。

王悔走后的第二天晚上，李过折果然率领本部人马突袭可突汗大帐。当时可突汗正在熟睡之中，毫无防备，结果在乱军中被杀。

不过，李过折素来骄横狂妄，不得人心，这次袭杀可突汗，引起了可突汗的亲信和其他将士的不满。忠于可突汗的大将涅礼得知此事后，立即召集人马，与李过折展开激战，很快就杀了李过折，但李过折的军队并不投降，仍旧顽强抵抗，契丹军队陷入一片混乱之中。

张守珪探得消息，立即亲率大军前往契丹大营。唐军冲入契丹军营时，契丹军正在火拼，张守珪乘势发起猛攻，很快大破契丹军，斩杀无数，并生擒涅礼。契丹叛乱就这样被平息了。张守珪之所以能平定契丹，关键在于先挑起了敌人的内讧，使之自相残杀，把“清水”搅浑之后，再趁乱下手，果然摸到了“大鱼”。

第二十一计　金蝉脱壳

【原文】

存其形，完其势[1]；友不疑，敌不动。巽而止《蛊》[2]。

【注释】

①存其形，完其势，保存阵地已有的战斗形貌，进一步完备继续战斗的各种态势。

②巽而止蛊：语出《易经·蛊》卦。蛊，卦名。本卦为异卦相叠（巽下艮上）。本卦上卦为艮为山为刚，为阳卦；巽为风为柔，为阴势。故“蛊”的卦象是“刚上柔下”，意即高山沉静，风行于山下，事可顺当。又，艮在上卦，为静；巽为下卦，为谦逊，故说“谦虚沉静”，“弘大通泰”是天下大治之象。

此计引本卦《彖》辞：“巽而止，蛊。”其意是我暗中谨慎地实行主力转移，稳住敌人，我则乘敌不惊疑之际脱离险境，就可安然躲过战乱之危。

“蛊”，意为顺事。

【译文】

保存阵地的原形，进一步完备作战态势，使友军不怀疑，敌人不敢轻举妄动。我方却趁机秘密转移了主力，安然躲过了战乱之危。

【解析】

蝉变为成虫时要脱去幼早的壳。比喻用计脱身。

【事例】

宋江私放晁盖

在元末明初的小说《水浒传》中，施耐庵曾写过一个故事，说的是宋江在做押司的时候，听说官府要捉拿义兄晁盖，于是采用“金蝉脱壳”之计，偷偷地把这一消息告知晁盖，这才使晁盖避免了一场牢狱之灾。

这个故事要从“智取生辰纲”说起。原来，晁盖等人听说有人给太师蔡京送生辰纲，便使计劫夺了它。蔡京知道后大怒，责令济州知府在十天之内必须捉到劫走生辰纲的强人。济州知府接到命令后，急忙派三都巡捕使臣何涛调查此事。何涛下去后，经过一段时间暗查，听说劫生辰纲的一伙强人中，有一个叫“白日鼠”白胜的。何涛心想，只要抓住了白胜，就能顺藤摸瓜找出其他人，因此决定先捉拿白胜。

何涛带了几个公人连夜抓了白胜夫妻，又从床下挖出一包金银，然后将二人押到济州城。天亮后，知府升堂审讯白胜。

白胜起初不肯招，但经不住毒打，只得招了为首的是晁盖，其他六人都不认识。

知府将白胜夫妇打入死牢后，命令何涛带着公文马上赶往晁盖所在的郓城县，令郓城县立即协助捉拿晁盖等七名正犯，拿回赃物，然后押赴济州发落。

为不走漏风声，何涛带着人星夜赶往郓城县。到达郓城县时，恰逢知县退了早衙，何涛便到衙门对面一家茶馆等候。何涛问茶老板："今天县衙谁值日？"恰好对面一个吏员从衙门里走出来，茶博士指着他说："就是那位宋押司。"这位宋押司就是江湖上大名鼎鼎的"及时雨"何涛向宋江说明来意，并让其向知县代为转告。宋江仔细询问了生辰纲被劫一事，何涛毫不怀疑，便一五一十地说了出来。宋江听完后大吃一惊，心里盘算着偷偷向晁盖等人通风报信。于是，宋江表面上假装痛恨劫生辰纲的"盗贼"，还对何涛说："晁盖本来就是个刁民，全县人没有一个不唾骂他的。现在他胆大妄为，自作自受，要捉拿他们就如同瓮中捉鳖，必定手到擒来。这封公文至关重要，必须由您亲手交给知县，让知县过目后再派人去抓捕犯人。”

何涛说：“押司说的是，烦请引见知县。”

宋江说：“知县大人正在吃饭，而且他早晨处理了不少公务，稍微歇息片刻后就会升堂处理公务，请您在此稍候片刻。我回家处理些私事，等会儿就请你去见知县。”何涛认为宋江说得合情合理，便应允了。

原来，这正是宋江的“金蝉脱壳”之计，他稳住何涛后，骑上快马，飞快地直奔东溪村晁盖的家中。这时，晁盖等七人正在家中，宋江见到晁盖，赶紧向他说明情况，并让他们赶快逃走。晁盖听后，大吃一惊，随后带着金银珠宝逃往梁山泊。等到何涛带兵赶到东溪村捉拿晁盖时，早已是人去屋空了。

王守仁遗诗避祸

刘瑾是明朝中期的宦官，他仗着明武宗朱厚照的宠信，独掌大权，飞扬跋扈，不仅欺压黎民百姓，还肆意残害忠良。

御史戴铣因为看不惯刘瑾胡作非为，甘冒风险上书弹劾他，结果反遭刘瑾诬陷，被削去官职，贬为庶民，还被发配边疆。

王守仁当时任兵部主事，出于义愤上书为戴铣求情。谁知奏折却落入了刘瑾手中，他看了之后恼羞成怒，下令对王守仁处以五十大板的杖刑，然后将其贬为贵州龙场驿丞。龙场驿荒凉偏僻，离京师有万里之遥，是一个人烟稀少的多山地区。当王守仁行至钱塘时，仆人忽然告诉他，说自己得到消息，刘瑾对他怀恨在心，派出刺客埋伏在半路，准备劫杀他。王守仁却不以为然，说："你多虑了，我现在都已经失势了，还被贬到那么偏远的地方，刘瑾根本就不会把我放在眼中。"

其实王守仁只是表面上装作满不在乎，心里早就另有打算。

第二天，仆人起床后，却不见王守仁踪迹，他赶紧四处寻找，最后在枕边发现了两句话："百年臣子悲何极，夜夜江涛泣子胥。"看这语气，像是绝笔。仆人看完后，心中立刻产生了不祥的预感，猜测主人一定是投江了，于是立刻赶往江边，却看见江水上浮着冠履，捞起来一看，果然是王守仁身上的衣物。

王守仁投江自尽的事就此传了开去，此事闹得沸沸扬扬，当然也传到了追杀王守仁的刺客耳中，他信以为真，便拿着王守仁的冠履回京复命去了。实际上，这是王守仁巧施的“金蝉脱壳”之计。他知道，刘瑾心狠手辣，对得罪过自己的人都要赶尽杀绝，因此，就算能躲过一次刺杀，刘瑾还会源源不断地使出各种毒辣手段，除非王守仁死了，否则刘瑾绝不会罢休。

于是王守仁故布疑阵，掩人耳目，让人们对他的死讯信以为真。正当王守仁的好友在江边祭奠他时，他早已换上了一身道袍，藏身于武夷山中，静静地等待刘瑾末日的到来。

第二十二计　关门捉贼

【原文】

小敌困之[①]。《剥》，不利有攸往[②]。

【注释】

①小敌困之：对弱小或者数量较少的敌人，要设法去困围（或者说歼灭）他。

②剥，不利有攸往：语出《易经·剥》卦。剥，卦名。本卦异卦相叠（坤下艮上），上卦为艮为山，下卦为坤为地。意即广阔无边的大地在吞没山，故外名日“剥”。“剥”，落的意思。卦辞：“剥，不利有彼往”意为：剥卦说，有所往则不利。

此计引此卦辞，是说对小股敌人要即时围困消灭，而不利于去急追或者远袭。

【译文】

对于弱小的敌人本应围而歼之。不过，对于那些看起来势单力薄的小股顽敌，不宜穷追远赶。

【解析】

关起门来捉进入屋内的盗贼。

【事例】

三河之战

关门捉贼，就是要对小股的敌军采取四面包围、聚而歼之的策略。它的特点是行动诡秘，出没不定，行踪难测。太平军取得“三河大捷”，就主要得益于对这一计谋的成功运用。

天京事变后，太平天国内部元气大伤，形势开始由盛转衰。对于清军来说，这是千载难逢的良机，于是趁势发起进攻。1858年，曾国藩手下悍将李续宾率湘军主力攻占九江，之后又连克太湖、桐城、舒城等地，前锋直指三河镇。

三河镇是通往安徽省会庐州的咽喉要道，一旦三河镇失守，庐州也岌岌可危。因此，太平天国若想在安徽立足，就要拼死保住三河镇。

一接到三河镇告急的文书，太平天国的青年将领、英王陈玉成便率本部人马星夜赶往三河镇，同时，他在路上也想出了一个“关门捉贼”的作战计划。陈玉成率军首先截断了清军后路，同时命令庐州守将吴如孝会合捻军南下，切断李续宾部与舒城清军的联系。恰在此时，李秀成又奉洪秀全之命领兵前来作后援。经过这番调动，太平军对湘军形成了包围之势，李续宾部则成了瓮中之鳖。

不久，陈玉成和李秀成兵分两路向李续宾的大营发起进攻，双方展开了激烈的战斗。李续宾见形势危急，立即组织反击，向太平军发起了猛烈进攻，一度冲破了陈玉成的营垒。然而正在这时，天上突然降下浓雾，李续宾的军队就像掉进了迷魂阵中一般，无法辨别方向。太平军则趁势发起进攻，一举将李续宾部歼灭。紧接着，陈玉成和李秀成兵合一处，全力攻打湘军阵门，而三河镇的守将吴定规也瞅准时机从城内杀出，将湘军团团包围。一时间硝烟弥漫，杀声震天，湘军被杀得溃不成军，连失七座大营，最终大败而逃。这场战役被称为“三河之战”。

在三河之战中，太平军歼灭湘军六千余人，击毙清朝文武官员四百余人，其中还包括曾国藩的弟弟曾国华。李续宾则因全军溃败，走投无路，自缢而亡。三河惨败的噩耗传来，曾国藩大为震惊，他沮丧地说道："三河之败，歼我湘人殆近六千，不特大局顿坏，而吾邑士气亦为不扬。"而此前开始走下坡路的太平军则借助三河大捷止住了颓势，重振了军威。

在三河之战中，湘军孤军深入，犯险冒进。李续宾仅率数千人自湖北东犯，入皖之后，处处分兵驻守，结果"兵以屡分而单"。太平军以陈玉成、李秀成、吴定规三部，合围湘军李续宾部，形成"关门捉贼"之势，使湘军成为瓮中之鳖，最终实现了大胜。

白起于长平大败赵括

秦昭王派大将白起攻打韩国，很快便攻占了野王城，这就切断了韩国上党郡和国都之间的联系。为了使秦国退兵，韩国想献出上党郡，与秦国讲和。但是，上党郡守冯亭不愿降秦，他请求赵国发兵援救上党郡。

秦昭王四十七年，秦国再次派左庶长王龁攻打韩国，取得了上党郡。上党的百姓纷纷逃往赵国。当时，赵国在长平（今山西省高平市长平村）屯有重兵，而长平又临近上党，这对秦国构成了威胁。四月，王龁率领大军进攻长平，赵孝成王派大将廉颇率兵拒秦，于是，秦、赵长平大战爆发了。

长平之战开始后，赵军损失严重。廉颇根据秦强赵弱、初战失利的不利局面，决定采取坚守营垒的战略。尽管秦军多次向赵军发起进攻，但廉颇一直拒不出兵。双方僵持多日，秦军没能取得胜利，只好撤兵而回。这时，赵国发生灾荒，国内缺粮，赵孝成王担心军粮难以维持，遂多次催促廉颇主动出战。而秦相范雎趁机派人带重礼向赵国权臣行贿，用离间计挑拨赵国君臣的关系，散布流言：秦国所痛恨、畏惧的，是马服君赵奢的儿子赵括；廉颇容易对付，他快要投降了。此时，赵王正因廉颇拒不出战而恼怒，而且赵国士卒又伤亡惨重，他听到流言，信以为真，便派赵括替代了廉颇，命赵括率兵击秦。

赵括刚一上任，便更改廉颇的部署，大批撤换将领，使赵军战力大大降低。秦王见赵国中了计，暗中任命白起为将军、王龁为副将，率领大军直奔长平。为了避免引起赵军的注意，秦王下令军中严守这一机密。白起知道赵括只会“纸上谈兵”，而且还鲁莽轻敌，因此决定采取后退诱敌，分割围歼的策略。他下令前沿部队在赵军发起进攻时佯败后撤，将主力隐蔽在纵深构筑袋形阵地，另以精兵五千人，插入赵国先头部队与主力之间，然后再将赵军分割包围，直至消灭。

果然，赵括一下子中了敌军的“关门捉贼”之计。他在不明虚实的情况下，轻率地向秦军发起进攻。秦军假意败走，暗中张开两翼，伏下奇兵向赵军包抄过来。赵军乘胜追击秦军，秦军“逃入”壁垒。由于壁垒坚固，赵军根本无法攻入。白起见时机成熟，遂令两翼奇兵迅速出击，将赵军截为三段，切断了赵军粮道。赵军首尾分离，此时秦军又派轻骑兵不断骚扰赵军。赵军形势危急，只得坚守，以待救兵。秦王听说赵国的粮道被切断，便亲自前来督战，以鼓舞全军的士气。同时，秦王下令征发十五岁以上男丁从军，赏赐民爵一级，以阻绝赵国的援军和粮草。

赵军在长平断粮四十六天，军士饥饿不堪，自相残杀。赵括走投无路，只得重新集结部队，分兵四路轮番突围，但是仍旧无法冲出包围圈。赵括亲率精兵出战，被秦军乱箭射死。赵军失去主帅，顿时大乱，秦军趁势发起总攻，四十多万赵军士卒走投无路，只好投降了白起。白起假意接受投降，待赵军士卒丢下武器后，白起下令将他们全部坑杀，只留下二百余名士卒，让他们回去向赵国报信。

长平之战中，白起诱敌深入，等赵军进入自己的伏击圈后，再将其分割成数段，使其首尾不能兼顾，然后集中兵力把赵军合围起来，最终全歼了赵军，这便是关门捉贼之计的一次成功运用。

黄巢二取长安

公元880年，黄巢率起义军攻陷了唐的都城长安，唐僖宗仓皇逃往四川成都，不久又集合兵力，准备夺回长安。公元881年，唐军大举反攻长安，所到之处，势不可挡，杀死了黄巢数员大将。眼看多路唐军已经打到长安周围，黄巢只得将全部人马撤出长安，出城向东退去。另一方面，抵达长安的唐军迟迟不见起义军出城抵抗，觉得非常奇怪，便开进了长安城。他们发现黄巢大军已全部撤走，顿时欣喜若狂，开始得意忘形起来，全然不记得黄巢还没有走远，战争还在继续。

唐军目无军纪，在长安城里胡作非为，大肆饮酒不说，还随意劫掠百姓财物，惹得民怨沸腾，而军中将领也对此睁一只眼闭一只眼，纵容他们作奸犯科的行为。

黄巢当然不甘心将长安城拱手相让，他要人返回长安城中打探唐军的情况。不久，探子回来，向他汇报了唐军的混乱情况。黄巢心下大喜，马上下令：回师攻城。此时，唐军将士正在长安城里庆祝“胜利”，对即将来临的厄运浑然不觉。黄巢则顺势主导了一场关门捉贼的好戏，他率部队在夜色的掩护下杀入长安，打了唐军一个措手不及，连应战的准备都没来得及做，便稀里糊涂地丢了性命。

黄巢干净利落地夺回长安城，并以长安为据点，又接连打了几场胜仗，收复了几个战略要地。

第二十三计　远交近攻

【原文】

形禁势格[①]，利从近取，害以远隔[②]。上火下泽[③]。

【注释】

①形禁势格：禁，禁止。格，阻碍。句意为受到地势的限制和阻碍。

②利从近取，害以远隔：句意为，先攻取就近的敌人有利，越过近敌先去攻取远隔之敌是有害的。

③上火下泽：语出《易经·睽》卦。睽，卦名。本卦为异卦相叠（兑下离上）。上卦为离为火，下卦为兑为泽。上离下泽，是水火相克，水火相克则又可相生，循环无穷。又“睽”，乘违，即矛盾。本卦《象》辞：“上火下泽，睽。”意为上火下泽，两相离违、矛盾。

此计运用“上火下泽”相互离违的道理，说明采取“远交近攻”的不同做法，使敌相互矛盾、离违，而我正好各个击破。

【译文】

当作战目标受到地理条件的限制时，攻取靠近的敌人就有利，越过近敌去攻取远敌就有害。火向上烧，水往下流，是我方与邻近者乖离的情形。

【解析】

结交离得远的国家而进攻邻近的国家。这是秦国用以并吞六国，统一全国的外交策略。

【事例】

“远交近攻”的策划实施者——范雎

公元前268年，范雎从魏国逃到秦国，向秦昭王提出了“远交近攻”的战略。远交近攻之策是范雎对秦国的重大贡献，也是我国古代兵家计谋和军事谋略学的宝贵遗产。

范雎是魏国人，他自小便立有远大志向，长大后投在魏中大夫须贾门下当门客。然而，范雎因得罪了魏国相国魏齐，险些丢掉性命。后来在机缘巧合之下，范雎来到秦国，秦昭王听说范雎有才能，便召他入宫，并亲自向他求教。

范雎见到秦昭王，慷慨陈词，纵论天下大势，并向他提出了远交近攻的主张。范雎认为，秦国要想消灭六国，就要首先攻打与秦国接壤的魏、韩两国，以除心腹之患。而对齐、楚等距秦较远的国家，应暂时与他们和好，稳住他们，在秦国与韩、魏的交战中让他们保持中立，使他们不干预秦国攻打邻近诸国的事。下一步，等打败魏、韩等国之后，向北可威慑赵国，向南能讨伐楚国，最后再攻齐。这样由近及远，逐步向外扩张，这就好比蚕食桑叶一样，渐渐地秦国必能统一天下。

秦昭王对范雎的主张非常赞成，对范雎的才能也十分赞赏，于是封他为客卿，经常和他商议国家大事。几年后，范雎当了秦国的宰相。

昭王三十九年，秦昭王采纳范雎的计谋，派兵讨伐魏国，攻占了魏国的怀地。两年后，又攻占邢丘。昭王四十二年，范雎又为昭王谋划攻打韩国，首先攻占韩国咽喉之地荥阳，将韩国一分为三。韩国濒临灭亡，不得不听命于秦。经过一系列征战，秦国势力越来越强，各国无不震惊。

秦国在慑服魏国和韩国之后，开始把进攻的矛头指向赵国。秦国派大将白起、王龁率兵伐赵，大败赵将赵括，消灭赵军45万人。经长平之战，赵国一蹶不起，秦国则更加强大。在攻打临近的韩、赵、魏三国的同时，秦国又派使者出使远方的齐、楚等国，并与齐、楚订立盟约，使它们在秦国攻打其他国家的时候保持中立，这样，秦国的“远交近攻”策略获得成功。

远交近攻赢得霸主地位

春秋初期，群雄并起，逐鹿中原，周天子的地位实际上已经被架空了。在这种背景下，郑国开始脱颖而出，成为春秋早期的强国。

郑国的国君庄公是一个有着雄才大略的君主，他在位的时候，使郑国成为中原地区的霸主，这除了得益于郑庄公的卓越才干外，还与其“远交近攻”的战略思想有很大关系。

郑庄公在争霸的过程中，曾经遇到很多阻力。公元前722年，卫国为阻止郑国称霸，发动了对郑国的战争，结果是无功而返。仅仅过了三年，卫国、宋国、陈国、蔡国四国联军攻击郑国，很快到达了郑国的国都，围困郑都五天之久，最后仍是无功而返。其后，卫国又联合各国一起伐郑，尽管都被郑国击败，但郑庄公也逐渐意识到，如果没有强大的军事联盟，纵然自己顶住了卫国、宋国及其盟国军队的轮番攻击，郑国所处的被动挨打的局面也很难改变。于是，远交近攻、瓦解敌方的军事联盟的战略思想在郑庄公的头脑中渐渐形成了。为了实现称霸的目的，郑国积极拉拢位于卫国、宋国东侧的大国齐国和鲁国，通过齐、鲁两国的调解，郑国与宋、卫两国达成了和平条约，与此同时，郑庄公的儿子娶了陈国国君的女儿，郑国与陈国两国结为姻亲，使陈国脱离了宋、卫同盟，斩断了宋、卫的一只臂膀。

经过了两年的外交调停，郑庄公已经完成其战略布局，开始寻找机会对宋、卫两国实施打击。

公元前714年，郑国以宋国不向周王朝觐为借口，联合东方的齐国、鲁国，兵分两路对宋国发动进攻，宋国屈于三国的强大势力，主动向它们求和。次年，郑庄公再次率领三国军队攻打宋国。五月开始进军，六月大败宋军于菅地，占领了宋国的部、防等地。七月，郑国的军队回到本国的领地上进行休整，宋国抓住这次机会，与卫国组成联军反攻郑国，与随后赶到的蔡国军队一起攻占了郑国的附属国戴国。

在这关键时刻，宋、卫、蔡三国联军内部出现了矛盾，郑庄公趁此机会包围了戴国，郑军将士团结一心，斗志高昂，很快攻破了戴国，占领戴国的宋、卫、蔡国军队全部沦为郑国军队的俘虏。九月，郑军攻入宋国，占领了宋国的许多城邑。公元前712年，郑庄公又联合齐、鲁两国发兵伐许（今河南许昌）。许庄公逃奔到卫国，许国灭亡。郑庄公派原来的许国大夫百里管理许地，命郑国通过远交近攻赢得霸主地位。百里。就这样，郑国在短时期内发展成为春秋时期的第一个强国。

此后不久，宋国发生政变，国君宋殇公被刺身亡，流亡在郑国的公子冯继任为国君。公子冯即位后，采取与郑国修好的政策，宋、卫军事联盟彻底瓦解。在争夺中原霸权的过程中，郑庄公以“远交近攻”的策略，重点打击宋国；而郑国在选择盟友时，又找到了远离自己且实力较强的齐、鲁等国，所以能够实现自己的霸业。

第二十四计　假道伐虢

【原文】

两大之间，敌胁以从，我假以势[1]。《困》，有言不信[2]。

【注释】

①两大之间，敌胁以从，我假以势：假，借。句意为：处在我与敌两个大国之中的小国，敌方若胁迫小国屈从于他时，我则要借机去援救，造成一种有利的军事态势。

②困，有言不信：语出《易经·困》卦。困，卦名。本纷为异卦相叠（坎下兑上），上卦为兑为泽，为阴；下卦为坎为水，为阳。卦象表明，本该容纳于泽中的水，离开泽而向下渗透，以致泽无水而受困，水离开泽流散无归也自困，故卦名为“困”。“困”，困乏。卦辞：“困，有言不信。”意为，处在困乏境地，难道不相信这基吗？此计运用此卦理，

是说处在两个大国中的小国，面临着受人胁迫的境地时，我若说援救他，他在困顿中会不相信吗?

【译文】

处在敌我两个大国之间的小国，当敌方威胁它屈服时，我方应立即出兵援助，以借机扩展势力。

【解析】

以借路为名，实际上要侵占该国（或该路）。虢，诸侯国名。也作“假道灭虢”。

【事例】

晋献公假途伐虢

春秋时期，各诸侯国之间的兼并战争此起彼伏。位处中原地带的晋国，在这场弱肉强食的大混战中不断征服和兼并弱小的国家，势力迅速崛起。

晋献公时，晋国的南面有两个小国，即虞国（今山西平陆县东北）和虢国（今河南陕县东南）。

晋国早有吞并这两个小国的野心，但是由于虞、虢二国是盟友，晋国同其中任何一国开战，就意味着要同时应对两个敌人，这必然会陷入两线作战的泥潭之中。因此，要想灭掉这两个国家，就必须拆散虢、虞两国的同盟关系。为此，晋国大臣荀息向晋献公献上一计。他建议晋献公先用厚礼贿赂虞公，向虞国假道攻打虢国。等到虞国中计，虢国败亡之后，晋国再攻打虞国。

晋献公听从了荀息的建议。不久，晋献公派荀息携带着良马、美玉等奇珍异宝出使虞国。见到虞公后，荀息把珍宝献上，力劝虞公允许晋国假途伐虢。虞公贪利，又被荀息的巧言所迷惑，于是答应了荀息的请求。

这年夏天，晋国大将里克、荀息带领军队与虞国的军队一起讨伐虢国，晋军很快就占领了虢国的下阳（古邑名，今山西平陆县北），并一举控制了虢、虞之间的要地。

三年之后，晋献公再次向虞国借道，去攻打虢国。大臣宫之奇极力劝说虞公，说绝不能再借道给晋国，宫之奇说：“虢国和虞国唇齿相依，虢国一旦灭亡，虞国也必定跟着灭亡。晋国的野心不能助长，借路一次已经是过分了，怎么还能再借呢？俗话说，唇亡齿寒。嘴唇没了牙齿也难保。这就说的是我们虞国和虢国。”

虞公听后，不以为然地说：“晋、虞同姓同国，晋国必然不会加害我国。结交一个力弱的朋友去得罪一个强有力的朋友，那才是愚蠢呢！”听完这话后，宫之奇预言：虞和虢将要同归于尽了。随即带领家眷逃往国外。

晋国大军借了虞国境内的道路，一举灭掉了虢国，虢公逃到了洛阳。晋军班师回国时，送给虞公很多劫夺来的财产。虞公见了更是大喜过望，盛情款待晋军。

等到虞公送晋军回国时，晋军大将里克装病，说这时不能带兵回国，暂时把部队先驻扎在虞国京城附近。几天之后，晋献公亲率大军前来，虞公出城相送，献公约虞公前去打猎。刚出城不久，就见京城中起火。虞公急忙赶到城外，没想到京城已被晋军占领了。就这样，晋国又轻而易举地灭了虞国，并生俘了虞公，终于达到了吞并两国的目的。

楚王伐蔡灭息

蔡国在蔡桓侯在位时迅速崛起，这使它的邻国楚国备感威胁，再加上蔡国还和郑国、息国、陈国结盟，联手防御日益强大的楚国，楚国十分想将蔡国灭掉，可惜一直没有找到机会，直到公元前694年。这一年息侯迎娶了陈侯的女儿息妫。

要迎娶息妫，息侯需要路过蔡国，而息妫恰恰是蔡哀侯的妻子哀妫的妹妹，由于这层关系，蔡哀侯打算好好地接待一下息侯。不料，期间却发生了不快。

哀妫太想念妹妹了，息侯夫妇一到蔡国，她就派人将息妫接到宫里，留息侯一人在馆舍中休息。而息妫到宫里后，蔡哀侯又没有用对待上宾的礼仪款待她，让息妫颇为愤懑，息妫将此事告诉给息侯，息侯也非常生气。

这件事不知怎么传到了楚文王的耳朵里，楚文王心下大喜，认为可以好好利用息、蔡之间的罅隙对付蔡国。他忙派人和息侯联系，说服息侯帮助自己攻打蔡国。息侯也正有此意，他还给楚文王出了个主意，楚国可以假装攻打息国，到时息国向蔡国求救，蔡国定会发兵救息。息国再和楚国联手，一起攻蔡，蔡国必败。楚文王一听，立即调兵，按照息侯的计策行事。而蔡侯一如息侯所料，一接到息侯求援的消息，马上发兵救息，然而到了息国城下，息侯竟关上城门，将蔡国大军团团包围，还俘虏了蔡侯。

蔡侯痛恨息侯背信弃义，便向楚文王透露，息侯的妻子非常美丽。楚文王向来十分好色，将蔡侯的这番话记在心里，对息妫想入非非，息侯对此则一无所知。不久在息侯的帮助下，楚文王攻陷了蔡国，之后楚文王就以巡视为名率兵前往息国的都城。息侯不敢怠慢，亲自迎接，还设盛宴为楚文王接风洗尘。宴会上，楚文王要求息侯的夫人为自己敬酒，息侯只得答应。

楚文王见息妫果然天姿国色，马上萌生将其占为己有之心。第二天，他以举行答谢宴为由，将息侯骗了过来，绑架了息侯。息侯被绑后，楚文王又一举灭了息国，蔡、陈、息、郑的联盟就这样被粉碎了。

夹在大国中间的小国在受到强大的敌人的武力威胁时，其中某个强大的邻国常以出兵援助为由，将自己的力量渗透进小国，并打着保护小国的旗号出兵控制局势，待小国丧失自主权后，就可轻而易举地将小国收于囊中。

成吉思汗联宋灭金

统一蒙古后，成吉思汗有了更大的目标。当时，蒙古的东南面紧邻金国，西南则挨着西夏，南宋则离蒙古稍远，其中数金国对蒙古的威胁最大。成吉思汗首先将矛头对准西夏，在1205年、1207年、1209年三次入侵西夏，并在1210年迫使西夏向蒙古臣服。同时，成吉思汗又派使者和南宋蒙协商共同抗金。

苦于受金国侵犯的南宋承诺，会帮助其一起对付金国。南宋答应了，尽管在金国的威胁下，南宋没有协助蒙古伐金，但是它一直保持中立，为蒙古灭金减少很多阻力。与南宋交好的策略为蒙古的伐金之路扫清了障碍，也让成吉思汗得以集中精力挥兵伐金。金国不敌，被打得落花流水，连连败退，不得不在1214年将都城由中都（今北京）迁往汴京（今河南开封）。蒙古人趁势拿下了中都，金国很快失去了黄河以北的广袤土地，只剩下陕西和河南等地。眼见金国不能再对蒙古构成威胁，成吉思汗又调转矛头直取西夏，于1227年灭掉西夏。成吉思汗在灭亡西夏前夕病故，但蒙古人的征伐战争并没有因此而停止。据《元史·太祖本纪》记载，成吉思汗在临终之前制定了借道宋境，灭亡金国的策略。1229年，成吉思汗的三儿子窝阔台继承汗位。窝阔台即位后，谨遵成吉思汗的遗言，采用假途伐虢的计谋，借道宋境，开始大规模地进攻金国。1231年，窝阔台兵分三路合围汴京，并在钧州（今河南禹州市）的三峰山大败金军主力。1232年，汴京再次被围，金哀宗逃往蔡州，汴京失守。

眼看金国已经穷途末路，蒙古在1233年和南宋达成联合灭金的协定，合力攻打蔡州，金人在蔡州苦守三个月，最终不敌蒙宋联军。1234年一月，金哀宗自杀，金国灭亡。

在攻打金国的过程中，蒙古对南宋表现得十分友好，窝阔台甚至还修了孔庙以示对中原文化的尊重。但金国一灭，其对南宋的态度就出现了大的转变。1235年，窝阔台率领大军杀向南宋。

此后数十年的时间里，南宋与蒙古进行了一场漫长的战争。1271年，成吉思汗的孙子忽必烈建立了元朝。八年之后，南宋大臣陆秀夫抱幼帝于崖山跳海自尽，南宋灭亡。至此，元朝统一了中国。

第五套　并战计

第二十五计　偷梁换柱

【原文】

频更其阵，抽其劲旅，待其自败，而后乘之①，曳其轮也②。

【注释】

①句中的几个“其”字，均指盟友、盟军言之。

②曳其轮也：语出《易经·既济》纷。既济，龄名，本卦为异卦相叠（离下坎上）。上卦为坎为水，下卦为离为火。水处火上，水势压倒火势，救火之事，大告成功，故卦名“即济”。既，已经；济，成功。《象》辞：“曳其轮，义无咎也。”意为，拖住了车轮，车子就不能运行了。

此计运用此象理，是说好比拖住了车轮，车子就不能运行了。己方抽其友方劲旅，如同抽出梁木，房屋就会坍塌，于是己方就可以控制他了。

【译文】

频频变动友军的阵势（地），暗中抽换其主力，使其自趋灭亡，而我则暗中控制它、吞并它。这就像控制了车轮就控制了车子的运行方向一样，而为我所用。

【解析】

比喻暗中玩弄手法，以假代真。

【事例】

吴汉智胜公孙述

东汉大将吴汉奉命率军讨伐在成都割据称雄的公孙述。吴汉的部队进入犍为郡所辖地区，攻克了广都县，又派轻装骑兵烧毁了成都市桥。不久，武阳以东的各城邑都投降了吴汉。这时，吴汉接到了汉光武帝刘秀的诏书："成都有十多万敌军，不可轻视它，但应坚守广都，等待敌军来攻，不要主动出击与敌争锋。如果敌军不敢来攻，你就转移营阵逼迫它；必须等到敌军精疲力竭之时，方可进击它。"然而，吴汉并未把光武帝的话听进心里。他立功心切，竟擅自率领二万余步骑兵进逼成都，在距离成都十余里的江水北岸安营扎寨。为方便渡江作战，吴汉还下令在江上架设浮桥，同时让副将刘尚率万余人驻扎在江水南岸，致使南北两营相距二十余里。

光武帝在得知吴汉的行动后，非常吃惊，马上派人传诏书给吴汉，命其立即率兵返回广都坚守待敌。可是，没等光武帝的诏书送到吴汉手里，公孙述就派谢丰、袁吉带十余万人攻打吴汉，又另派大将率数万人马袭击刘尚的营寨，分别从南北两端牵制汉军，让其首尾不能相顾。

对汉军来说，情势十分危急。吴汉和公孙述的大军激战一天，不能胜利，只得退回营垒，眼看公孙述的人马即将对汉军形成包围之势。吴汉急中生智，想到了偷梁换柱的办法。他将众将召集到一起，激励他们说：“我和诸位将军共同越过艰难险阻，转战千里，才得以深入敌人腹地。现在敌人兵临城下，我与刘尚的军队都遭到了包围，不能相救。任这种局面发展下去，后果不堪设想。因此，我打算秘密地转移兵马，与刘尚会合，集合力量，抗击敌人。如果齐心协力，人人奋勇杀敌，大功便可告成。若不如此，则必然失败。现在正是决定成败的关键时刻，是胜是负，就看这次行动了。”

战场之上，但凡陷入困境，必要以巧计争得生机。主意已定，吴汉以酒食款待将士，安顿战马，关闭营门拒不出战。同时，他又命令手下在军营中多多插立旗帜，保证营中烟火不断，给敌人造成吴汉军困营中的假象，迷惑敌人。汉军南北两营分驻江水两岸，相距二十余里。

偷梁换柱的关键在“偷”，所有行动都必须在暗中进行。吴汉成功地骗过敌人的耳目，在三天之后的一个晚上，悄悄地引兵过江，和刘尚会合。而公孙述对此还一无所知。

第二天，公孙述仍按照之前的战斗计划，命一部分兵攻打江北汉军，一部分攻打江南汉军。而吴汉则早已带领全部人马气势汹汹地从江南杀来。公孙述来不及调整战术，战场的形势在不知不觉间发生了变化。到了傍晚，公孙述这边已被杀得七零八落，大将谢丰、袁吉也战死沙场。

吴汉乘胜追击，在掌握了战场局势后，派刘尚率军进击公孙述，自己则带人驻守广都。他将战事报告给光武帝，毫不讳言自己的失误。光武帝看后回应说：“你率兵还守广都，很得要领。公孙述必定不敢丢下刘尚直接来攻击你。如果他先攻打刘尚，你从广都率领全部步骑兵行军五十里支援，那时公孙述定已疲困不堪，到时就很容易击败他了。”

吴汉接受了刘秀的建议，和公孙述军交战于广都与成都之间，八战八捷，成功进驻成都外城。

公孙述兵败逃走，不久就被吴汉的大将杀死。其手下见大势已去，便打开城门，悉数投降。至此，蜀地割据势力被完全平定了。

偷天换日起死回生

春秋末期，晋国“六卿”掌握了晋国的大权，这六卿即范氏、中行氏、智氏、赵氏、韩氏和魏氏。晋出公十七年（前458），范氏和中行氏争权失败后仓皇出逃。智氏的智瑶独揽晋国朝政，称智伯，他与赵、韩、魏共分范氏和中行氏的封地。

之后，晋出公率军伐四卿，兵败身亡，智伯立昭公的曾孙骄为晋君，就是后来的敬公。当时智伯操纵政令大权，拥有土地最多，因而“四聊”中以智伯势力最强。从那时起，智伯心里就有了灭掉韩、赵、魏，自己取代晋君的打算。公元前403年，智伯为了消灭韩、赵、魏三家，便依照亲信绨疵的计策，以晋、越两国争当盟主，晋国要出兵讨伐越国为借口，令韩、赵、魏各献出自己的部分领地，如有不允，就出兵灭掉它。赵氏（赵襄子）、韩氏（韩康子）和魏氏（魏桓子）知道这是智伯假借晋侯之令，心里都对智伯充满了怨恨。

韩康子和魏桓子不服，想联合抗拒智伯，但权衡再三，只好忍气吞声割地给智伯。智伯得了韩、魏的土地后，更加骄纵了，又向赵氏要地。赵襄子年轻气盛，他与智伯本来就有间隙，听说韩康子和魏桓子割地给智伯，心里特别气愤，他回信给智伯，拒绝其无理要求。智伯愤怒之极，立即率韩、魏、智三家人马攻打赵国。赵襄子自知不敌，便出走到晋阳（今山西省太原东南）。

晋阳是赵襄子的父亲赵鞅的辖地，赵鞅管理晋阳时政通人和，百姓安居乐业。赵鞅临终前，让赵氏家臣尹铎治理晋阳，尹铎对待百姓很和善，人民都很拥戴赵氏。

晋阳占地利、人和的优势，智伯率三家大军围攻晋阳，久攻不下，又引水灌城。晋阳为大水所淹，水面距城墙顶部仅有五六尺的距离。眼见晋阳有被淹没的危险，被围困在晋阳城内的赵襄子，感到晋阳城危在旦夕。他召谋士张孟谈进帐共商对策。张孟谈说："对解救晋阳之危，臣已思索很久了。眼下智氏联韩、魏攻赵，灭赵后必以同样手段再灭韩、魏。臣知韩、魏并不甘于受智氏驱使。依臣之见，可以用‘偷梁换柱’之计解晋阳之危。臣愿只身前往劝说韩康子和魏桓子，使之与我们联合，一起对付智伯。”赵襄子听后大喜，说：“赵氏宗族得以保存，这次就全仰赖你了。”于是赵襄子让张孟谈即刻潜出晋阳，秘密会见韩康子和魏桓子。见到韩康子和魏桓子，张孟谈对二人说：“现在智伯统率你们两家攻打赵襄子，倘若赵襄子被打败了，韩、魏也会跟着灭亡。因为赵、韩、魏三国唇齿相依，唇亡则齿寒。为了我们的共同利益，不如韩、赵、魏三家联合伐智。”韩康子和魏桓子对张孟谈说：“我们都知道这个道理。只怕智防范严密，事未成功，我们的密谋便泄露了。”张孟谈说道：“此计出自我们三人，别人谁也不知道，只要我们守口如瓶，就不会泄露出去，你们放心好了。”经张孟谈反复劝说，二人终于同意订盟，约定日期，届时赵、韩、魏三家各率人马共击智军。订盟后，张孟谈悄然回到晋阳城内，向赵襄子复命。

到了约定的日子，赵襄子先派人连夜摸上水堤，杀掉守兵，将水堤挖掘，放晋水灌入智伯军营。智军措手不及，顿时乱作一团。韩、魏两军乘势从左右两翼掩杀过来，赵襄子见智军慌乱，急命大开城门，率军由城内杀出来，以策应韩、魏两军。在韩、赵、魏三家的联合打击下，智伯的军队被杀得大败。

吕后杀韩信

刘邦建立汉朝后，大封追随他征战的功臣们，有功的将领很多被封为王侯。而这些异姓诸侯王个个手握重兵，这无疑对刘氏天下形成了潜在的威胁。于是，如何翦灭异姓诸侯王，巩固汉朝的统治，便成了刘邦所要面临的首要问题。

在诸多异姓王中，以韩信势力最大，他自然也成了刘邦的首要敌人。项羽兵败后，手下的大将钟离昧四处逃亡，由于他以前与韩信关系很好，于是前去投奔韩信。岂料消息泄露，有人告发韩信谋反。韩信的谋臣建议韩信杀了钟离昧，以示自己的清白。韩信与钟离昧商议此事，钟离昧道："现在刘邦之所以不攻打楚国，正是因为我在你这里。你想擒拿我去讨好刘邦，我今天死了，随后灭亡的就是你韩信。"说完就自尽身亡。

恰好刘邦采用了陈平的计策，宣称自己要巡游云梦泽。韩信不知是计，便带着钟离昧的首级去谒见刘邦。刘邦一见到韩信，就命令手下的武士将韩信捆绑起来，把他放在跟在皇帝后面的副车上。

韩信仰天长叹道：“人们都说‘狡兔死，良狗烹；飞鸟尽，良弓藏；敌国破，谋臣亡’，如今天下已定，我本来就应该被处死！”刘邦将韩信押回洛阳，最终还是赦免了韩信的罪过，将他贬为淮阴侯，并从楚地调回京城居住，实质上是变相软禁。

韩信被贬之后，深知刘邦畏惧他的才能和威名，所以经常装病不参加朝见或跟随皇帝出行。

其实韩信虽然立有大功，但一直对刘邦忠心耿耿，当初楚汉相争最激烈的时候，谋士蒯通曾建议韩信背弃刘邦自立为王，三分天下，但韩信感念刘邦对自己的厚遇，断然拒绝了蒯通的建议，后设十面埋伏困项羽于垓下，最终逼得项羽乌江自刎，助刘邦一统天下。而今却落得这样的下场，心中的怨恨和不满越来越强烈了。

公元前200年，刘邦任命陈豨为代相，命其统率边兵对付匈奴。陈豨临行前向韩信辞行。韩信屏退左右，以自己的遭遇为例，告诫陈豨说：“你所管辖的地方，屯聚了天下的精兵，而你又是陛下亲近宠爱的臣子，如果有人密告你谋反，陛下一定不相信；而如果有人再次密告你谋反，陛下心中就会有所怀疑；如果有人第三次告你谋反，陛下必定会勃然大怒，然后亲自率军征讨。你不如乘此机会，起兵反汉，我在京城里接应你。”陈豨平素就信服韩信的才能，当下表示一切听从韩信的指示。

公元前197年，陈豨果然在代郡反叛，自立为代王。刘邦亲自率兵前往征讨，韩信称病，没有随高祖出征。当初二人约定：陈豨起事后，韩信在夜里诈称奉刘邦密诏，赦放那些囚徒和官奴，然后率领他们去袭击吕后和太子。恰在此时，韩信的一位门客因得罪了韩信，就定下了铲除韩信的计谋。吕后派人在京城四处散布消息，说陈豨已被杀死，皇上得胜，即将凯旋。韩信听到这个消息，又不见陈豨派人前来联络，心中甚是恐慌。恰好丞相萧何亲自来到韩信家中，宣称皇上得胜回朝，诸侯群臣都进宫朝贺，请韩信立即进宫。韩信素来对萧何比较信任，便与他一同乘车进宫。吕后一见韩信，便命武士把韩信捆缚起来，在长乐宫中的钟室里斩杀了他，并夷其三族。韩信临死前叹息道：“吾不用蒯通计，反为女子所诈，岂非天哉！”

可惜韩信聪明一世，却不知道陈豨已死的消息根本就是一个谎言，他死了两年之后，陈豨的叛乱才彻底被平定。

吕后和萧何设计在宫中除掉韩信，但是他们生怕韩信不中计，便谎称陈豨已经被杀，刘邦也已得胜归来。韩信不知是计，这才误中圈套。在这则故事里，萧何和吕后施用的便是偷梁换柱之计。

第二十六计　指桑骂槐

【原文】

大凌小者，警以诱之[1]。刚中而应，行险而顺[2]。

【注释】

①大凌小者，警以诱之：强大者要控制弱下者，要用警戒的办法去诱导他。

②刚中而应，行险而顺：语出《易经·师卦》。师卦名。本卦为异卦相叠（坎下坤上）。本卦下卦为坎为水，上卦为坤为地，水流地下，随势而行。这正如军旅之象，故名为“师”。本卦《彖》辟说：“刚中而应，行险而顺，以此毒天下，而民从之。”“刚中而应”是说九二以阳爻居于下坎的中信，叫“刚中”，又上应上坤的六五，此为此应。下卦为坎，坎表示险，上卦为坤，坤表示顺，故又有“行险而顺”之象。以此卦象的道理督治天下，百姓就会服从。这

是吉祥之象。“毒”，督音，治的意思。

此计运用此象理，是说治军，有时采取适当的强刚手段便会得到应和，行险则遇顺。

【译文】

强者制服弱者，要用警告的办法来诱导他。主帅强刚居中间正位，便会有部属应和，行事艰险而不会有祸患。

【解析】

指着桑树骂槐树。比喻借题发挥，指着这个骂那个。

【事例】

田穰苴严军纪斩庄贾

春秋后期，晋国和燕国经常联合起来侵扰齐国西北部边境。公元前531年，燕国军队攻入齐国河上之地，晋国军队则侵入齐国的阿、鄄等地。边境的告急文书，一个接一个地飞往齐国的都城临淄，齐国国内大乱。齐景公忧心忡忡，便找来相国晏婴一起商量对策。晏婴认为，齐军屡败的原因，主要是主将无能，眼下当务之急是选拔一位有才能的大将，于是他向齐景公推荐了田穰苴。

田穰苴是齐国贵族田完的后裔，出身于田氏的庶支旁系，到他这一代田氏族人已经是一般平民了。虽然田穰苴地位卑微，但是他勤奋好学，尤其喜欢读前人的兵书。从军之后，田穰苴屡立战功，常常凭着自己的武略威慑敌人，是一位有勇有谋的军事人才。

齐景公听了晏婴的介绍，真是喜出望外。于是，齐景公立即派晏婴备厚礼，前往东海之滨请田穰苴。田穰苴来到临淄，齐景公拜他为大将，命他领兵去迎战晋、燕两国的军队。

田穰苴身材矮小、容貌丑陋，他深知自己人微言轻，难以调动军队，于是就请求派一位德高望重的大夫做他的监军，齐景公沉思片刻，决定派自己的宠臣庄贾担当监军之职。

一切准备就绪，田穰苴与庄贾向齐景公告辞，出来后田穰苴对庄贾说："现在军情紧急，请监军大人明天中午在军营门口会合整饬军马。"第二天，田穰苴提前赶到军营，在营门前竖起计时的标杆，上面挂着滴漏铜壶，等待庄贾的到来。

到了正午时分，还不见庄贾的踪影。于是，田穰苴命令部下，立即砍倒标杆，放掉漏壶中的水，然后返回营中，集合全军，点兵遣将，部署出征的事宜。庄贾为何没有及时赶到呢？原来，庄贾向来骄纵，仗着齐景公对自己的宠信，对新提拔的田穰苴根本不放在眼里，对于中午在军营门口会合的事更是不当回事，这次自己又是全军的监军，所以只顾与送行的亲友喝酒取乐，把昨天的约定完全丢在了脑后。

处理完军务后，田穰苴身着戎装在军营门口等待庄贾，一直等到日落西山，还没见到庄贾的踪影。田穰苴正要返回营帐，忽见庄贾乘着华丽的马车正向军营驶来。等到庄贾走下马车，田穰苴强压住心中怒火，厉声问道："军情紧急，约好监军大人今天中午在军营门口会合。现在太阳都下山了，监军才来到军营，这是为何？"

"啊，是这么回事，亲戚朋友听说我做了监军，特邀我去吃了几杯酒。所以来晚了一会儿。"

田穰苴听罢，愤怒地说道："你作为监军，难道不知道军纪吗？执行命令是一个军人的天职！现在敌人侵我国土，边境上的将士都在浴血奋战，你倒有心思喝酒庆贺！"说到这里，田穰苴转过身，向后边的军法官问道："庄监军违犯军令，按军法该如何处置？""当斩！"庄贾一听到"斩"字，吓得腿都站不稳了。他心知不妙，急忙打发随从快马加鞭，赶紧去向景公求救。"立即拿下去斩首示众！"田穰苴一声令下，士卒将庄贾绑了起来，然后押到营门外等候处斩。田穰苴把国君的宠臣绑了起来，三军将士见了无不震惊。过了一会儿，齐景公派来的使者手执符节，直驰营中，向田穰苴传达景公赦免庄贾的命令。

田穰苴大怒道：“将在外，君命有所不受！庄贾贻误军机，触犯军法，按军法当斩，谁都不能庇护！”

没过多长时间，庄贾的人头就悬挂在辕门的旗杆上了。

田穰苴又回头问军法官：“在军中策马奔驰者，该当何罪？”“当斩！”齐景公的使者听说自己犯了“军中驰马”的死罪，顿时吓得瘫在地上，拼命地喊他是齐王派来的。田穰苴说：“国君的使者不能斩首，如果那样做，是对国君的大不敬。既是国君派来的使者，可以不杀，但必须执行军纪。”于是下令斩了使者的仆人，砍了马车左厢的木柱，宰了左边那匹驾车的马，以此来代替使者的死罪，并号令三军，以正军法。顿时，三军军威大震，三天之后部队出发了。

正在进攻齐国的晋军得知田穰苴率军赶来，且听到田穰苴斩杀庄贾的事情，知道田穰苴不容易对付，便收兵离开了齐国。燕军听到晋军已经撤退回国的消息，感到势单力孤，不愿与齐军争锋，也急忙北渡黄河，撤兵回国了。田穰苴率军乘胜追击，一举收复了被晋、燕侵占的疆土，安抚那里的百姓，然后班师回朝了。

西门豹治邺

魏文侯派西门豹治理邺城，到邺城后，西门豹向当地德高望重的人请教地方的风土民情，当他听到“为河伯娶妻，穷尽民财”时，心里有些疑惑。当地人告诉他，为免水患，每年邺城百姓都要张罗给河伯娶个妻子，邺城的三老、廷椽也以此为名向百姓征缴重税，而负责此事的女巫则要在小户人家中拣选未婚女孩作为河伯之妻。仪式开始后，被挑选为河伯妻子的姑娘就被放在一张草席上，送入河中。河水湍急，载着姑娘的草席漂不了多远就沉没了。邺城的百姓都对此事敢怒不敢言。

西门豹认为，要想消除这一恶俗，其关键是惩处通过这件事而获利的三老，于是，西门豹告诉当地百姓：“到了河伯娶妻的时候，希望三老、巫祝、父老都到河边去送新娘，到时我也要亲自送这名女子去嫁给河伯。”

河伯娶妻的日子到了，西门豹来到仪式现场，发现当地的三老、官员、巫祝果然都到齐了，百姓也来了很多，足有上千人之多。负责主持仪式的巫祝是个上了年纪的巫婆，她身后还跟着不少衣着华丽的女弟子，西门豹假装对河伯娶妻的事情非常好奇，他要巫祝把即将成为河伯妻子的女子带过来，西门豹将她上上下下打量一番，说："这女子不漂亮。"然后，他又看了看站在身后的巫婆，说："麻烦你到河里去禀报河伯，就说需要重新找个女子，过几天再给他送去。"说完，便命左右差役将巫婆扔到河里。

西门豹在河岸上站了好一会儿，又转过头对巫婆的女弟子说："你们师父去了那么久都没回来，你们去催催她吧。"于是，巫婆的女弟子也被扔到河中。

又过了一会儿，西门豹又对三老说："巫婆和她的弟子都是女子，不能把事情讲清楚，请三老替我说明情况。"接着又把三老扔到河里。此时，站在三老身旁的廷椽早已吓得面如土色，慌忙跪倒在地，不住地磕头谢罪。西门豹饶恕了廷椽，自此之后，邺城没有人再敢提议为河伯娶妻了。

西门豹借口为河伯挑更漂亮的妻子，把巫婆、三老扔到河中，此举不仅警告了那些通过为河伯娶妻而牟利的人，还震慑了当地所有搜刮民财、伤害百姓的人，大大改善了邺城的风俗。而在消除了河伯娶妻的陋习后，西门豹开始带领邺城百姓治水，他们通水渠，筑堤坝，经过多年的努力，终于消除了邺城的水患。

古弼巧谏太武帝

公元444年的一天，古弼接到了朝廷在上古建造皇家苑囿给老百姓带来了极大的灾难。一封来自上谷（今河北省张家口一带）民众的信，信上说朝廷在上谷建造皇家苑囿给老百姓带来了极大的灾难，劳民伤财不说，还让大量农民失去了赖以生存的土地。当地百姓希望朝廷能悯恤下情，将土地还给农民。古弼看完信后，马上写了奏折，进宫向太武帝进谏。不巧的是，他进宫时，太武帝正在和一个名叫刘树的大臣下棋，整个人都专注在棋局上，没心思理会古弼。

古弼站在旁边等了很久，都没见太武帝流露出一点听自己说话的意思。古弼又急又气，但他不能直接打断太武帝下棋，向太武帝诉说自己的不满。于是，他急中生智，突然抓住刘树，将他从凳子上扯下来。然后，一只手揪住刘树的耳朵，一只手攥成拳头猛打刘树的后背，刘树被打蒙了，太武帝也愣住了，惊讶得连手里的棋子都掉在了地上。古弼一边打一边骂："国家的事没治理好，全都是你的罪过。"太武帝一听，很快反应过来古弼是在指桑骂槐。但他没有因此发怒，而是一面制止古弼，一面表示是自己不好，没有及时处理古弼的奏折："是我的过错，和刘树没关系，快放开他！"

古弼见太武帝明白了自己的用意，就松开刘树，将上谷民情一一陈述。太武帝听了，马上下令将当地皇家苑囿的一半土地分给贫民。几天之后，古弼为殴打刘树一事向太武帝赔罪，太武帝没有怪罪他，还嘱咐他，如果以再后有什么民情国事要禀报，不用拘泥于礼节，只管大胆去做便可以了。

古弼的指桑骂槐起到了很好的效果，太武帝显然对自己下棋误政的行为进行了反思，肯定了古弼大胆进谏的行为。不过，需要注意的是，如果古弼面对的不是一个勇于纳谏、知错能改的英明君主，那他的做法多半会起到反效果。因此，如果打算用指桑骂槐的方法向某人提意见，首先要看对方是怎样的人，若对方会因此而恼羞成怒，则不妨采取更为委婉的方式转达自己的意图。

第二十七计　假痴不癫

【原文】

宁伪作不知不为，不伪作假知妄为[①]。静不露机，云雷屯也[②]。

【注释】

①宁伪作不知不为，不伪作假知妄为：宁可假装着无知而不行动，不可以假装假知而去轻举妄动。

②静不露机，云雷屯也：语出《易经·屯》卦。屯卦名。本卦为异卦相叠（震下坎上），震为雷，坎为雨，此卦象为雷雨并作，环境险恶，为事困难。“屯，难也”。《屯卦》的《象》辞又说“云雷，屯。”坎为雨，又为云，震为雷。这是说，云行于上，雷动于下，云在上有压抑雷之象征，这是屯卦之卦象。

此计运用此象理，是说在军事上，有时为了以退求进，必得假痴不癫，老成持重，以达后发制人。这就如同云势压住雷动，且不露机巧一样，最后一旦爆发攻击，便出其不意而获胜。

【译文】

宁愿假装不知道而不采取行动，而不要假装知道而轻举妄动。要沉着冷静，不露出真实动机，如同雷霆掩藏在云雷后面，不显露自己。

【解析】

假装痴呆，掩人耳目，另有所图。

【事例】

司马懿装病篡权

司马懿是三国时期的政治家、军事家，他出身士族，很早就追随曹操南征北战，立下赫赫战功。在中国历史上，司马懿是一个不可多得的将才，同时又是一个善于玩弄权术的阴谋家。魏文帝曹丕当政时，司马懿受到重用，地位逐渐显赫起来。到魏明帝曹睿时，他曾多次抵御蜀国的进攻，成为曹魏的股肱之臣，并开始专擅朝政，扩充司马氏的势力。

魏明帝临终前，把年仅八岁的太子曹芳托付给大将军曹爽和司马懿，希望他们能够共同辅佐幼主。曹爽仗着自己是宗亲贵胄，便有些瞧不起司马懿，更不想让司马懿与自己分享权力。曹爽采用明升暗降的手段，让弟弟曹羲上表，将司马懿提升为太傅，从而剥夺了司马懿的兵权。司马懿丢了兵权，他知道曹爽的势力强大，自己一时斗不过他，只能暂时忍下这口气，待以后寻找机会，再把大权夺回来。于是，司马懿运用韬光养晦的招数，借口年老多病，从此不再上朝，他的两个儿子司马师、司马昭也退职闲居。曹爽对司马懿还是有些不太放心，这时，朝廷命李胜做荆州刺史，曹爽让李胜以拜辞为名，到司马懿府中去察看动静。

司马懿听说李胜来辞行，早就猜透了他的来意，立刻想好了对策。他急忙爬上床，扔掉头冠，披头散发，然后躺在床上，由两名侍女在旁服侍。李胜走进司马懿的卧室，只见司马懿“病容满面”，早已没了先前率兵出征时的豪气。司马懿躺在病床上，他见到李胜，连忙作势要披衣坐起，可是他的手颤颤发抖，不但没能穿上衣服，还把衣服滑落到了地上，最后还是在两名侍女的帮助下，司马懿才勉强穿上衣服。李胜看到司马懿的情况，心中暗暗高兴，他说：“我听说您旧病复发了，没想到病得这么厉害！我就要去荆州上任了，今天特地来向您辞行。”司马懿张口想说话，不料一口气接不上来，张大嘴喘了半天才缓过劲来，他故意上气不接下气地说道：“并州……在北方，离胡人很近，你……你要多加小心，严加防备。我这条老命快不行了，怕是再也见不到你了。我这两个儿子——司马师、司马昭，还请你多费心照顾啊。”

李胜见司马懿把“荆州”听成“并州”，只道他耳朵不好使了，便说道：“我要去的是荆州，不是并州。”司马懿说：“是啊，是啊，你是说……你刚从并州回来？”李胜听后，觉得好笑，又重复了一遍。司马懿摇了摇头，似乎清醒了些：“我上了年纪，耳朵又背，都快成老糊涂了，难怪别人说什么都听不懂。”两个侍女给他喂药，他吞得很艰难，汤水还从口中流出，沾满了前胸，就像个小孩子一样。接着他对李胜说：“如今我年老病笃，死在旦夕，如果见了大将军，就请代我说，我的两个儿子不肖，还望大将军格外照顾。”说罢又上气不接下气地咳起来。

李胜回去后，向曹爽报告了自己的所见所闻，曹爽听罢，如释重负，说道：“看样子，司马懿马上就要死了。司马懿一死，我就高枕无忧了！”从此，曹爽放松了对司马懿的警惕。

一日，曹爽请魏主曹芳去拜谒高平陵，祭祀先帝，大小官僚皆随驾出城了。司马懿得知这一消息，认为时机成熟了，急忙与二子商量杀掉曹爽的计策。司马懿知道这时宫内空虚，于是密令司徒高柔代行大将军事。其后，司马懿亲自披挂上阵，召集了过去的老部下，带着司马师和司马昭迅速占领了曹爽的兵营。紧接着，司马懿进入宫中，在太后面前一一细数曹爽的罪名，威逼太后同意除掉曹爽。太后没办法，只得照他的话去做。

不久，曹爽为司马懿所擒，司马懿以篡逆的罪名，诛杀了曹爽一家以及曹爽的党羽，又把曹爽家财抄没入库，独揽了朝中大权。从此，魏国大权落在司马懿之手。曹芳封司马懿为丞相，加九锡，司马氏父子三人共管朝政，曹魏政权已是有名无实。

韦皋大智若愚擒逆

唐德宗年间，发生了“朱泚之乱”。朱泚本是凤翔节度使，他野心勃勃，一心想取李氏而代之。唐德宗看出他的野心，便决定削夺他的权力。朱泚得到消息后，遂决定先发制人，派遣他的部将牛云光带领幽州兵五百人前往陇州。临行前，朱泚交给牛云光一份任命陇右营田判官韦皋为陇右留后的委任书，希望韦皋能为己所用。牛云光到达陇州后，没有立即传达朱泚的“旨意”，而是想先设下伏兵把韦皋擒住，待局势稳定后再传达朱泚的意思。谁料牛云光的计划不慎泄露出去，他担心陇州出现动乱，便带领部下逃出陇州。

牛云光逃走后，准备回到凤翔，恰好这时碰上了朱泚派往陇州的使者苏玉，苏玉见到牛云光，向他了解了情况，并说朱泚准备加封韦皋为中丞。苏玉又说："韦皋不过是一介书生，如果他接受诏书，便是我们的人。如果不接受，你便派兵杀掉他，以绝后患！"

牛云光听罢，便和苏玉率领军队一起返回陇州。他们来到陇州城下，韦皋从城上问牛云光说："前些时候，你不告诉我一声就走了，今天又回来了，这是为什么呢？"牛云光说："先前我不知道你的本心，现在我们皇帝颁下诏书，打算任命你为中丞，所以我再次回来，愿意与你和好如初。"

韦皋听后，毫不犹豫地表示愿意接受诏书。韦皋先让苏玉入城，恭敬地收下诏书。然后对城外的牛云光说："如果你没有异心，为了使城中人不怀疑你，请将铠甲兵器悉数交出来，你的人马才可以进城。"牛云光认为韦皋是一介书生，轻看了他，便同意了韦皋的要求，于是将全部铠甲兵器搬送给韦皋，然后率众进了城。

第二天，韦皋为了表示他的诚意，特意在郡中的公舍里大摆宴席，宴请苏玉、牛云光和他们的部下。韦皋事先埋伏好了军队。在酒宴上，韦皋极力劝酒。苏玉、牛云光等人得意忘形，丝毫没有戒备之心，均喝得酩酊大醉。这时，韦皋的伏兵突然杀出，苏玉和手下还没来得及反抗，就被擒获了。

韦皋诛杀了牛云光，将叛军全部斩首。然后韦皋筑起坛场，与城中将士盟誓，决心誓死效忠唐室，讨伐叛贼。

海瑞智惩胡衙内

明朝嘉靖年间，奸相严嵩当权，在全国各地广植党羽。浙江总督胡宗宪便是其中的一个。胡宗宪的儿子胡衙内仗着父亲的权势，为非作歹，欺压百姓，人们敢怒不敢言。

有一次，胡衙内带着几个随从离开杭州，溯富春江而上，直抵浙西。他们一路上游山玩水，作威作福，所经府县的官吏惧怕胡宗宪的权势，无不殷勤招待。胡衙内得意忘形，更加骄横起来。

然而，等胡衙内来到淳安县时，却是另一番景象：城门边没有一人出来迎接，住到馆驿后知县也不来看望一下。胡衙内不由得恼怒起来，喝令将驿吏捆绑起来，拿起马鞭边打边骂：“我从杭州出来，一路上哪个不来讨好我？知府大人还为我牵马呢！只有你们淳安县的知县不肯出来迎接我。等我回去后，就会告诉总督大人，到时定叫你们吃不了兜着走！”馆驿的人赶紧将此事报告给知县。

这个知县便是有名的清官海瑞。海瑞闻报，十分生气，打算立即派人去抓胡衙内，但转念一想：“他老子毕竟是自己的顶头上司，公开与他作对，未免要吃亏。”海瑞思索了一会儿，想出一条“假痴不癫”的妙计。

不久，海瑞带着捕快直奔馆驿。进门后，海瑞见胡衙内在屋内毒打驿卒，大声喝道：“把这个恶棍抓起来！”胡衙内满不在乎地说：“我是堂堂浙江总督的儿子，你们谁敢抓我？”海瑞冷笑道：“你是何方恶棍，胆敢冒充胡总督的公子？胡总督是朝廷一品大臣，处处体恤民情，爱护百姓，他的公子定是文质彬彬之人，怎么会是你这样的花花太岁？来人，将这个冒牌货捆起来，先掌嘴五十！”捕快不由分说，把胡衙内捆起来，朝着他的嘴巴打去，一时间，胡衙内满嘴流血，两腮红肿。“再搜他的行李，看有无违法物品！”海瑞大声吩咐。捕班从胡衙内的行李中搜出许多银子和贵重礼品。海瑞沉着脸问道：“这些赃物是从哪里来的？”胡衙内回答：“都是沿途官吏送的。”海瑞冷笑道：“这么说，你肯定是个冒牌货了。若是胡公子出游，他每到一处必定访古问幽，决不会像你这样搜刮银子和宝物。你骗得过别处知县，却骗不过本知县。冒充胡公子胡作非为，败坏胡总督的名声，罪该万死！”这么一来，胡衙内再也不敢吱声了，吓得浑身直打哆嗦。几天后，海瑞差人将胡衙内解押到总督府，并交给胡宗宪一封信。胡宗宪拆开信，只见海瑞写道：“属县近来查获一名冒充总督公子的诈骗犯。该犯以胡公子之名，到处招摇撞骗，敲诈勒索，骗得数千两银子和很多珍宝。属县深知老大人教子甚严，府上公子每日攻读，怎能有闲出游。如若出游，必然瞻仰名胜古迹，以增加自己的见识，怎会专门搜罗金银财宝？属县故此一眼将其识破，所骗赃物，一律充公。特将该犯押往府上，请老大人严惩！”胡宗宪看完信，又看看被打得鼻青脸肿的儿子，气得一句话都说不出来。毕竟自己的儿子做了错事，把柄抓在海瑞手里，胡宪宗只得打掉牙往肚里咽，埋怨儿子一番，此事也便不了了之。

海瑞明知眼前的“胡衙内”正是胡宗宪的儿子，却故意说他是假冒的，然后狠狠地将其毒打一顿，即便胡宗宪知道了，也不会追究此事。

第二十八计　上屋抽梯

【原文】

假之以便，唆之使前，断其援应，陷之死地[①]。遇毒，位不当也[②]。

【注释】

①假之以便，唆之使前，断其援应，陷之死地：假，借。句意：借给敌人一些方便（即我故意暴露出一些破绽），以诱导敌人深入我方，乘机切断他的后援和前应，最终陷他于死地。

②遇毒，位不当也：语出《易经·噬嗑》卦。噬嗑，卦名。本卦为异卦相叠（震下离上）。上卦为离为火，下卦为震为雷，是既打雷，又闪电，威严得很。又离为阴卦，震为阳卦，是阴阳相济，刚柔相交，以喻人要恩威并用，严明结合，故封名为“噬嗑”，意为咀嚼。本卦六三.《象》辞：“遇毒，位

不当也。”本是说，抢腊肉中了毒（古人认为腊肉不新鲜，含有毒素，吃了可能中毒），因为六三阴兑爻于阳位，是位不当。

此计运用此理，是说敌人受我之唆，犹如贪食抢吃，只怪自己见利而受骗，才陷于了死地。

【译文】

故意（露出破绽）使敌人觉得方便（进攻我方），引诱它深入我方，然后截断它的后援和接应，使其陷入绝境。（敌人抢腊肉而）中毒，便会失去原有的地盘。

【解析】

上楼以后拿掉梯子。借指与人密谈。也用以比喻怂恿人，使人上当。

【事例】

郑袖施计，美人割鼻

战国时期，魏王送了一个美女给楚怀王，楚怀王非常喜欢这个绝色美人，逐渐冷落了原来的宠妾郑袖。看到楚王对新来的美人百般宠爱，郑袖心里十分嫉妒。尽管如此，郑袖表面上却和美人以姐妹相称，对她疼爱有加。吃穿用度各方面，郑袖都把最好的东西送给美人，还时常陪她聊天谈心，对她的感情似乎比楚怀王还深。不仅如此，郑袖还时常在怀王面前赞赏美人。

楚怀王王认为郑袖识得大体，十分满意，感叹道："郑袖知道我宠爱美人，还爱她胜于爱我，这就好比孝子侍奉双亲，臣子忠于君主啊！"看到美人和楚王都对自己信任不疑，郑袖开始施计除掉美人。一天，郑袖又陪美人聊天。郑袖装作无意地说："妹妹生得着实漂亮，难怪大王喜欢。可是，你的鼻子美中不足，真可惜呀。"美人不解，问郑袖何出此言。郑袖便告诉美人："大王屡次跟我提起你的鼻子不美，我才好意提醒你。"美人心慌意乱，忙不迭地求郑袖指教。郑袖见美人中计，于是建议她再次见到大王的时候掩住自己的鼻子，这样才能一直得宠。美人得此良方，对郑袖感激涕零。

之后，楚怀王每次见到美人，美人都想方设法捂住自己的鼻子。楚王心生疑惑，便向郑袖问起此事。郑袖见时机已成熟，便抓住机会说："这件事不知当讲不当讲。"楚王更加好奇，忙向郑袖询问缘由。郑袖这才说："其实美人一直不喜欢大王身上散发出来的味道，所以想掩住鼻子以免闻到。大王对她如此宠幸，她实在有些不识抬举。"楚怀王一听，顿时怒不可遏，立即下令把美人的鼻子割掉了，并将她打入冷宫。

曹玮诱敌

一次，西夏军队又来骚扰边境，曹玮领兵作战，英勇无比，西夏人不敌，只能撤军，宋军取得了初步胜利。眼见敌人已经走远，曹玮下令将西夏军逃走时留下的辎重和牛马带回军营。于是，宋军士兵搬运辎重、驱赶牛马缓缓地撤回营地。

西夏军队本来已经逃出了几十里，这时主将听说宋军正押运辎重回营，料想宋兵一定军心涣散，毫无戒备，于是决定原路返回，再次袭击宋军。曹玮正率领军队返回军营，这时，忽听探子回报，说西夏军马上就要杀到，曹玮的部下大惊失色，纷纷提议让士兵扔掉辎重与牛马，重整队形准备作战。谁知曹玮不理会众人建议，命令军队继续缓慢前行，一直行进到一处利于作战的位置，才让军队停下备战，等待西夏军队的到来。

不久，西夏军追了上来，曹玮派人传话说："你们长途跋涉，人马疲惫，此时和你们开战，是我宋军乘人之危，胜之不武，有辱我军威名。准许你们先休整一段时间，等你们休息好了，我军再与你们决一死战。"

西夏军队远道而来，本来就很累了，正愁没有时间休整，这时听到曹玮的建议，都以为占到了大便宜，十分高兴，立刻就地休息。

过了一段时间，双方战鼓齐鸣，开始决战。宋军不费吹灰之力就将西夏军打得落花流水，西夏军再次落荒而逃。宋军大胜，班师回营。曹玮却令将士丢弃辎重与牛马上路。属下不明白为何这么做，便向曹玮询问缘由。曹玮这才解释道：“之前让士兵负赘而行，目的就是装出一副贪图小利、懒散缓慢的样子，将西夏军引诱回来。现在已经两次打败他们，想必他们短时间内再也不敢侵犯边疆，辎重、牛马对于我军来说并不是十分重要，现在带着它们只会增加负担，影响回去的速度。”

又有属下追问给敌军时间休整的原因。曹玮说道：“西夏军再次来袭，必定奔走了几十里路程，他们刚到时余勇尚存，我军势必陷入苦战，结果就未可知了。但如果留下时间让他们休息，士兵就会感到肌肉酸痛麻痹，那时敌人连站都站不稳，士气自然低迷，胜利就是我们的囊中之物了。”

属下听了，深表佩服。

曹玮给西夏军队留下休息的时间，其实并不是真的要公平决斗，而是趁此躲避西夏军的锋芒，

消磨其斗志。等到敌人士气低落的时候，再趁机消灭它们，这则故事也是运用上屋抽梯之计的典型战例。

张郃于木门道中计

蜀汉建兴九年（231）二月，诸葛亮第五次率领蜀军北伐。在行进过程中，诸葛亮下令割取陇上的麦子，以充军粮。又在卤城（今甘肃天水西南）伏击了司马懿，并大败西凉援兵。

诸葛亮大败魏军时，正值初秋季节，祁山一带连日大雨，道路难行。负责运粮的李严，深恐军粮无法按日运抵蜀国大营，遭受诸葛亮责怪，便假传后主刘禅的旨意，命诸葛亮班师回成都。诸葛亮接到圣旨，不由一惊，他不知道国内到底发生了什么事，眼下正是进攻曹魏的大好时机，无奈圣旨到了，只好做好退兵的准备。他知道，此时撤军，司马懿必定会乘机率大军追击。诸葛亮沉思片刻，终于想出了一招两全其美的妙计。

不久，诸葛亮命令马忠、杨仪领兵在剑阁和木门道两处埋伏，约定以响箭为号，一旦听到响箭声，便迅速塞断道路，两下夹击追兵。又令魏延、关兴引兵断后，并在卤城虚设旗号，然后大军向木门道撤退。魏军打探消息的兵士把蜀军撤退的情况立即向司马懿禀报，司马懿听罢，高兴地说："现在诸葛亮已经撤退，谁敢去追？"大将张郃主动请缨，要求领兵追击。司马懿想了想说："不能让你去，你性子太急躁了。"张郃听了很不服气，他说道："都督出兵之时，已命我为先锋。现在正是杀敌立功的好机会，却又不用我了，这是何故呢？"司马懿说："蜀军现在撤退，一定会在险阻之处设下埋伏，性子太急躁了容易吃大亏，万一中了埋伏，将损兵折将，只有十分谨慎的人，才可以派去追击蜀军。"张郃听了，不以为然地说道："这一点我明白，请都督不必担忧。"司马懿见张郃执意要去，只得让他带领五千兵马先行，再让魏平率两万军队紧随其后，以防蜀军埋伏，司马懿亲自率领三千人在后面接应。张郃出发时，司马懿再三叮嘱说："蜀兵虽然撤退，途中必设埋伏，将军切勿大意。"

张郃率兵追赶蜀军。走到三十多里，忽然听到背后杀出一支人马，为首大将正是魏延。张郃见到魏延，立即率军冲杀过去。魏延佯装不敌，大败而逃。张郃引兵在后面追杀，又行了三十余里，刚翻过一座山坡，迎面遇到蜀将关兴。张郃见伏兵杀来，毫不畏惧，勇猛地向前冲去。关兴抵挡一阵，也仓皇而逃。

张郃直向前追赶，蜀军在沿途丢弃了许多衣甲辎重，魏兵见了，都下马争抢。张郃见蜀军狼狈逃窜，更加毫无顾忌地向前行进，把司马懿的叮嘱全都抛在了脑后。

到了傍晚时分，张郃追击蜀军到木门道口。木门道中漆黑一片，这时，只听得几声箭响，山上火光冲天，大石乱柴不断滚落下来，塞断了前面的山路。张郃大惊，知道中计，急忙后退，谁知后面的道路已经被木石堵住了。在悬崖峭壁间是一段空地，张郃被堵在这里，进退无路。这时，山上万箭齐发，张郃及魏军士兵都被射死在木门道中。等到司马懿大军赶到时，战斗早已结束，蜀兵也都撤走了。司马懿想去追赶蜀军，又怕中诸葛亮的埋伏，只好带兵退回了魏国。诸葛亮则率领军队安全地回到了汉中。

第二十九计　树上开花

【原文】

借局布势，力小势大[①]。鸿渐于阿，其羽可用为仪也[②]。

【注释】

①借局布势，力小势大：句意为借助某种局面（或手段）布成有利的阵势，兵力弱小但可使阵势显出强大的样子。

②鸿渐于陆，其羽可用为仪：语出《易经·渐》卦。渐，卦名，本卦为异卦相叠（艮下巽上）．上卦为巽为木，下卦为艮为山。卦象为木植长于山上，不断生长，也喻人培养自己的德性，进而影响他人，渐，即渐进。本卦上九说“鸿渐于陆，其羽可为仪，吉利，”是说鸿雁走到山头，它的羽毛可用来编织舞具这是吉利之兆。

此计运用此理，是说弱小的部队通过凭借某种因素，改变外部形态之后，自己阵容显得充实强大了，就像鸿雁长了羽毛丰满的翅膀一样。

【译文】

借助别人的局面，把我方的弱小的力量装点成阵势强大的样子。鸿雁飞到山上，落下来的羽毛可以用做装饰，增加气氛。

【解析】

比喻将本求利，别人收获。语出《荡寇志》。

【事例】

田单孤城复齐

战国后期，燕国派大将乐毅率领诸侯联军讨伐齐国，一举攻下齐国七十多座城池，只剩下莒城和即墨两座城池还在抵抗，齐国濒临灭亡的危险。就在这危急存亡的时刻，齐国出现了一名智勇双全的将领，他救齐国于危难之间，不仅挫败了燕国的进攻，还使齐国再次成为七雄之一，这位将军就是田单。

田单是齐国田氏血缘关系较远的宗族。齐湣王的时候，田单担任临淄管理市政的小吏，深得百姓的拥戴。燕国进攻齐国时，田单带领宗族来到即墨。齐湣王死后，大家都拥立田单为将军，希望他在即墨抵御燕国军队。尽管被委以重任，但是田单深知要击败乐毅绝不是一件容易的事情，因为燕军除了自己的国土之外，还包括齐国的七十多座城池，而齐国现在就只剩下莒城和即墨这两个地方了，双方的实力过于悬殊，如果贸然硬拼，齐军不但不能打败燕国，反而会使仅剩的两座城池落入燕国之手。因此，在时机尚未成熟的情况下，田单决定按兵不动，静观其变。

不久，机会终于来临了，向来宠信乐毅的燕昭王去世了，而新立的燕惠王与乐毅素有间隙。这对齐国来说，实在是一个天大的好消息。田单认为这是除掉乐毅的大好机会，便派人潜入燕国，施用离间计，挑拨燕国君臣之间的关系。不久，乐毅果然被夺了军权。

乐毅去了赵国，燕军的士卒向来拥戴乐毅，因此均感到愤懑不已。这时，燕惠王派去的将军骑劫来到军中，准备整饬军队，进攻即墨城里的齐军。田单见燕军准备攻城，于是下令城中军民供出食物，以祭祀祖先。天上的飞鸟望见城里供奉着食物，都飞过来争着吃。燕军看到了，觉得非常奇怪，不知道齐军为什么这么做。

田单又暗下派人，假说城里有天神显灵，要派神师来相助，所以连海鸟都来朝拜，这城是永远攻不破的。燕兵听了，自然也信以为真，害怕起来，谁愿意去和神作对？

田单在即墨城里装神弄鬼，搞得燕军的将士都摸不到头脑，一时竟不敢轻举妄动，暂缓攻城的行动。田单见自己的计谋有了效果，又设法使燕军激怒齐军，齐军将士人人悲愤不已，都请求出城与燕军决一死战。

田单看到齐军士气高涨，觉得时机快要成熟了，于是亲自拿着夹板铲锹与兵士们一起修缮防御工事，把自己的妻妾都编在行伍之中，并将库存的酒食全部拿出来犒劳军士。同时，田单还命装备精良的兵士埋伏起来，让老弱妇孺都到城上去防御。

一天夜里，田单把城中一千多头牛集中起来，给它们披上大红色丝帛制成的被服，在上面画上五彩缤纷的蛟龙图样，在犄角之上绑着锋利的刀子，把渍满油脂的芦苇捆绑到牛尾上，然后点燃牛尾巴。牛尾巴一烧着，这一千头牛发了疯似的向燕国的兵营狂冲过去。五千名“敢死队”紧随其后，呐喊着向前冲杀。城上的老弱妇女拼着命地敲击铜器。霎时间，火光四起，声震天地。燕军被一片震天动地的喊杀声从梦中惊醒，跑出大帐一看，只见无数火龙东奔西突，所向披靡，顿时被吓得魂飞天外、转头就逃。燕军将帅一时都慌了手脚，很快就溃不成军。齐军乘机追击，大败燕军，杀死统帅骑劫。田单整顿好队伍，立即展开反攻。各地燕军听说主将阵亡，纷纷退却。那些已投降燕国的齐军将士也叛离燕军，准备迎接田单。田单的军队打到哪里，哪里的老百姓就起来响应，军民奋战，势如破竹，一鼓作气收复七十余城池。

田单运用“树上开花”之计，大摆火牛阵，一举打败了燕军，使齐国转危为安。

张飞怒吼吓退曹操

三国时期，刘备一度不敌曹操，退守江陵。在逃亡途中，刘备的妻子甘夫人、幼子阿斗在乱军中走散。刘备麾下的大将赵云不顾性命前去营救，并最终带着阿斗冲出重围。赵云策马飞驰，想尽快与刘备人马会合，然而曹军猛追不舍。赵云一路不敢停歇，到了长坂桥处，已经精疲力竭了。正担心时，他一眼看到蜀军另一员猛将张飞立在桥头。原来刘备担心赵云安危，派张飞前来援助断后。赵云大喜，谢过张飞后携阿斗飞奔而去。然而，由于蜀军势单力孤，兵力薄弱，张飞此次来援，只带了二十多个人。张飞自知手下骑兵虽然个个武艺高强，但难敌实力雄厚的曹军。危难之时，他心生妙计，命令率领的二十几个骑兵在曹军到来之前，到长坂桥附近的树林里砍下粗壮的树枝绑在马后，然后在树林中来回奔走打转。树林中的尘土被树枝搅动，高高飞扬，远看就如同千军万马远道而来扬起的尘土一样。刚刚布置好，曹操手下将领的兵马就到了。

曹军将领见到张飞在战马上横跨长矛怒目而视，已经大吃一惊，又看见不远处的树林中尘土飞扬，害怕是诸葛亮的计策，不敢上前，只好叫人禀报曹操。曹操听说，急忙上马从阵后到前线指挥，果然看见张飞气势汹汹地挡住去路。他对左右将领说："这张飞在百万大军中可以轻易砍下敌将的头颅，犹如囊中取物一般，还是小心为上。"张飞见曹操亲自前来，想必他已经生疑，心里一急便突然大声喝道："我张飞在此，谁敢上来与我决一死战？"曹操见张飞底气十足，气概非凡，便料定有诈，萌生了退意。张飞见曹军阵脚有所移动，似要后退，便趁势将长矛一挺，又喊道："要战又不战，要退又不退，是什么原因？"这一声吼得地动山摇，实在威猛，竟将曹操身边的一名将领夏侯杰吓得肝破胆裂，应声栽倒在马下。曹操见此，赶紧撤军向西逃走，放弃了对赵云和刘备的追赶。

杨阜“虚张声势”胜马超

东汉建安十六年，曹操率领大军向西进攻，打算消灭汉中的张鲁。原本依附于曹操的马超、韩遂，趁此机会在潼关发动叛乱。曹操闻讯后，率兵赶赴潼关，大破马超。马超遭受挫败，引兵败退至凉州地区。

凉州刺史韦康见马超大军来到，起初不肯开门投降，在城中坚守了七个多月，但一直没有援兵赶来，遂派人请求停战，打开城门迎接马超。马超进城后派杨昂杀死了韦康等人。韦康死后，他的谋事杨阜与部属梁宽、赵冲等人被迫归顺马超。杨阜心中有向马超报仇的志向，但是自己力量薄弱，难以对付马超，遂决定前往历城，向驻守历城的妻兄姜叙借兵。杨阜把凉州的情况对姜叙说明了一番，这时，姜叙的母亲也在旁边，她对马超等人的行为十分气愤，于是力劝姜叙听从杨阜的计策。计议确定后，他们又与同乡人姜隐、赵昂、尹奉、姚琼、孔信，武都人李俊、王灵共同计划谋略，商定了讨伐马超的期约。不久，杨阜又派人联络驻守翼城的梁宽、赵冲等人，以壮大自己的声势。誓约明定后，建安十七年（212）九月，杨阜与姜叙在卤城起兵。马超听说杨阜等人起事，自己率领军队进攻卤城。这时，梁宽、赵冲等人释放关在翼城的杨岳，聚集城中数千军民，乔装成曹操大军，一起征伐马超。马超与杨阜交战数次，没有占到丝毫便宜，这时忽然看到有大批敌军杀来，还以为是曹操的援军杀到，遂马上撤军。这样，马超丢掉了梁州地区，只好率领残余军队前往汉中，投靠张鲁了。

第三十计　反客为主

【原文】

乘隙插足，扼其主机①，渐之进也②。

【注释】

①乘隙插足，扼其主机：把准时机插足进去，掌握他的要害关节之处。

②渐之进也：语出《易经·渐》卦。（渐卦解释见前计②）本卦《彖》辞："渐之进也。"意为渐就是渐进的意思。

此计运用此理，是说乘隙插足，扼其主机。《易经·渐》卦上说的就是这个意思，要循序渐进。

【译文】

乘着有漏洞就赶紧插足进去，扼住它的关键要害部分，循序渐进地达到自己的目的。

【解析】

本是客人却用主人的口气说话。后指在一定的场合下采取主动措施，以声势压倒别人。

【事例】

李渊称帝建唐

隋朝末年，天下大乱，农民起义风起云涌，地方官吏也纷纷起兵反隋。在诸多反隋势力中，李渊起步较晚，却能够在短时间内脱颖而出，一年之内便攻下都城长安。其后，李渊在长安称帝，定国号为唐，从而开启了唐朝289年的基业。

李渊是隋朝的太原留守。太原是隋朝的军事重镇，兵源充足，粮饷充盈。李渊有四个儿子，其中二儿子李世民是个有胆识的青年。他看到隋朝统治腐朽，天下英雄纷纷起来反隋，便有心成就一番事业。

有一次，太原北面的突厥进攻马邑，李渊派兵抵抗，接连打了几次败仗。李渊深怕这事被隋炀帝得知后追究责任，急得不知所措。李世民乘此机会，几次三番劝说李渊起兵反隋。李渊刚开始吓得要命，后来他思量再三，终于决定起兵反隋。

大业十三年六月，李渊父子杀死副留守王威、高君雅，在晋阳起兵，顺势攻取西河（今山西汾阳）。随后，李渊自称大将军，带领三万人马离开晋阳，浩浩荡荡向长安进军。李渊一路上不断招募人马，并仿效农民起义军的办法，打开官仓发粮给贫民，应募的百姓越来越多。三个月后，李渊率领二十万大军攻打长安，守在长安城里的隋军拼死抵抗，但是却无能为力，不久，李渊部将雷永吉用云梯首先登上城墙，长安很快被攻占了。

攻下长安以后，李渊担心成为众矢之的，没有急于称帝，为了争取民心，宣布约法十二条，把隋王朝的苛刻禁令一概废除，打出了尊隋的旗号，架空隋炀帝，把年仅十三岁的杨侑立为皇帝。杨侑名为皇帝，其实不过是李渊“挟天子以令诸侯”的工具。这样做一方面可以避免担上谋反的罪名，一方面可以打着安定隋室的旗号公开招兵买马，扩大势力。同时，李渊对隋朝旧臣大肆封赏，以收买人心。

隋炀帝在江都被杀，消息传出后，秦王杨浩、越王杨侗相继称皇帝，其他地方势力和起义军也纷纷称王。几个月后，杨侑禅位，李渊登基称帝，国号唐，史称唐高祖。随后，李渊花了八年的时间，终于消灭了各地的割据势力，统一了全国。

李渊在晋阳起兵，攻下长安后，并不急于称帝，而是先立杨氏子孙为帝，待时机成熟后，再“反客为主”，废掉傀儡皇帝，建立了唐朝。

晁盖在梁山反客为主

《水浒传》中晁盖等人智取生辰纲后被官府追杀，走投无路之下来到了梁山泊。梁山大头领“白衣秀士”王伦热情款待晁盖一行人。筵席散后，晁盖心里很高兴，对吴用等六人说道：“我们犯下这等弥天大罪，现在无处安身。要不是王头领如此错爱，我们就没有容身之处了，此恩不能忘掉啊。”吴用却说：“哥哥觉得王伦肯收留我们吗？你刚才没有注意他的神情，所以没看透他的心思。王伦一开始与兄长说话，看起来和你很有交情。后来兄长说明我们被官兵追捕，他脸色就有些变了。虽然他口头上答应收留我们，但实际上是另有打算。假如他有心收留我们，早就当场议定了座位。我看你是空欢喜了一场。”

晁盖听到这里，心里有些失落。这时，吴用又补充说：“不过，也不是没有出现转机的可能，林冲原是京师禁军教头，不是一般人，他现在不得已坐了第四把交椅，他对王伦非常不满，只是没有机会发作。明日在他面前说几句话，让他们本寨自相火并，那时我们就可以控制梁山了。”

次日清晨，晁盖等人刚刚睡醒，突然有人来报，说林冲来看望众人。众人连忙迎接林冲，吴用对林冲说道：“我们不才，承蒙林教头错爱，心里十分感激。早先听说林教头在东京是人人敬仰的豪杰。不知后来是谁推荐教头上山的？”林冲说是柴大官人。吴用拍手说：“太好了，我们也是柴大官人推荐的，这下有容身之处了。”林冲却冷笑说：“我看没那么简单，王伦心胸狭窄，不会收留你们的。”吴用故意装作惊讶道：“王头领待人接物一团和气，如何称得上心胸狭窄？”林冲道：“他昨天听见兄长所说众位杀死官兵一事，便有些不自然，这就是他不肯收留你们的意思。”吴用失望地说道：“既然王头领不想收留我们，那么我们还是改投别处去了。”说完便要作势离去。林冲拦住众人，平静地说道：“众位豪杰不要离开，山寨不是王伦一个人的，这件事我自有主意。”说完林冲起身别了众人，上山去了。

第二天一早，王伦派人来到晁盖一行人的住处，说山寨头领们请众好汉去山南水寨亭上赴宴。

晁盖等人把兵器暗藏在衣服里，前去赴宴。酒过三巡，晁盖几次和王伦提起加入梁山的事，王伦总是故意将话题岔开。吴用偷偷看林冲，只见林冲侧坐在椅子上，两眼盯着王伦。酒宴进行到了一半的时候，王伦对晁盖说：“承蒙各位豪杰看得起梁山，要到此聚义，只恨山寨养不下许多真龙，因此略备些薄礼万望笑纳，还请各位再投奔大一些的山寨，等各位英雄事业有成，我再到各位的山寨里投奔。”

听了这话，林冲愤怒地说道：“当初我上山寨时，你也推说粮少房稀。今日晁兄与众豪杰到山寨来，你又说出这样的话，你到底安的是什么心？”吴用一看有机可乘，立刻说道：“各位头领要冷静，都是我们来得不是时候，千万不要坏了各位的情分。今日王头领以礼相待送我们下山，还送我们盘缠，又不是把我们赶走。请众位头领息怒，我等这就下山。”

林冲从座位上跳起来，快步来到王伦面前，说道“那些笑里藏刀的人，我今日绝不会放过他！”

王伦一看事情不妙，就高声喝道：“这畜生又喝醉了，还用言语来诋毁我，真是以下犯上呀！”

林冲听后，针锋相对地说道：“你不过是个落第的腐儒，胸中没有半点文墨，怎能坐山寨的头把交椅呢？”吴用跟着说道：“没想到因为我们前来投靠，反倒坏了各位的情分，我们还是赶快走了吧。”晁盖等七人起身就要下山。林冲把桌子踢翻，从衣襟底下掣出一把刀来。吴用一使眼色，晁盖、刘唐冲进亭子抓住王伦道：“不可伤了和气。”吴用一手扯住林冲，一边对他说道：“头领不可造次。”阮小二又冲过去摁住杜迁，阮小五同时摁住宋万，阮小七抓住了朱贵，梁山的几个头领同时都被控制住了，小喽啰们都吓得目瞪口呆。林冲一把揪住王伦，冲他骂道：“你以为这梁山泊是你这个酸秀才的么？倘若不杀了你，留你又有什么用处呢？我看你也没有什么胸襟度量，做不了山寨之主！”于是一刀砍下去，便把王伦杀死了。吴用从血泊里拽过王伦的座位，让林冲坐在上面，并向众人说道："今天有不服林教头的，王伦就是他的榜样。从今以后林教头就是山寨的大头领。"林冲说："王伦心胸狭隘，嫉贤妒能，我从山寨的长远利益考虑，晁盖坐上梁山泊的头把交椅。因此杀了他。晁兄仗义疏财，智勇双全，当今天下人人都知道他的大名，我今日推立他为大头领，各位同不同意？"众人怕走王伦的覆辙，都纷纷点头。这样，晁错反客为主，成为梁山的大头领。

第六套　败战计

第三十一计　美人计

【原文】

兵强者，攻其将；将智者，伐其情[①]。将弱兵颓，其势自萎。利用御寇，顺相保也[②]。

【注释】

①兵强者，攻其将；兵智者，伐其情：句意：对兵力强大的敌人，就攻击他的将帅，对明智的敌人，就打击他的情绪。

②利用御寇，顺相保也：语出《易经·渐》卦。（卦名解释见计“树上开花”注②）本身九三《象》辞：“利御寇，顺相保也。”是说利于抵御敌人，顺利地保卫自己。

此计运用此象理，是说利用敌人自身的严重缺点，己方顺势以对，使其自颓自损，己方一举得之。

【译文】

对于兵力强大的敌人，就攻击他的将帅；对于有智慧的将帅，就打击他的意志。将帅斗志沦丧，兵士颓废消沉，敌人的气势必然会自行萎缩。利用这些方法来控制敌人，可以顺利地保存自己。

【解析】

以美女诱人的计策。

【事例】

范蠡施美人计而灭吴

公元前496年，吴王夫差为报杀父之仇，领兵攻打越国，大败越王勾践，并把勾践围困在会稽山。勾践走投无路，只得向吴王求和，并以自己为人质，与夫人和大夫范蠡到吴国都城姑苏做了奴隶。

三年后，勾践三人回到越国，并开始实施自己的复仇计划。一方面，勾践任用文种主持国政，采取休养生息政策，努力恢复和发展经济；另一方面，勾践让范蠡训练军队，做好随时讨伐吴国的准备。同时，为了迷惑吴国，越国还搜罗大量金银珠宝，并寻找了一批美女，一起送往吴国。

吴王夫差贪利而好色，他一见到财宝和美女，便欢喜得不得了。尤其是越国进献来的美女，个个长得美丽动人，夫差左拥右抱，对这些美人爱不释手。在进献来的美人中，以西施最为出名。

据载，范蠡出访民间的时候，来到诸暨苎萝山下若耶溪，巧遇正在浣纱的西施，当即为她的“倾国倾城貌”所倾倒，于是两人在若耶溪畔订下白首之约。后来，范蠡随勾践到吴国为奴，等他回到越国，便开始筹划以美人计惑乱夫差的心智，使夫差丧失进取之心。这时，范蠡便想忍痛割爱，献出自己的爱人西施，与其他美女一起进献给夫差。最初，西施不愿意去吴国充当美人，范蠡对西施晓以利害，劝西施以国家利益为重。最后，西施被范蠡的爱国热情感动了，挺身而出，同意去吴国。夫差见到西施后，见她生得国色天香，便立即封她为妃子。从此，夫差沉迷于西施的美色，过着骄奢淫逸的生活。

西施聪明、伶俐，她知道自己来吴国的使命，便用尽浑身解数得到吴王的宠爱。大臣伍子胥认为这是美人计，苦心劝谏，夫差却充耳不闻，并将西施升做贵妃。此后，西施集“三千宠爱于一身”，吴王夫差命人在灵岩山为西施建了馆娃宫，在馆娃宫附近修了玩花池、玩月池、吴王井、琴台，还有采香径、锦帆径和打猎用的长洲苑。

夫差中了越国的“美人计”，越来越贪图享乐，致使国家空虚，人民生活苦不堪言。后来，夫差听信西施及伯嚭的谗言，杀了忠臣伍子胥。这时的吴国，貌似强大，实际上已经“病入膏肓”了。果然，在公元前473年，勾践趁着吴国内忧外患，以范蠡为大将军，率领越国大军攻入吴国。吴军毫无斗志，屡战屡败。最后，越军攻入吴都姑苏，夫差后悔没有听伍子胥的忠告，羞愧自杀。

王允巧计献美人

罗贯中在他的《三国演义》里说：“司徒妙算托红裙，不用干戈不用兵，三战虎牢徒费力，凯歌却奏凤仪亭”。这句不是三国演义的人物说的，是第八回中后人诗词赞美王允用美人计离间董卓、吕布的。貂蝉，东汉献帝时期人，原为大司徒王允府中的歌伎，能歌善舞，美丽异常，是中国古代四大美人之一。

自汉献帝迁都长安后，董卓仗着手中的权力及义子吕布的勇猛，为非作歹，做起坏事来更加肆无忌惮。一天，百官在朝堂议事，吕布突然来到董卓身边，耳语数句，董卓点了点头。吕布来到司空张温身边，将张温揪下朝堂。不久，侍从便托着一张红盘进入朝堂，盘中搁的竟是张温的首级！董卓命吕布劝酒，把人头在各人面前一一呈过。董卓说："你等对我孝顺，我不害你们。我是受天保佑的人，害我的人一定会失败。"

对于董卓嚣张跋扈、擅权误国的恶行，司徒王允忧心忡忡，他一心想除之而后快，但又苦无良策，终日茶饭不思。义女貂蝉得知王允的心事后，表示"如有用妾之处，万死不辞"。王允突生一计，于是王允把自己的想法和貂蝉说了，精心设计了个"连环美人计"，先将貂蝉许给董卓义子吕布，未及迎娶又献于太师董卓，挑起董、吕两人的矛盾。貂蝉对王允的意图心领神会，处处设计离间董卓、吕布之间的父子关系，成功地施展了美人计，使董卓、吕布反目成仇，最后更诱使吕布杀死董卓，夷其三族，为汉室铲除了一大祸害，立了大功。

赔了夫人又折兵

荆州地处西川与东吴之间，自古以来便是兵家必争之地。三国时，荆州成为吴、蜀争斗的战场。当初，刘备窘迫时，向东吴"借"荆州以栖身，靠这块地休养生息，积蓄力量。等刘备恢复过来，东吴再三索要荆州。然而，作为自己唯一的立足之地，刘备当然不会轻易放弃荆州，于是以各种理由再三推托。东吴的大都督周瑜十分气恼，便想用计取回荆州。不久，荆州牧刘琦病死。东吴派鲁肃以吊唁为名，向刘备讨还荆州。孔明让刘备写下借据，说等刘备取了西川便归还荆州。

鲁肃回报周瑜，周瑜大骂刘备言而无信。这时，探子回报说刘备夫人甘氏死了，周瑜听后便生一计。周瑜为孙权设下一计，他让孙权把妹妹许配给刘备，并以此为名义把刘备骗到江东。等刘备来到江东后，再扣下刘备，然后以刘备换回荆州。周瑜写好信，让鲁肃送给孙权。孙权看信后大喜，便让吕范到荆州去提亲。吕范到荆州和刘备说了亲事，孔明在屏风后偷听。刘备踌躇不决，不知如何是好，便让吕范先行住下，日后再作答复。孔明从屏风后转出来向刘备道喜，他劝刘备答应这门婚事，可刘备怕周瑜加害于他，不肯去江东。孔明听后大笑说道："周瑜的计策，瞒不过我。我自有办法，既让主公娶得孙权的妹妹，又保荆州万无一失。"于是，孔明让孙乾去江东商议婚事。建安十四年十月，刘备及赵云、孙乾率领五百士卒乘快船前去南徐迎亲。临行前，孔明交给赵云三个锦囊，告诉他，每个锦囊里都各有一个妙计，让他到危急关头时依次打开，按上面的计策行事，就能解围。

赵云保护刘备到了东吴后，赵云按诸葛亮的吩咐拆开第一个锦囊。依孔明之计，赵云命五百军士到市集上采购猪羊果品，并到处宣扬刘备和孙权妹妹结亲的事。之后，刘备和赵云牵羊担酒，去拜见孙策和周瑜的老丈人乔国老，并告知刘备和孙权妹妹结亲的事。

乔国老知道后就来向吴国太道喜。吴国太还被蒙在鼓里，不知道是怎么回事。她忙派人打听，才知刘备确实是来与女儿成亲的。国太正在为这事发怒，恰好孙权进来。吴国太见了孙权，气得拍着胸脯大哭起来。孙权得知详情后，告诉吴国太说："没有这事，这只是计谋。"国太更加气愤，大骂孙权、周瑜，当下要在甘露寺与刘备相见，说若不中意，就任孙权他们处置。孙权按母亲的话办理，同时悄悄在甘露寺埋伏下刀斧手，如果母亲看不中刘备，就把刘备扣押下来。

刘备来到甘露寺，吴国太看了这位"准女婿"，觉得他器宇轩昂，将来定成大事，因此便答应了这门亲事，还吩咐摆上酒席，要好好招待刘备。但是，孙权心里放不下荆州，依然想扣押刘备。这时，赵云走到刘备身边，在刘备耳旁悄悄说了几句话，刘备连忙跪在国太面前，求国太救他。吴国太不知出了什么事，就向刘备询问。刘备禀告国太，说房内有刀斧手埋伏。国太听了大骂孙权，孙权却推说这是贾华的计谋，与自己无关。国太便要斩了贾华，刘备和乔国老都为贾华求情，贾华这才保住了性命。这时，刘备请求乔国老，让他到国太面前美言几句，希望能够早日与孙权妹妹成亲。国太一口答应，于是择了一个吉日，让女儿孙尚香与刘备成亲。孙权见事情弄假成真，心里不由得怪罪周瑜。周瑜又献上一计，让刘备在东吴吃喝玩乐，尽情享受。刘备天天喝酒作乐，时间久了就把荆州忘得一干二净。

赵云见此情状，连忙看过第二个锦囊。看完之后去见刘备说："军师派人来报，说：'曹操起五十万大军奔荆州杀来，扬言要报赤壁之仇，事情紧急，请主公回去。'"刘备说他自有道理，便令赵云先行。

其实，刘备与赵云说的话，都被孙夫人听到了。刘备向孙夫人说了自己的心事，孙夫人就决定随刘备回荆州。二人商定，假借元旦那天到江边祭祖，然后逃走。

一天，在赵云的护卫下，刘备与孙夫人离开南徐往江边出发。孙权因与众官喝酒喝醉了，等他知道消息后，已经到了第二天。于是，他下令派人去追捕刘备。

刘备与孙夫人在赵云保护下，行到柴桑地界。忽见后边有兵将追来，赵云便将第三个锦囊拆开。刘备接过锦囊里的纸条，看完后将周瑜给孙权出主意，用美人计陷害自己的事情告诉了孙夫人。

孙夫人听后不禁大怒，恨孙权不念兄妹之情。追兵越来越近，眼看情况紧急，刘备请孙夫人解救。

孙夫人命人卷起车帘，大骂前来捉拿刘备的徐盛、丁奉、陈武、潘璋四将。四人不敢惹怒孙夫人，连连赔罪，不一会儿便退至路边。

不久，徐盛、丁奉急忙飞报周瑜，请求从水路追赶。

刘备一行人马来到刘郎浦，见东吴的水军将至，正慌乱间，忽见江边停了二十余艘商船。刘备与孙夫人上了船后，才知道船中的商人，都是荆州水军，原来是军师诸葛亮亲自来接应刘备。正在这时，只见周瑜领水军追来，诸葛亮令船靠岸，周瑜也追到岸上。突然，关羽率军从陆上杀出，周瑜抵挡不住，急忙上船。诸葛亮让荆州士兵齐声高喊："周郎妙计安天下，赔了夫人又折兵。"周瑜听了，又急又气，却也无可奈何。

周瑜本来想借孙尚香消磨刘备的意志，然而，孙尚香嫁与刘备之后，与刘备一心一意，因此周瑜的这招"美人计"没能奏效。由此可见，施行"美人计"的时候，除了要把握好时机，还要选好适合的"美人"，如果美人不与己方合作，那便很有可能前功尽弃，"赔了夫人又折兵"。

第三十二计　空城计

【原文】

虚者虚之，疑中生疑[1]；刚柔之际[2]，奇而复奇。

【注释】

①虚者虚之，疑中生疑：第一个“虚”为名词，意为空虚的，第二个“虚”为动词，使动，意为让它空虚。全句意：空虚的就让它空虚，使他在疑惑中更加产生疑惑。

②刚柔之际：语出《易经·解》卦。解，卦名。本卦为异卦相叠（坎下震上）。

上卦为震为雷，下卦为坎为雨。雷雨交加，荡涤宇内，万象更新，万物萌生，故卦名为解。解，险难解除，物情舒缓。《象》辞“刚柔之际，义无咎也”，是使刚与柔相互交会，没有灾难。

【译文】

兵力空虚时，愿意显示防备虚空的样子，就会使人疑心之中再产生疑心。用这种阴弱的方法对付刚强的敌人，这是用奇法中的奇法。

【解析】

在敌众我寡的情况下，缺乏兵备而故意示意人以不设兵备，造成敌方错觉，从而惊退敌军之事。后泛指掩饰自己力量空虚、迷惑对方的策略。

【事例】

楚国与郑国互施“空城计”

公元前676年，楚文王因过度操劳，一病不起，不久便离开了人世。其后，楚成王即位，当时他还是个十多岁的孩子，他以叔父子元为令尹，主持政事。素以“桃花夫人”著称的妫夫人，虽然年龄已过三十，但姿色仍不减当年，子元对这位天下绝色的嫂嫂逐渐产生了非分的念头。为了排解妫夫人寡居孤独的苦闷，子元在她的宫室旁边盖了一座豪华的新殿，常命乐伎在这里奏乐，跳万舞，一时热闹非常。

一天，妫夫人问身边的侍女，宫外乐舞之声从何处而来？侍女回答说，是从令尹的新殿中传来的。妫夫人听了不禁叹息道：“先君以万舞演习备战，征服诸侯，来楚朝贡的人络绎不绝。今楚兵不至中原已十年了，令尹不以为耻，整日沉溺于乐舞之中。”这些话不知怎么传到子元的耳朵里，子元感慨地说：“妇人尚不忘中原，我反而忘了；我不打郑国，非丈夫也！”从此便有了攻打中原的念头。其实，他是打算通过战争的胜利来博取妫夫人的欢心。不久，即公元前666年，子元亲自挂帅，发兵车600辆，浩浩荡荡杀奔郑国而来。

楚国大军一路连下数座城池，直逼郑国国都。郑文公听说楚兵杀来，急忙召集百官商议。大家都知道郑国国力较弱，都城内更是兵力空虚，无法抵挡楚军的进犯。

郑国危在旦夕，群臣顿时慌乱起来，有的主张拼一战死，有的则主张纳款请和，还有的主张

固守待援。上卿大臣叔詹说：“依我之见，楚兵不久就会自行退兵了。”郑文公听了不解地说：“这次出兵令尹亲自挂帅，怎么肯轻易退兵。”叔詹说：“大臣们的这些主张一时都难解国之危。请和与决战都非上策。固守待援，倒是可取的方案。我听说郑国和齐国订有盟约。而今郑国有难，齐国会出兵相助。现在固守恐怕是难守住。以前楚国用兵，都没有用六百乘兵车，这次出动如此多的兵力，说明子元势在必得，他想打个胜仗。子元伐郑实际上是想邀功图名讨好文夫人，他一定急于求成，又特别害怕失败。若楚兵来了，我有一计，可

退楚军。”

正在商议，忽有士兵来报告，说楚军已进桔秩关，不久就要到逵市了。叔詹让大家不要怕，他自有破敌之计。于是，叔詹安排甲士埋伏在城内，放下吊桥，大开城门，街市百姓来往如常，没有一丝慌乱之色，摆出完全不设防的样子。

楚军先锋到达郑国都城城下，见此情景，不敢妄动，等待子元。子元赶到城下，也觉得好生奇怪，他心里起了怀疑：莫非城中有了埋伏，诱我中计？他率众将到高地眺望郑城，见城内旌旗整肃，甲士林立，看了一会儿，叹息说：“郑国有三位贤臣，其谋不可测！万一失利，有何面目见妫夫人？待探听虚实，方可以攻城。”于是按兵不动。

第二天，有人来报告说，听说齐侯同宋、鲁诸侯，亲率大军，前来救郑。子元听了大惊，便对诸位将领说：“齐、宋、鲁大军若截我去路，我腹背受敌，必定损兵折将。我们好在也打了几个胜仗，还是赶快撤退为妙。”他害怕撤退时郑国军队会出城追击，于是暗传号令，全军连夜撤走，人衔枚，马裹蹄，不出一点声响。所有营寨都不拆走，旌旗照旧飘扬。

到了清晨，叔詹登城瞭望片刻，说楚军已经撤走了。众人见敌营旌旗招展，不信叔詹的话。

叔詹分析说："楚军确实撤军了。如果营中有人，怎会有那样多的飞鸟盘旋上下呢？他也用空城计欺骗了我，急忙撤兵了。"

李广阵前摆空城

汉景帝是西汉前期的皇帝，他在位时，匈奴大举入侵上郡（今陕西省北部及内蒙古部分地区），飞将军李广任上郡太守，阻止了匈奴南进。

一天，汉景帝派到上郡的宦官带人外出打猎，遭到三个匈奴兵的袭击，结果这名宦官被射伤了。宦官急忙逃回李广营中，李广听罢，猜想这三人一定是匈奴的射雕能手，一定要活捉他们，说完之后，李广率领一百名骑兵前去追击。一直追了几十里，终于追上，李广命令部下左右散开，从两边包抄过去。李广拉开弓，只两箭就射死其中的两个，剩下的一个被活捉了。一审问，果然是匈奴的射雕能手。李广喝令把俘虏绑在马上，然后撤回营地，当李广等人走到一半时，探子回报，说后面有数千匈奴骑兵向李广追来。

匈奴骑兵与李广越来越近，他们见李广手下只有一百多人，为首的匈奴将领以为这是汉朝大军诱敌的前锋，恐怕中了埋伏，不敢贸然攻击，急忙上山摆开阵势，以观察动静。

李广的骑兵见了匈奴骑兵，大吃一惊，想掉转马头逃走。李广沉着冷静，及时稳住队伍，他对手下说，我们只有百余骑，离大营有几十里远。如果现在我们慌张逃跑，匈奴肯定会追杀我们，他们追上来一顿乱箭，我们马上就会被杀光。如果我们按兵不动，敌人肯定会疑心我们有大部队在后面行动，他们绝不敢轻易进攻的。如果要来进攻，为什么迟迟不动呢？这正说明他们惧怕，担心有埋伏。李广接着命令部下，千万不要快步跑，要徐徐向前进发。

到了离敌阵仅二里地的地方，李广下令："大家都下马，把马鞍也卸下来！"有个骑兵问："敌军人数是我们的数十倍，又离我们这么近，一个冲锋便到我们面前，这太危险了。"李广说："敌人开始以为我们准备撤走，现在看到我们卸下马鞍，他们就更相信我们确是诱敌的骑兵了。”李广的士兵提心吊胆地卸下马鞍，躺在草地上休息，看着战马在一旁悠闲地吃草。

这时，有个骑白马的匈奴将领，出阵来检查他的部下。李广飞身上马，率领十几个骑兵，向那个匈奴将领冲去。李广一箭射死了他，然后又回到队伍中，卸下马鞍继续休息。匈奴部将见此情形，更加恐慌，料定李广胸有成竹，附近定有伏兵。天色渐渐暗了下来，李广的人马仍无动静。匈奴部将担心遭到汉朝大军的突然袭击，便悄悄撤走了。

第二天天刚亮，李广见敌军已不见影踪，这才率队返回军营。

死诸葛吓走司马懿

三国时，刘备三顾茅庐，请出了卧龙诸葛亮。此后，诸葛亮尽心竭力，辅佐刘备成就了王霸之业。刘备白帝城托孤之后，诸葛亮继续辅佐后主刘禅。

为了报答刘备的知遇之恩，诸葛亮希望能在有生之年收复中原，所以几次与曹魏开战，怎奈魏国国富民强，兵多将广，加上对手司马懿深通兵法，又谨慎小心，后来一直坚守不出，诸葛亮六出祁山均未能成功。

诸葛亮身为丞相，又受命托孤，平日事无巨细均要亲自过问，饭量越来越小，身体也每况愈下。司马懿正是料定了这一点，才有意拒不出战。

事情也真如司马懿所预料的那样，第六次北伐时，诸葛亮因为积劳成疾，在五丈原病倒了，他知道自己将不久于人世，于是将平生所学传给了晚年所收的弟子姜维。

这一天，诸葛亮强支病体，最后一次巡视各营，回到帐中，他招来众人安排后事，将军国大事托付于费祎、蒋琬等人，又交代了其他大小事务，最后吩咐杨仪负责撤退事宜，并对他言道："我死之后，不可发丧。你派人制作一个大龛，将我的尸体坐于龛中，在我口中放上七粒米，在脚下点燃明灯一盏。军中不可举哀发丧，一切安静如常。司马懿心中必然惊疑，不敢前来劫营。撤退时可令后军先退，然后一营一营缓缓而退。如果司马懿领兵来追，可布成阵势，回旗返鼓。等他来到阵前时，就将我先前所雕的木像安放在车上，推到两军阵前，令军中大小将士分列左右。司马懿见到后，必然大惊而走。”杨仪领命而去。

建兴十二年八月二十三日，诸葛亮病逝于军中。因为诸葛亮事先做了安排，杨仪和姜维按照他的嘱咐，秘不发丧，对外则严密封锁这一消息，并传令各营缓缓而退，魏延断后。

司马懿本来听说诸葛亮已死，亲自带着两个儿子司马师和司马昭一起领兵追击蜀军。蜀军撤退缓慢，眼见要追上了，正在这时，忽然传来一声炮响，从树影中竖起中军大旗，上书“汉丞相武乡侯诸葛亮”几个大字，姜维等数十员上将簇拥着一辆四轮车现身。

司马懿远远看去，却见车上端坐着面色与平时无异的孔明，顿时大惊失色，觉得自己又中了计，心中叫苦不迭。与此同时，杨仪等人率领部分人马大张旗鼓向魏

军发起进攻。魏军见蜀军军容严整，旗鼓大张，又见诸葛亮稳坐车中，面色如常，便不敢轻举妄动。司马懿素知诸葛亮“诡计多端”，一见蜀军这副架势，立刻如惊弓之鸟，怀疑他

此次退兵也是早已设下的诱敌之计，不知蜀军还有什么花招，立刻拨转马头落荒而逃，一见主帅带头撤退，魏军也跟着一路狂奔。姜维见司马懿退兵，知道机不可失，马上指挥蜀军主力火速撤离，安全转回汉中。

司马懿后来得到消息，才知道他刚一离开，蜀军军营中立刻哀声震天，全营将士尽皆戴孝，诸葛亮是真的已经死了。

第三十三计　反间计

【原文】

疑中之疑[①]。比之自内，不自失也[②]。

【注释】

①疑中之疑：句意为在疑阵中再布疑阵。

②比之自内，不自失也：语出《易经·比》卦。比，卦名，本卦为异卦相叠（坤下坎上）。本卦上卦为坎为相依相赖，故名“比”。比，亲比，亲密相依。本纷六二。《象》辞：“比之自内，不自失也。”

此计运用此象理，是说在布下一重重的疑阵之后，能使来自敌内部的间谍归顺于我。

【译文】

在疑局中再布设一层“迷雾”，顺势利用隐蔽在自己内部的敌人间谍去误传假情报，这样就不会因有内奸而遭受损失。

【解析】

原指使敌人的间谍为我所用，或使敌人获取假情报而有利于我的计策。后指用计谋离间敌人引起内讧。

【事例】

诸葛亮计黜司马懿

三国时期，曹丕之子曹睿即位。顾命大臣司马懿担任骠骑大将军，负责训练监督雍州、凉州等地的兵马。消息传到蜀国，丞相诸葛亮忧心忡忡，他知道司马懿谋略过人，现在统领雍州、凉州等地兵马，等他训练好军队，必定成为蜀中的大患，所以他决定趁早发兵攻打司马懿。参军马谡说："现在丞相刚刚平定南中，军马疲乏，只宜存恤，岂可再次远征？我倒有一计，能使司马懿死于曹睿之手。"诸葛亮问是何计，马谡说："司马懿虽是魏国大臣，但曹睿对他素怀疑忌之心，何不暗地派人前往洛阳、邺城等处散布流言，说司马懿想要谋反，使曹睿心疑，杀死此人呢？"诸葛亮听后，觉得此计甚妙，于是派人前往中原密行反间计。果然，司马懿准备谋反的消息传到曹魏朝廷，曹睿大惊失色。大臣华歆、王朗等人也都说："太祖皇帝（曹操）早就说过，司马懿有'鹰视狼顾'之相，又深明韬略，善晓兵机，且素有大志，不可付以兵权，久必为国家之祸。今日果然应验，可速诛之，以绝后患。”

曹睿听罢，立即下旨，要御驾亲征，讨伐司马懿。唯有中军大将军曹真认为司马懿没有造反之心，并说道：“这一定是蜀、吴奸细所行的反间之计，目的是使我君臣失和，他们便可以乘虚而入。”曹睿听了，犹豫不决。华歆等人奏道：“即使如此，也不可以把兵权交给他，恳请皇上罢了他的官职。”曹睿依言，遂将司马懿削职，令其回乡，改命曹休总督雍、凉兵马。

消息传到蜀中，诸葛亮很高兴，说：“我早有伐魏之心，奈何有司马懿总督雍、凉兵马。今司马懿既遭贬黜，此乃天赐良机。”遂向后主奏上《出师表》，尽起蜀中之师，开始了北伐战争。

第三十四计　苦肉计

【原文】

人不自害，受害必真；假真真假，间以得行[①]。童蒙之吉，顺以巽也[②]。

【注释】

①人不自害，受害为真；假真真假，间以得行：（正常情况下）人不会自我伤害，若他受害必然是真情；（利用这种常理）我则以假作真，以真作假，那么离间计就可实行了。

②童蒙之吉，顺以巽也：语出《易经·蒙》卦（卦名解释见第十四计注）。本卦六五.《象》辞：“童蒙之吉，顺以巽也。”本意是说幼稚蒙昧之人所以吉利，是因为柔顺服从。

本计用此象理，是说用采用这种办法欺骗敌人，就是顺应着他那柔弱的性情达到目的。

【译文】

人们通常不会自我伤害；如果受了伤害，大家就会认为是他人所为。因此，假若我方以假为真，以真为假，就会使敌人信而不疑，这样，我方的计谋就得以实施了。这就像对待天真的孩子，只要顺着其性情逗玩，他就会相信你一样。

【解析】

故意毁伤身体以骗取对方信任，从而进行反间的计谋。

【事例】

周瑜打黄盖

三国时期，周瑜和黄盖之所以要上演“苦肉计”，就是为了要博取曹操的信任。赤壁大战前，周瑜与诸葛亮商定了火烧曹军的作战计划。而这个计划要想顺利实施，就需要一个在东吴有一定军事影响力的人以投降为名，引着装满草垛的船队接近曹营。

周瑜想到了老将黄盖。这天，周瑜故意对黄盖说：“现在尚无人自愿去曹营诈降，我该怎么办呢？”黄盖一听，马上毛遂自荐：“我愿前往。”周瑜说：“如果这样的话，只得让老将军受些苦，否则曹操怎能相信你？”黄盖说：“我受东吴大恩，无以为报，即使肝脑涂地，亦无怨言。”于是，周瑜与黄盖商定了“苦肉计”。

第二天，周瑜对众将说：“曹操有百万大军，看来破曹非一日之功。你们每人先领三个月的粮草，准备长期御敌。”话音刚落，黄盖大声嚷道："不要说三个月，就是三十个月也破不了曹操，依我看，还是依张昭所言，向曹操投降罢了！"周瑜大怒："吴侯有令，再敢说降曹者必斩。今日你说出此话，扰乱军心，定斩不饶。"众将见状不妙，忙跪下苦苦求情。周瑜免了黄盖的死罪，打了黄盖五十军棍。黄盖被打得皮开肉绽，鲜血直流，几次昏死过去。

黄盖回到营帐，一连数日卧床不起。好友阚泽看出了其中的奥秘，愿替黄盖去送降书。曹操看了阚泽送来的降书也有些怀疑，由于阚泽机智应付，没有露丝毫马脚，加上刚得到探子送来的黄盖被打的情报，曹操才信以为真。

到了约定的日子，黄盖率几十艘大船，张满风帆，直驶北岸。接近曹军兵船时，黄盖令士兵们放火。曹军兵船因被铁链锁在一起，无法分散，顷刻间被大火烧成灰烬。

王佐断臂

1128年，金兵南侵。金国以四太子兀术为统帅率兵南侵。金兵渡过长江，南宋派岳飞领兵抵挡，两军在朱仙镇拉开阵势，准备决战。

兀术有个义子名叫陆文龙，他武艺超群，率先上阵进攻宋军，好几位宋将都败在他手下，如此劲敌让岳飞头疼不已。无奈，岳飞只好挂出免战牌，思谋新计。

岳飞手下有位部将名叫王佐，原是杨幺部下，自从来到岳飞营中，自觉没什么建树。他见岳飞为抗金之事日夜忧心，苦苦思索退敌良策，便想为其分忧解难。这天晚上，他突然来到岳飞帐中，禀报说他有破敌之策。岳飞大喜，忙问他是什么计策。王佐说："十三年前，金兵攻陷潞州，陆登和夫人双双自尽，兀术感怀一门忠烈，见陆文龙还在襁褓之中，不忍下手杀害，便把他和乳娘带到金国，把他抚养成人。在下愿去金营说服陆文龙来降。"岳飞一听，非常高兴，但转念一想，王佐打入金营实非易事，不禁犯难起来。王佐看出岳飞的意思，便说道："这个在下早已有计了。"说罢抽出剑来，便要作势砍自己的右臂。岳飞赶忙来制止，已经来不及了，王佐忍着剧痛，附在岳飞耳边说了一番打入金营的办法，岳飞听罢感动得热泪盈眶。

随后，王佐来到金营，要求见兀术。金兵带他来见兀术，王佐痛哭流涕，对兀术说："在下好意劝岳飞识时务，不要跟强大的金国对抗，尽快休兵与金讲和，没想到激怒了岳飞，被岳飞骂为卖国贼，并斩下我的右臂，还让我来金营报信：即日便来生擒兀术，直捣黄龙，踏平金国。"王佐说罢，声泪俱下，表示愿意归顺金朝，还把血肉模糊的断臂给兀术看。兀术看到后，很同情王佐，安慰他一番，封王佐为"苦人儿"。见王佐已不能出阵打仗，就把他留在军营内，需要了解宋营将士情况时便找他来问。

王佐本是儒将，饱读诗书，金兵们最爱向他打听中原历史故事，再加上对他的遭遇深表同情，所以金兵们都对他很友善。

一日，王佐来到陆文龙的帐前，见一老年妇人身着汉人服饰，在帐外晒衣服。王佐看左右没人注意，便上前搭话，果然是陆文龙乳母。乳母把他请入帐中，询问宋国情形，谈话间不时流露出对宋朝的思念之情。王佐见她情真意切，趁机问她日后有什么打算。妇人见王佐是汉人，也不避讳，表示出南归之意。王佐当下表明了自己的身份，陆文龙的乳母非常高兴，两人便商量着游说陆文龙的办法。

于是，在陆文龙乳娘安排下，王佐常去陆文龙营中给陆文龙讲历史故事。陆文龙当时才十六岁，稚气未脱，非常喜欢听王佐讲故事。这天，王佐带去一幅画，说要为陆文龙讲一个精彩的故事。说着，王佐取出自画的“陆登尽忠报国图”让陆文龙来看，只见上面画着一座官衙大堂，一位金将坐在堂上，堂前躺着一位宋将和一位妇人，皆已身首异处。旁边站着一位妇人在抹眼泪，怀里还抱着个孩子。王佐给他讲了金兵血洗潞州，逼死陆登夫妇，抢走其幼子陆文龙的故事。陆文龙感到非常奇怪，问：“那小孩怎么与我同名？”王佐痛心地说：“那小孩就是你。画上的那位抱小孩的妇人，就是你乳娘。”陆文龙半信半疑，这时，乳娘从帐后出来，哭着讲述了当时的经过。陆文龙听罢，又恨又气，恨兀术杀死父母，气自己全然不晓，认贼作父。

从此，陆文龙不断把金兵的动向和军情通报给岳飞。后来，在王佐的安排下，陆文龙和他的乳母乘机投奔岳飞去了。

要离刺杀庆忌

春秋末年，吴国发生了一场动乱，在这场动乱中，吴王僚被刺身亡，幕后主使者是吴王僚的堂兄公子光。公子光登上王位后自称阖闾。

吴王僚有个儿子叫庆忌，力大无比，武艺超群，能走追奔兽，手接飞鸟，有万夫不当之勇，曾独自一人斩杀水中蛟龙，在吴国号称“第一勇士”。庆忌还是一个智勇双全的将领，善于带兵打仗。

阖闾很担心庆忌为父报仇。当时，庆忌正在卫国扩大势力，暗中招兵买马，妄图为其父报仇。

如何才能除去这个心腹大患，成了阖闾的一块心病。阖闾整日提心吊胆，要大臣伍子胥替他设法除掉庆忌。

伍子胥向阖闾推荐了一个人，名叫要离。阖闾见要离矮小瘦弱，说道：“庆忌人高马大，勇力过人，你如何杀得了他呢？”要离说：“刺杀庆忌，不能靠气力而要靠智慧。只要我能接近他，事情就好办了。”阖闾说庆忌为人猜疑，一向防范很严，常人难以接近。要离听了阖闾的话，说道：“只要大王砍断我的右臂，杀掉我的妻子，这样我就能取信于庆忌。”阖闾不肯答应。要离对阖闾说：“为国亡家，为主残身，是我心甘情愿的。”阖闾还是不忍心，但是后来一想，只要庆忌一日不死，自己就会寝食难安，于是答应了。

不久，吴都忽然流言四起：阖闾弑君篡位，是个无道的昏君。吴王下令追查散布流言的人，知道是要离干的。于是，阖闾下令捉了要离和他的妻子，要离当面大骂昏王，阖闾大怒，挥剑斩断了要离的右臂，逮捕并杀死了他的妻子，当众焚尸扬灰。

这件事很快就在吴国传开了，邻近的国家也都知道了。要离逃到卫国，来到庆忌的军营。为了接近庆忌，要离在军营找了份养马的差事，等待机会。

要离很善于养马，不久就引起了庆忌的注意。庆忌见要离虽然形容瘦小，然而谈吐不凡，觉得他不是个普通人，就问要离说：“我看你也算是有抱负的有识之士，怎么会愿意屈居此处养马呢？”要离望了一眼庆忌，恨恨地说：“我本是吴国人，因与当今吴王有仇，才逃到这里。我的右臂就是吴王砍断的，我发誓，一定要报此仇。我听说大王在此招兵买马准备攻打吴王，所以特来投奔，可惜大王的将军都嫌我瘦小，不愿收我，我只好去养马了。”庆忌听了后，没说什么便离开了。

几天后，庆忌身边的一个人从外面回来，禀报说果然有这回事，要离曾因在吴王宴会上大骂吴王而被砍了右臂，他的妻儿也都被阖闾杀死了。

要离求见庆忌，要庆忌为他报断臂杀妻之仇，庆忌于是将要离调到身边做近侍，常与他谈论如何治军。渐渐地，两人竟越来越投机，庆忌对要离越来越信任重用，视要离为心腹，委任他训练士兵。

吴王听说了这些，又见要离迟迟不行动，怕要离反悔，于是派人送信给要离。要要离刺杀庆忌。

离叫来人带话给吴王，说他要离是重守承诺的人，从没忘记此行的目的，叫吴王放心，之所以至今没动手，是因为时机未到。

眼见庆忌的军队一天天强大，吴王害怕，不断派人催促要离动手，要离都说时机未到。

这一天，庆忌对要离说：“我就要攻打吴国了，你我的仇终于要报了。”要离先是惊愕，随即大喜。

大军驶向吴国，庆忌走水路进军，要离手提短刀站在庆忌的身边。船行驶到江心，忽然刮来一阵强风，战船被风刮得摇晃不定，庆忌随着船体的摇晃也有些坐立不稳，他用宽阔的袖子掩住眼睛。

要离一看时机来了，猛地掏出短刀向庆忌的腹部刺去，动作之猛用力之大以致连刀柄都陷入腹中，刀尖穿出后背。庆忌转过身，一把抓住要离，大声说：“我以诚待你，视你为知己，你怎么还要杀我？”

要离回答说：“之前有几次机会我都可杀你，却一直不忍下手，因为我也把你当朋友。然而我毕竟与吴王有约在先，大丈夫不能言而无信，事到如今我也没有办法，我只能遵守承诺。”

庆忌的属下想把要离碎尸万段，庆忌摇着手说：“天下竟有如此勇士敢行刺我！能杀我庆忌的，也是天下英雄。你我总算是有交情的，我就成全你，你既已完成任务就回去吧。”

庆忌知道自己必死无疑了，于是命众人放了要离，出手抽出刺穿身体的短刀，之后便倒地而亡。

吴王听说庆忌死了，十分高兴，立即派人去接要离，要给他封赏。要离和几个随从返回吴国，途中他突然停了下来，不愿往前走了，随从们问他为什么不往前走。他说：“我为了杀庆忌而搭上我的妻子和孩子们的性命，是不仁义的；庆忌对我不薄，可我为了给新君主效命而杀死了他，是不讲义气的；庆忌死了，我即便得到高官厚禄，还有什么脸面活在这个世上呢？我是个不仁不义的人啊！”说完，一剑砍断了自己的双脚，接着就自刎了。

第三十五计　连环计

【原文】

将多兵众，不可以敌，使其自累，以杀其势。在师中吉，承天宠也[①]。

【注释】

①在师中古，承天变也：语出《易经·师》卦（卦名讲释见前第二十六计注）。本卦九二.《象》辞："在师中吉，承天宠也"是说主帅身在军中指挥，吉利，因为得到上天的宠爱。此计运用此象理，是说将帅巧妙地运用此计，克敌制胜，就如同有上天护佑一样。

【译文】

当敌方兵多将广时，不能够硬拼，要想方设法使其互相制约，以减弱其势力。因此，只要将帅指挥恰当，就会像得到神明的相助一样。

【解析】

本为元杂剧名。剧本写汉末董卓专权，王允设计，先许嫁美女貂蝉与吕布，后又献给董卓，以离间二人，致使吕布杀死董卓。后用以指一个接一个相互关联的计策。

【事例】

开连环计先河的子贡

春秋末期，齐国大夫田常想在齐国作乱，但是他忌惮高、国、鲍、晏四个家族的势力，所以想调动他们的军队攻打鲁国。此时，正周游列国的孔子听到这一消息，心里很忧虑，因为鲁国是自己的祖国，他不想看到祖国灭亡。孔子的弟子子贡看出老师的心意，因此主动请缨，说他有办法解救鲁国的危机。孔子思量再三，终于答应让子贡去试一试。

子贡到了齐国，他见到田常，先向田常表示“伐鲁”不是明智之举。田常听后，自然觉得疑惑，便向子贡询问理由。子贡向他解释说：“忧患来自国内，那就攻打强大的国家；忧患来自外部，那就攻打弱小的国家。现在您的忧患来自国内，即使攻打弱小的鲁国而取胜，也是理所应当，没有什么特殊功劳，对您不但没有利处，反而会令国君疏远您。这样一来，您在齐国就很危险了。所以说不如讨伐吴国，讨伐吴国不能取胜，百姓死在外面，大臣势力空虚，这样齐国就很容易掌握在您的手中了。”

田常听罢，非常高兴，便让子贡出使吴国，让他说服吴王夫差救助鲁国而讨伐齐国。

子贡来到吴国，见到夫差，说齐国将要讨伐鲁国，这对吴国建立霸业很不利，因此建议夫差率兵援救鲁国。夫差对子贡的建议很感兴趣，但是他也有自己的难处，那就是与吴国临近的越国一直是自己的心头大患，他担心越国会趁机攻打吴国。子贡了解到他的忧虑，便对他说道：“越国的国力超不过鲁国，吴国的强大超不过齐国，大王舍弃齐国而攻打越国，到时齐国就已经平定鲁国了。况且仁义的人不使别人处于困境，现在大王保全越国向诸侯展示吴国的仁德，救助鲁国讨伐齐国，向晋国施压，诸侯一定争相来到吴国朝见您，这样霸业就会成功。”为了彻底打消夫差的顾虑，子贡表示愿意去越国说服越王勾践率军追随夫差北伐，到时就不必担心越国趁吴国内部空虚而进行偷袭了。吴王听了很高兴，就派子贡到越国去。

来到越国后，越王亲自打扫道路，到郊外迎接子贡，然后又驾着马车载子贡到达接待外宾的馆舍。子贡见勾践态度恭敬，便向他说明来意，建议勾践派出一支军队随吴国北伐，并说："倘若大王派兵辅佐吴王以迎合他的志向，拿贵重的宝物以讨他的欢心，他一定会去讨伐齐国的。倘若他不能取胜，这正是您的福祉啊。倘若能够取胜，一定会出兵到达晋国，到时我请求向北拜见晋君，让他联合您一起攻打吴国，削弱吴国一定会成功的。"勾践对子贡的建议很赞赏，同意了子贡的请求。

说服越王勾践成功后，子贡返回吴国，见到吴王夫差，说越王已经答应追随吴国出兵伐齐。夫差心里很得意，便决定出师伐齐。子贡离开了吴国，抄近路来到晋国，对晋君说："我听说，计谋不率先制定好就不能应付突然发生的事情，兵士不率先准备好就不能战胜敌人。现在齐国将要和吴国交战，倘若它不能取胜，越国叛乱是一定的；倘若与齐国交战能取胜，必定会发兵到晋国。"晋君很害怕，说："这该怎么办？"子贡说："铸造兵器，休养军队，伺机消灭吴军。"晋君答应了。不久，吴国的军队与齐国军队在艾陵展开一场大战，齐军大败，吴军活捉了齐军的七员大将，并一鼓作气攻到了晋国。

吴、晋两国军队在黄池相遇了，吴王因打了胜仗并不把晋军放在眼里，而晋君听从了子贡的劝告，早已做好了战斗的准备，两军一阵厮杀，晋军越战越勇，吴军吃了败仗。

越王听到吴军被打败的消息，马上带领部队渡江进攻吴国。

夫差听到勾践偷袭吴国的消息，急忙率领残部返回吴国。在五湖正遇上进犯的越军，接连交战三次，吴军都失败了。几年后，吴国为越国所灭。越国也因此成为春秋末期的霸主。

子贡一次出使，本意在保全鲁国，却由此引起一串连锁反应：鲁国平安无事，齐国却遭战乱之苦，吴国灭亡，晋国日益强大，越国成为霸主。子贡所施的连环计，在十年之内使五个国家的命运发生了大的转变。

张仪对楚国施连环计

张仪做了秦国的相国后，为了破坏六国的合纵联盟，施用一连串的外交手段，导致了六国之间相互争斗，合纵同盟最终瓦解。

战国中后期，齐国成为东方的强国，它先后打败了赵国和魏国，并与楚国结成联盟，两国曾联合打败过秦国，夺得了曲沃这块地方。因此，齐楚联盟成了秦国的心腹之患。

《屈原列传》记载，屈原被免官后，秦国想进攻齐国，齐国便与楚国联合抗秦。秦惠王想拆散齐楚联盟，便问张仪有什么对策，张仪说："齐、楚之所以结成联盟，是因为它们之间有利害关系，臣愿凭三寸不烂之舌，亲自到楚国走一趟，必能使楚国和齐国绝交。"于是秦惠王便派张仪到楚国去。

楚国有个嬖臣名叫靳尚，楚怀王对他言听计从。张仪到了楚国后，先重金贿赂靳尚，通过他的引见，张仪见到了楚怀王。

楚怀王一向惧怕秦国，没想到秦王会主动派使者前来修好，因此感到惊讶。楚怀王向来仰慕张仪的才能，很高兴地接待了他。见到楚怀王，张仪直截了当地说："臣此次是奉秦王之命，想与贵国缔结联盟，大家罢兵息争，和平共处！"楚王说："秦国屡次侵犯我国，这怎么能结盟呢？"张仪说："秦王早就想和楚国联合，这次派我前来，就是要和贵国修好。但是很可惜，我还是来迟了。"

楚怀王不禁一愣，不知张仪所说的是什么意思。张仪道：

“大王不是已经和齐王结成同盟了吗？很明显，齐楚联盟是用来对付秦国的。”楚王沉吟半晌，说：“楚国和齐国结成同盟，是为了防范被人攻打而已。”张仪说：“齐王一向野心勃勃，总想与秦王一争高下。他与楚国结盟，无非是想利用楚国而已。你想，一旦秦、楚两国交战，齐国会不惜损兵折将前来救援吗？齐王巴不得秦、楚两败俱伤，到那时候楚国的处境会怎样呢？”张仪见楚怀王面有难色，继续说道：“秦王早就有了与楚国和好的打算，不过他最不满意的就是齐王，贵国又与齐国结盟，所以不便和大王结交。如果楚国真能同齐国断绝外交关系，秦国愿意给大王献上商於一带六百里的土地。这样一来，齐国没有大王的支持，马上就会衰弱下来，楚国既可以和秦国结交，暗中又得了商於的土地，为大王的利益着想，正是一举三得，又何乐而不为呢？”楚怀王一心想得到商於一带的土地，就相信了张仪，不但把楚国相印交给张仪，还派人立即去齐国，断绝与楚国的联盟关系。之后，楚怀王又派逢丑父跟张仪入秦地。一路上，张仪和逢丑父饮酒谈心，亲如弟兄。到了咸阳后，张仪假装喝醉，从车上跌落下来，左右慌忙扶他去就医。张仪嘱咐逄丑父暂时住在馆驿，待自己伤好了再去朝见秦王。

张仪回家躲了起来，闭门谢客。过了一段时间，逄丑父求见他，但是张仪说自己的腿还没有好，不能带他去见秦王。就这样等了一天又一天，三个月过去了，一点消息也没有。

楚怀王听到消息，以为秦王嫌楚与齐断绝关系不够坚决，便挑选了一位强悍的勇士，手持楚国符节，匆匆赶赴齐国去辱骂齐王。齐王见楚怀王背信弃义，而且派人骂上门来，不禁大怒，因此一面与楚国绝交，一面派人入秦，希望联合秦国攻打楚国。

张仪得知齐国使者到了咸阳，知道目的已经达到，便开始出门活动。张仪在宫门外遇上逄丑父，故作惊讶地问他怎么还没回去。逄丑父说还没有得到秦国的土地，无法回楚国交差。

张仪说道："这件事我自己就可以做主，不必求见秦王，现在就答应把我的封地六里献给楚王。"

逄丑父闻之愕然，据理力争道："我奉楚王之命，来接收商於六百里地方，怎么现在变成奉邑六里了呢？"张仪说道：

“楚王一定听错了，我说的是六里不是六百里。”

逢丑父知道中了张仪的计，只得匆赶回楚国去报告楚王。楚怀王怒不可遏，非要向秦国报复，于是下令攻打秦国，结果在丹阳遭到齐、秦联军的伏击，损失八万大军，秦国还趁机夺取了丹阳、汉中等地。

这样，凭着三寸不烂之舌，张仪运用连环计，成功瓦解了齐、楚联盟，并且使两国互相残杀。

齐、楚反目成仇，楚国元气大伤，更助长了秦国征服天下的勃勃雄心。

侯嬴施连环计退秦军

公元前258年，秦国在长平大败赵军后，接着进兵围攻邯郸。赵惠文王急忙向魏国请求增援。

魏王派将军晋鄙率领十万大军去解救赵国。秦王得到消息后，立即派使者去魏国，恐吓魏王说，如果魏国敢援救赵国，秦国就发兵攻打魏国。

魏王慑于秦国的威胁，马上派人去阻止晋鄙，把军队驻扎在邺地，名义上是救赵，其实是左右摇摆，从旁观望。魏公子无忌多次请求魏王营救赵国，并让自己的宾客和能言善辩之士不停地劝说魏王。魏王畏惧秦国，终究不听无忌的话。无忌于是请求宾客凑够车马一百辆，打算率领宾客一起去迎击秦军，和赵国共存亡。

无忌一行路过夷门时，他的宾客侯嬴站在那里，无忌告诉他打算以死抵抗秦军的情况。侯嬴说道："公子好好努力吧，老臣不能跟随您了。"无忌听着心里不痛快，觉得侯嬴太不顾情义。后来走在半道上，无忌心里想："我用来对待侯嬴的礼数已经很周到了，天下没有人不知道，现在我将要死去，而侯嬴没有一言半语送给我，我难道有什么过失吗？"又调车回去，询问侯嬴。

侯嬴见无忌返回来，便笑着说道："我本来就知道公子要回来的。"又说："公子喜欢士，这天下人人皆知。现在遇上大难，而您准备和秦军拼命，这就好比把肉扔给饥饿的老虎，又能有什么功效呢？那还养这些宾客有什么用呢？然而公子对待我很是优厚，公子前去而我没有送行，这是因为我知道您怨恨我，又会返回的。”

无忌这才知道侯嬴并非不顾情义，而是使出了一招“欲擒故纵”之计，于是赶紧向他请教对策。侯嬴避开旁人，悄悄地向无忌建议说，可以借助魏王宠妃如姬偷出指挥军队的虎符，然后夺了晋鄙的兵权，到时就可以援救魏国了。无忌听从侯嬴的计谋，请如姬帮忙。无忌曾对如姬有恩，如姬爽快地答应了，果然偷到晋鄙的兵符交给无忌。

无忌拿到兵符后，侯嬴又说道：“公子即便合了兵符，但晋鄙倘若不交给公子兵权，那么情就会很危险了。我的朋友朱亥是个大力士，可以和您一起去。晋鄙要是听从您，那最好不过；要是不听的话，可以让朱亥杀了他。”到达邺地的魏军军营后，无忌假托魏王的命令代替晋鄙。晋鄙心里有所怀疑，打算不听命令。

朱亥便从袖子中投掷出四十斤重的铁锥，击杀了晋鄙。无忌就统率晋鄙的军队，整饬兵士，从中选出八万士兵，进兵攻打秦军。秦军见魏国大军杀来，不敢交战，于是撤走了。这样，邯郸之围解除了，赵国也得以保全。

侯嬴先用欲擒故纵计打消无忌率宾客抗秦的念头，继而巧借如姬的力量偷出兵符，继而以朱亥杀死晋鄙，使无忌取代晋鄙指挥魏军，终于击退了秦军，解除了邯郸的困境。

刘锜奇计败兀术

1140年，刘锜被任命为东京（今河南开封）副留守，他率军三万前往东京，以伺机牵制金兵，防止金兵南下。

当大军行进到顺昌（今安徽阜阳）时，刘锜得到消息，说东京已被金兵占领，而且金兵正向南进发。刘锜听罢，决定在顺昌固守，以抵御南下的金兵。

为了能有效地牵制金兵，刘锜下令，日夜赶制防御器械，加固城墙，并在城墙上增修躲避箭矢的工事。

工事修好后，金兵便气势汹汹地扑了过来。刘锜让属下大开城门，以迷惑金兵。果然，敌兵担心中宋军的埋伏，只是远远放箭，不敢冲杀过来。宋兵的避箭工事此时派上了用场，兵士都伏在城墙内侧，从洞口射箭，金兵伤亡惨重。

金兵本想一鼓作气夺下顺昌，却遭到宋军的顽强阻击。双方僵持一阵，金兵始终无法攻克顺昌，只得向后撤退，寻机再作打算。刘锜见金兵撤走，趁势率部冲杀出去，打得金兵狼狈逃窜。

金兵退守至离顺昌城二十里远的地方，扎下营寨，试图重新组织攻城。刘锜出其不意，趁金兵还没准备好，命令部将阎充率领五百名勇士，偷偷摸进了金兵大营。金兵见到宋军，大吃一惊，以为宋军从天而降，更加溃不成军。金兵只得再后退三十里扎营。第二夜，刘锜从军中挑出百余人，每人都身穿黑衣，并随身携带一支竹制的哨子。这时，天降大雨，雷鸣电闪，宋军勇士趁机猛砍金兵，同时吹响哨子，随后又伏下不动。金兵以为袭营的是“怪物”，吓得抱头鼠窜，相互踩踏，死伤无数。金军主将见此情况，又下令向后撤退五十里。

金兵在顺昌遇阻，主帅兀术听说后，亲自率领十几万大军，火速从东京赶来增援。这时，兀术收到一封刘锜送来的信件，信上说：“听说完颜大帅（兀术）亲自前来，在下想与大帅进行决战。不知大帅是否有胆量渡过颍水与我军决战？如果有这个胆量，我将在颍水上架五座浮桥来迎接你。”

兀术看完信，顿时气得火冒三丈，即刻率主力杀到颍水边。他放眼一看，果然颍水上架着五座浮桥。兀术见状，立即挥军从浮桥上杀过颍水，结果金兵连人带马都掉到颍水中。

这时，刘频让手下备足水、粮，乘金兵人仰马翻的机会杀了过来，专攻金兵防守薄弱的地方，之后又隐蔽起来。等金兵疲惫不堪时，再以小股突袭。兀术找不到宋军主力，己方又陷入被动局面，于是只好撤兵了。

第三十六计 走为上计

【原文】

全师避敌[①]。左次无咎，未失常也[②]

【注释】

①全师避敌：全军退却，避开强敌。

②左次无咎：未失常也：语出《易经·师》卦（卦名解释见前二十六计注）。本卦六四．《象》辞："左次无咎，未失常也。"是说军队在左边扎营，没有危险，（因为扎营或左边或右边，要依时情而定）并没有违背行军常道。

【译文】

在面临强大的对手时，要进行有计划、有目的的退却。退却待机就不会遭受祸患，也没有违反正常的用兵法则。

【解析】

指战争中看到形势对自己极为不利时就逃走。现多用于做事时如果形势不利没有成功的希望时就选择退却、逃避的态度。

【事例】

范蠡功成身退累万金家产

范蠡，字少伯，楚国宛人。他出身贫寒，但是勤奋好学，又富有文韬武略，是个很有抱负的人。由于他在楚国不得志，所以转而投奔了越国。范蠡在辅佐越王勾践期间，身经劳苦，勤奋努力，帮助勾践治理越国二十二年，终于灭掉了吴国，雪洗了勾践当年在会稽所受的耻辱。以后，他又向北进兵，渡过淮河，紧逼齐国和晋国，进而向中原各国发号施令，尊奉周王室。勾践实现霸业以后，范蠡号称上将军。

范蠡功勋卓著，不过，正是由于他与勾践相处的时间很长，所以才十分了解勾践的为人，知道其可以共患难，但难以共处安乐。而范蠡知道自己名气大了，难以久留，如果不急流勇退，后果不堪设想。所以，在越国处于最强盛的时候，范蠡向勾践递交了一份辞职信，信上说："我听说主上心忧，臣子就该劳累分忧；主上受侮辱，臣子就该赴死难。从前君王在会稽受侮辱，我所以没有死，是为了报仇雪耻。现在已经报仇雪耻，我请求追究使君王受会稽之辱的罪过。”勾践看到范蠡的信，非常生气，立即把他找来，沉着脸说道：“我要把越国的江山分给你一半，让我们共同享有。不然的话，就要惩罚你。”范蠡知道，勾践所说的话前一句并非真心，但后一句倒是实意，对此他早有准备，便从容地向勾践说道：“君主执行自己的命令，臣子实践自己的意愿。”

回到家后，范蠡就打点包装了细软珍贵珠玉，与私属随从乘船从海道走了，以后再也没有回到越国。范蠡走后，勾践曾让工匠铸了一尊铜像，放在自己的座位旁边；另外，他还把会稽山作为范蠡的奉邑，以表示对他的怀念之情。两百多年后，司马迁在谈到有些人“知进而不知退，久乘富贵，祸积为祟”时，还以范蠡的事迹与这些人做比较，认为范蠡功成身退，名传后世，这是很难达到的境界。

离开越国之后，范蠡经由海路来到齐国，改名换姓，自称“鸱夷子皮”。

后来，范蠡一家在齐国的海滨定居下来，他们吃苦耐劳，勤奋努力，治理的产业颇为丰厚。

住了没多久，范蠡就累计了数十万的财产。齐国人听说他有才能，就让他做了相国。范蠡叹息说："住在家里能弄到千金财产，做官做到卿相，一个普通人能这样，也就达到顶点了。长期享受尊贵的名号，是不吉利的。"于是归还了相国的印信，全部发散他的家财，分给知的好友和乡亲们，带着贵重的财宝，悄悄地离开，到陶地住了下来。他认为这里是天下的中心，交易买卖，和各地相通，做生意可以致富。于是他自称为"陶朱公"。又规定父子耕田畜牧，囤积储存，等候时机，转卖货物，追求十分之一的利润。待了不久，范蠡就积累了万万的家产。

黄巢避实就虚的流动作战

公元875年，为响应王仙芝的起义，黄巢揭竿而起，一下子就募集到数千人马。一开始，黄巢义军还活动在曹（今山东曹县）、淄（今山东郸城东北）一带，其队伍很快就由最初的几千人发展到数万人。为镇压起义军，唐政府命令淮南、忠武、宣武、义成、天平等五节度使自三个方向对起义军进行合围，试图一鼓作气将义军全部消灭。

为了应对强大的敌人，起义军采取了流动作战，即“打得赢就打，打不赢就走”的办法。他们没有固守曹、淄等地，而是根据“避实就虚”的原则，在唐军还未完成包围以前，就主动向唐军防御比较松懈的地方转移，攻打位置偏远、守备薄弱的沂州（今鲁南和苏北一带），使唐军在曹、淄等地疲于奔命，挫败了唐军的第一次围剿。

公元876年，黄巢率领义军从沂水直插河南，连克阳翟（今河南禹县）、郊城（今河南部县），又在九月攻克汝州（今河南临汝），严重威胁唐朝东都洛阳。

唐僖宗急了，忙调忠武、昭义、义成、那宁、凤翔等节度使，一面围剿义军，一面增强洛阳及关、陕地区的防御力量。由于唐政府在中原地区集结了大批兵力，起义军采取了迂回作战的策略。他们利用藩镇割据的特点，在长江中下游及淮南一带活动。在南面，他们先后攻克郢、复、随、安等州，在东面，他们又占据了庐、寿等地。唐的地方州官为保存自己实力，对起义军采取观望态度，为黄巢等人扩展势力创造了条件。起义军只用了短短两三个月的时间就纵横千里，歼灭了唐军大量有生力量。

在被唐军重兵包围的不利形势下，起义军十分有必要不断进行战略转移。走着打可以帮助起义军保存实力、寻找克敌契机，事半而功倍。

从表面上看，走是被迫的，但站在战术的角度，走又是主动的，和“打”紧密地结合在了一起。黄巢的思路非常明确——避开敌人锋芒，但不放过任何一个主动进攻的时机——不死守，不攻坚，避实就虚，钻隙走险。

楚国伐庸

公元前611年，楚国向庸国发起进攻，不料第一场仗就以楚军的失利而告终，楚将杨窗被俘，楚军的士气也受到了影响。然而，这场败仗却给楚将师叔以启发：庸国大军因首战告捷洋洋自得，楚军大可利用这点反败为胜——多打几次败仗，以迷惑庸国，让其误以为楚军不堪一击，进而对楚军掉以轻心。师叔马上制定好作战方案。等到楚军和庸军交战时，两军才打了一会儿，师叔就率着楚军撤退，故意给庸军留下楚军畏战、实力不济的假象。考虑到楚军打一两次败仗还不足以麻痹庸军，师叔又决定带着楚军多败几次。于是，此后每每和庸军交战，楚军都特地做出一副狼狈相，一打就退，仓皇逃跑。楚军一连撤了七次，败了七次。

起初，庸军还将楚军当作不容小觑的敌人，但眼见楚军一败再败，很快就不把楚军放在眼里，认为无须费什么心思，就能将楚军打得一败涂地。骄傲的情绪在庸军之中迅速地弥漫开来，其斗志日益衰落，戒备也一天比一天松懈。庸军没有注意到，自己正一步步地落入楚军的陷阱。

师叔悄悄地观察着庸军心理的变化。与此同时，为了给庸军致命一击，楚国还派人暗地里和秦国搭上了联系，说服秦国和自己联手共同攻打庸国。庸国位于秦、楚之间，一想到拿下庸国对自己十分有利，秦国就爽快地答应了。

楚庄王亲自率领大军奔赴前线支援师叔，他将楚军分为两路以方便对庸国的都城进行夹击。决战的时刻终于到来，庸军尚不知大难临头，他们匆忙地准备战事，当发现情形不对的时候，已经太迟了。这次楚军一上阵，一改以前的颓势，其战斗力也远远超过了庸军的预期，再加上秦国的帮忙，庸军被杀得落花流水，被迫向后撤退。然而，此时庸军的退路早已被楚军截断，大部分士兵都成了楚军的俘虏。

庸军的大败直接导致了庸国的灭亡。而在“灭庸”的过程中，师叔的“走为上”策略发挥了至关重要的作用，正是通过它，楚军成功地麻痹了敌人，诱导敌人犯下“轻敌之误”，为最终的胜利创造了条件。

现实案例

巧施美人计

“借”是一种策略，但更是一种高深的智慧。“借”字所含意义极为广泛，它可以是“借力”“借智”等多个方面。当自身条件不足时，不妨借用一下别人的力量，以最小的成本做成最大的“买卖”，使自己的梦想实现。这就是善借外力，出奇制胜的智慧。

在现代商业活动中，美人计已被广泛使用，在许多电视、街头广告、商品包装上，都会出现美女的头像或全身像。在施用美人计的时候，关键是要迎合消费者的爱美心理或感官刺激，这样就可以取得理想的效果。

1993年，几位闯深圳的年轻人推出了“太太口服液”。口服液在当时市场上已经有近三百个品种，仅深圳就有五六十种。在众多的商家中，想要赢得人们的好感，首要的是营销术。而营销术中，最重要的是广告术。

太太口服液广告语有“三个太太两个黄”“三个太太一

个虚”“三个太太三个喜”，这样，一下就抓住了太太们的心理，激起了她们对“太太口服液”的强烈好奇心。

太太口服液在国贸大厦灯箱上，一改以往国内广告语的宣告式或询问式语言，以一种轻松、幽默的平常口语甚至双关语，导出了一系列引人注目的话题，如“太太脸上有难，也写在了丈夫脸上”“拥有‘太太’，你可能一夜成富翁”，等等。

他们在灯箱外包上一块黄布，上面写着“里面有一个太太”“里面有两个太太”“里面有三个太太”，背后写着巨大的“猜”字。这种方式吸引了很多进出大厦的人。他们还在人流如潮的地方，拉出长180米、宽1.2米的巨大布幅，写着“太太留名”，成千上万人在布幅上写了名字。一连串的广告活动，使太太在人们的记忆中更深刻了。

太太的决策者们在广告的时间、媒体发布上也有自己的见地。在电视媒体上，他们选择了中央电视台黄金时间。太太公司邀请了著名歌星帮助塑造系列电视广告形象，“挚情长真，永驻我心”的广告词与动人的画面，较强的故事性，加上名人效应，很快赢得了消费者的喜爱，从而扩大了太太口服液的知名度。

此外，太太公司还注重从包装上进行创新，推出“九五新装样式”以满足消费者求新的心理。

就这样，通过各种媒体广告的配合，太太成了家喻户晓的品牌，深深地印入了人们的心中。

有的企业在创业时拼命打广告，等到销售情况渐好时就撤广告，太太口服液不这样，当销售迅速上升时，太太公司照样坚持做广告，从而加深公众对太太的印象。时间一长，就形成一种消费气候，在许多家庭，丈夫买太太送给妻子，已成为一种时尚。

在这则案例中，太太口服液在做广告的时候，一是通过直观的美女形象赢得消费者的青睐，一是在设计广告词时抓住男性消费者的心理，成功施展“美人计”，所以能在竞争日益激烈的口服液市场中长久不衰。

招聘广告背后的目的

商业活动中，经营者为牟取更高的利润，常常通过利诱的方式，套取有价值的情报。

1971年的一天，法国巴黎的一些报纸登出了一则醒目的招聘广告：本公司将在欧洲开设分公司，拟招聘八名高级化学工程师，报酬优厚，应聘者从速。

这则广告的登出者是一个美国人。登出广告的时间恰恰是法国的一家化工厂即将研制成功一种新型洗涤剂的时候。

法国的许多化工专家为这则诱人的广告所动，纷纷前往报名。经查阅应聘者名单，这位美国人惊喜地发现其中竟有八人参加了法国那家化工厂新型洗涤剂的研制工作。他以应聘者众多，需要一个一个认真面试为由，分别同他们会面。这些化工专家为了博得美国人的赏识，充分显示了自己的才能和知识，把自己掌握的技术情报和盘托出。经过面试，这位美国人从他们的口中套出了新型洗涤剂的部分配方和制造方法，然后，他再把得来的信息进行分析，轻而易举地获得了新型洗涤剂的配方和生产流程。

面试过后，应试者天天盼望着那位美国人寄来一纸应聘文书，然而他们做梦也不会想到，招聘者早已偷偷地溜回了美国。

不久，这种新型洗涤剂便在美国面世，并打入了国际市场。

巧克力间谍大战

在各行各业，利用“商业间谍”窃取行业秘密，已经成为很寻常的事情。

巧克力糖几乎人人爱吃。据说，法兰西第一帝国的皇帝拿破仑也很喜欢吃巧克力，每次出征，他总让随从的副官带上大包大包的巧克力，遇到身体疲乏或者用脑过度时，就往嘴里塞上几块。

墨西哥人很早就掌握了制作巧克力的技术。制造巧克力的主要原料来自可可树。这种树在中美洲和墨西哥南部最多。古时，玛雅人把可可树称为生命之树，每诞生一个孩子，他们便要栽种一棵可可树，以此祝福新生婴儿健康成长。他们认为，可可树果象征着人心，用它制成的食品便是血液，能给人补充精力。

1519年，西班牙骑士列戈以周游列国为名来到墨西哥。墨西哥人很好客，见列戈风度翩翩、态度友善，便热情地招待他。列戈提出想参观当地的加工业，好客的墨西哥人破例答应了他的要求，带他参观了巧克力的生产过程。

可是，墨西哥人怎么也不会想到，这个道貌岸然的“贵客”原来是一个产业间谍。他成了西班牙第一个窃取墨西哥巧克力生产技术的人。他在窃取了巧克力的生产技术后，便偷偷地溜回了西班牙。从此，巧克力的生产就在西班牙开始了，并很快成了西班牙新兴的食品工业。许多西班牙人因生产巧克力而发了财，这引起了欧洲其他国家商人们的垂涎，他们纷纷前往西班牙，想在西班牙“取经”。无奈，西班牙人对巧克力生产技术始终守口如瓶。

翻开世界巧克力食品工业的历史，你就会看到，巧克力食品工业的发展史就是一个用间与反间的商战史。

1606年，意大利人用重金买通关节，窃取了西班牙巧克力的生产秘方，一举打破了西班牙对巧克力生产的垄断。英国的生产商急起仿效，于1763年偷到生产配方，并大胆加以改进，生产出了奶油巧克力，使英国一跃而成为巧克力生产大国。到了1800年，瑞士工业间谍又如法炮制，窃取到巧克力的生产技术，使自己变成了世界闻名的“巧克力王国”。同时，德国的厂商也偷到了巧克力的生产技术，并把巧克力制成糖出售，和瑞士等国展开了竞争。其后，日本也加入了这场巧克力间谍大战之中。

苦肉计盗情报

苦肉计，不仅用于战争之中，还广泛地见于社会生活的各个领域。在现代经商活动中，经营者高调地销毁不合格的产品即在施展苦肉计，他们通过这种办法引起消费者的注意，以便给消费者留下“对待产品质量一丝不苟”的良好印象。他们深知，这样做会让他们树立良好的声誉，而良好的声誉又会帮助他们赚取更多的利益。

20世纪60年代初，日本的汽车工业远远落在美国后面。为了振兴汽车工业，日本想了很多办法，都没有起到明显效果。为此，日本一家汽车公司想出了一个办法，从公司的高级职员中选出一批人才送到美国去学习。木村便是这批学员中的一个。

木村在美国的一家汽车公司学习了一年多，但这家汽车公司对他十分“关照”，根本不让他了解关键技术。眼看着就要回国了，还没有学到想要的东西，木村心里十分着急。

这天，木村接到一份电报，打开一看，是公司发来的。电报上说："如果你（木村）拿不到公司需要的东西，就不要再回日本了，本公司也将不再录用你。"

这份电报对于木村而言简直是晴空霹雳。这天晚上，木村独自一人到酒店喝酒，由于心情沉闷，不知不觉喝醉了。昏昏沉沉之中，他走到街上，突然想到了自杀。他想，在美国这个地方结束自己的生命，也是一个很有意思的事情，反正不成功便成仁，这也没什么不好。

正当他胡思乱想的时候，一辆高级轿车迎面开了过来，木村借着酒劲，一头撞了过去，汽车立刻刹车，可是已经来不及了，车轮从木村的一条腿上压了过去，木村疼得一下子昏了过去。等他醒过来的时候，发现自己躺在医院的病床上。

这时候，有一个美国人走了过来，向他问候。木村看了这位美国人一眼，就再也不理他了。这个美国人告诉他，他是美国一家汽车公司总经理的秘书，是总经理的车撞了他，问他有什么要求。木村没好气地说："没有什么要求，只想快一点死在美国！"秘书听了后，连连劝他，请他不要这样自暴自弃，并对他说："您有什么要求，可以尽管向我提出，总经理说了，只要有可能，会尽量满足您的。”

木村这时候想到了“苦肉计”，这不是机会吗？想到这里，他便对秘书说，自己的一条腿已经没有了，到别处怕是连工作也不好找，能不能给他在公司里找个终身的工作，他可以一直干到退休。

过了几天，秘书来告诉他，总经理说可以为他养老，不必来公司工作。木村一听急了，说：“我不想让别人养，我可以到公司里干清洁工，如果不同意我的意见，那我只有死路一条！”总经理看到木村态度很坚决，只好同意了他的请求。

从此，木村到公司里当清洁工，他工作十分卖力，常常加班加点，全厂每一个角落都被他打扫得干干净净，一些重要的设备车间他也常常去打扫。

开始的时候，有的人对他还不放心，后来一想，这是他的终身工作，像他这样一个残疾人，离开了公司也是无法生活的。

一年之后，木村提出要回国探亲，公司答应了他的请求并为他买了飞机票。临走时，公司派人秘密检查了他的行李，没有发现任何可疑之处。

可是，让这家汽车公司想不到的是，木村回到日本后，从假腿中取出了微型胶卷。

两年之后，大量的日本汽车开始拥入美国，美国汽车公司的总经理想不明白，日本汽车怎么发展得这么快呢？直到有一天，当在谈判桌上看到了日本公司的首席代表木村先生时，这位美国汽车公司的总经理这才恍然大悟，可是已经太晚了。

在这则故事中，木村在身体残废后，宁愿到美国汽车公司里做一名清洁工，其目的就是要盗取汽车生产技术。尽管遭遇车祸是一次意外事故，但是木村借着这个机会，委屈自己到汽车生产车间负责清洁工作，这也是运用了一招苦肉计。

妙用连环计

在委内瑞拉的石油和航运业中，有一位知名度很高的企业家，名叫拉菲尔·图德拉，他巧设连环计，使自己从一个普通的小商贩变成了赫赫有名的大富豪。

20世纪60年代中期，图德拉还是个小商贩。一天，他在报刊上偶然获悉阿根廷打算从国际市场上采购价值2000万美元的丁烷气。这条消息引起了图德拉的注意，他决定前往阿根廷去考察一下，看看是否真有这么回事。

图德拉到了阿根廷，经打探得知，此事千真万确。图德拉不禁为之一振，他开始盘算怎样争取到这笔生意。在当时，作为一个小商贩，他也知道这是一宗大买卖，若以自身的实力和资本去实现这一想法，其难度是非常大的。而且从一般人的角度来看，这是根本不可能的事情。

最关键的是，图德拉从未接触过石油行业，对该行业可谓一窍不通。且这宗生意已有两个非常强大的竞争者：一个是英国石油公司，另一个是壳牌石油公司。在当时，这两个公司在世界石油界已赫赫有名，他们财力雄厚，并且有着丰富的石油经营经验。图德拉想，如果从正面与这两大竞争对手较量，无疑是“以卵击石”。于是，他决定巧借他人之力参与这一买卖的竞争。

图德拉先对阿根廷市场作深入的调查研究，结果发现那里的牛肉过剩，正急于寻找出口的机会。图德拉得知这一信息后突发奇想：如果自己能帮助阿根廷推销过剩的牛肉，就可以创造出让阿根廷购买自己丁烷的条件。

有了这个条件，就找到了与英国石油公司和壳牌石油公司竞争的突破口了。于是，他着手开展对牛肉市场的调查和推销工作。与此同时，他向阿根廷政府承诺说，如果阿根廷向他购买2000万美元的丁烷气，他便向阿根廷订购2000万美元的牛肉。阿根廷政府觉得图德拉的条件优于其他竞争者，于是做出决定，把采购烷气的投标机会给了他。

图德拉在调查中又发现，西班牙有一家制造能力很强的大船厂，该厂由于缺少订单，致使工厂一直处于半停产状态，西班牙政府对此十分关注。图德拉认为这信息又是一个很好的机遇。

于是，他立即飞到西班牙，来到造船厂，找到一位负责人说：“如果你们收购我手中的两千万美元的牛肉，我就在你们的造船厂订购一艘造价2000万美元的超级油轮。”由于西班牙牛肉销量大，造船厂的那位负责人便愉快地接受了他的建议。这样，图德拉把阿根廷的牛肉转手卖给了西班牙。

图德拉在向西班牙推销牛肉时，一直在到处物色购船的客户。最后他找到美国的太阳石油公司，以购买对方2000万美元的甲烷为交换条件，让石油公司租用正在西班牙制造的超级油轮。太阳公司的决策者想，反正自己要租用油轮的，现在他能买自己的产品，这条件是有利的，所以欣然接受了。

图德拉这种经营手法，可以说是“连环计”的活用。就这样，步步连环、一环扣一环的买卖终于做成了。在此之后，图德拉又连续运用了几次这种集推销和经营于一身的策略，屡获成功。他这种“一石三鸟”的办法是一种十分灵活而又严谨的经营活动。对于经营者来说，这个例子具有一定的研究和借鉴价值。当然，要在如此复杂的经营过程中取得成功，除了运用计谋之外，更重要的是必须要有广阔的视野、确切的信息和灵活多变的头脑。

从一个普通的小商贩，经过近20年时间，成为一个拥有十亿美元以上资产的大富豪，图德拉就是这样成功的。

东山再起

从事商业活动，要有止损意识。一旦发现自己所在的行业呈现败象，就要果断调整投资方向，保存财力，以图找到新的生财之路，走向辉煌。

20世纪60年代初，正是日本经济萧条时期。恰在这时，为了扩大生产规模，日立公司投入了大量资金，购买了一批新设备。然而，设备刚买回来，日立就发现这并不是一个明智的选择。经济萧条造成民众购买力的下降，在这个时候扩大生产规模很容易造成产量过剩、产品积压的问题。但是，如果停止投资、暂缓新设备的使用，又意味着之前花在这方面的金钱、精力都要白白浪费。这真是一个艰难的抉择。

在认真地讨论研究后，日立公司决定暂停扩大生产的计划，把资金投放到其他方面，积蓄财力，寻找其他的发展之道。

事实证明，这一决策是正确的。从1962年开始，日本三大电器公司中的东芝和三菱的营业额都有明显下降，但是日立直到1964年还在上升。60年代后半期，日本逐渐摆脱了经济衰退的阴霾，迎来了繁荣发展的时期，日立公司这才放开手脚，大胆投资，由于蓄势已久，底气充足，仅1967年一年日立就投入了102亿日元，到了1968年上半年这个数字一下子长到1220亿。再看效益，在1966至1970年的短短五年里，日立的利润提高了1.8倍。

每个企业的决策者都要有在危急关头不惊不慌，镇定自若的能力，冷静地分析状况，大胆地展望未来，当机立断地“砍掉”阻碍自己发展的东西，比如冗余的部门、鸡肋般的产品、不当的计划，这样才能轻松应对突然变化的形势，转危为安。

走为上

经营企业要知进知退，在面对巨大挑战或身处困境的时候，果断选择“走为上”，方可摆脱困境，求得生机。

1964年的一天，日本松下公司突然宣布停止生产已经开发的大型电子计算机的决定。为了研发大型电子计算机，松下已经花了近五年的时间，投下了十多亿日元。因此，在宣布这件事情之后，公司内外反应十分强烈，如果是因为经营困难，才不得不停止生产，大家还会理解。但现在并不是这样，公司的发展势头正猛，根本不存在人力物力上的困难。在这个时候突然宣布停产，很难让大家接受。一时间，对这个决策，出现了很多反对的声音。

但松下的高层并不为所动，其之所以决定停止研发大型计算机，是因为在当时，大型计算机的市场竞争已相当激烈。包括松下在内，整个日本共有七家生产电子计算机的公司，但是这几个厂家都经营得不太顺利。松下的电子计算机部门几乎年年都出现赤字，只是因为别的部门赚钱才没有拖垮整个公司。松下集团的董事长松下幸之助在反复思量后认为，虽然经营大型计算机还有利可图，可面对激烈的市场竞争，稍有不慎就会损失惨重，到那时再撤退，就来不及了，不如趁现在一切都还顺利，果断采取撤退的策略。

事实上，像西门子、RCA这种世界性的大公司，都陆续从大型计算机的生产领域撤退，美国市场几乎全被IBM独占。有这样一个强而有力的公司独占市场就绰绰有余了，更何况在日本这样一个小市场，富士通、日立等公司都急着抢滩，他们也都投入了相当多的资金，等于赌下了整个公司的命运。在这场竞争中，松下也许会生存下来，也许就此彻底败下阵来。松下权衡再三，终于决定从电子计算机领域撤退。

趁火打劫

乘人之危谋求利益，是“趁火打劫”的一个显著特征。这一计策在商业领域常常用到。

20世纪80年代，德国慕尼黑市有一家生产摩托车的工厂，建厂已有67年的历史了。该厂生产的摩托车曾风靡全欧洲。但是，后来由于日本摩托车低价倾销欧洲市场，使这家摩托车厂受到了极大冲击，再加上经营管理不善，财政出现了极大的困难，不得不宣布破产。因为急于清偿债务，厂家打算卖掉整个工厂。工厂的大部分设备都是当时最先进的，但其售价非常低廉。

天津自行车工业公司得知这一信息后，经过充分的调查，认定这是一个难得的机会，打算出资购买该厂的全部设备。可惜脚步慢了一拍，一位伊朗商人捷足先登。慕尼黑厂家于是回绝了天津自行车工业公司。

然而没过多久，这位伊朗商人因为短时期内筹措不到足够的资金，不得不中止了合同，这对慕尼黑厂家来说无疑是雪上加霜。为了尽快还清债务，他们主动要求与天津自行车工业公司展开谈判。

当时，慕尼黑厂家一方面急于卖掉工厂还债，另一方面则遭遇了第一个购买合同中途告吹的困境，天津公司瞅准了对方的处境，利用他们急于出手的心理，逼迫对方一再压价，最后以500万美元的价格成交。而这个价格比当初伊朗商人所开的价格还要低200万美元。

天津自行车工业公司巧用趁火打劫的策略，不仅购得了国外先进设备，而且为国家节约了大量外汇。

摩根财团与美国政府谈判

1873年，美国爆发了大规模的经济危机，几乎每小时都有企业宣布破产。库克公司是费城一家著名的投资银行，因在南北战争中帮政府出售国库券而名声大噪，库克被认为是投资银行家中最杰出的人物，谁知在这次经济危机中也未能幸免。他的破产在当时的商业界所引起的巨大震动可想而知。不过，后来的事实证明，即便库克能侥幸渡过危机，其力量也早已衰微，根本无力面对约翰·摩根的挑战。

摩根在国内外出售证券的能力堪称举世无双，他与其他几位大银行家联合，于1871年从库克手中夺走了价值两亿美元的国库券，并把其中大部分成功地出售给外国投资者。与之相比，库克在出售他那部分国库券时却并不顺利，这也是导致其破产的原因之一。

在这场经济危机中，摩根公司一跃而成为美国实力最雄厚的投资银行，并控制了美国政府的债券市场，同时还在继续向欧洲抛出优惠证券。而摩根的地位又在1884年的金融危机中进一步得到巩固，一直到1913年去世，他一直是美国投资银行业中最具影响力的人物。

1884年11月的金融危机以来，美国财政部的库存黄金大量外流，市面上掀起了一股抢购黄金的狂潮。与此同时，一个谣言也在华尔街迅速流传开来：美国政府被迫放弃用黄金来支付货币的做法。尽管当时的美国总统格罗弗·克利夫兰亲自出面澄清这并非事实，但是收效甚微，人们仍旧继续抛售美国证券来套购黄金，时间一长，国库几乎到了无力清偿债务的地步。

为了稳定经济形势，制止金库空虚所造成的经济恐慌，必须立即筹集一笔巨额资金。据政府财政当局估计，这笔资金至少要一亿美元。格罗弗·克利夫兰总统一筹莫展，不得不求救于大金融家摩根和贝尔蒙，请他们想办法稳定金融市场。

摩根深知，这股抢购黄金的狂潮，与各地工人为争取八小时工作制所举行的罢工有很大关系，而且政府已经到了无计可施的地步。于是他同贝尔蒙商定了一个计划，由他们两家银行财团组成一个辛迪加（资本主义垄断组织的重要形式之一），承办黄金公债，这样既可以解救财政部的危机，又可以获得高额利润。

当然，摩尔为此提出的附加条件极其苛刻，不仅总统本人难以接受，就连美国国会也拒绝通过这一建议。

然而，强硬的态度往往需要强大的经济实力作为后盾，而当时的美国政府并没有其他办法来缓解危机。无奈之下，总统只得再次将摩根召入白宫，打算和他摊牌。

不过，事情远比总统想象的要棘手得多，因为摩根之前已经通过秘密渠道探知国库存金只剩下900万美元，这让他坚定了趁火打劫逼政府就范的决心。

摩根从头到尾态度都极其顽固，丝毫不肯让步，而且胸有成竹地说："总统先生，据我所知，除了我和罗斯查尔组成辛迪加，让伦敦的黄金重新流回国内之外，似乎再没有第二条路可以确保国库能渡过难关。现在，我手头就有一张总额为1200万美元的黄金支票，而且今天就到期了，如果今天不能将这张支票兑现，那么一切就都完了。是否需要我在这里拍一封电报，然后立刻汇往伦敦呢？”

在摩根近乎赤裸裸的威胁下，克利夫兰总统不得不以去洗手间为名，每隔五分钟就出去与等候在另一室的财政部长卡利史尔商量对策。

摩根清楚地知道，如果不拿出强硬的手段，白宫方面绝不会轻易就范。因此，在面谈中，他单刀直入，步步紧逼，丝毫不给总统喘息的机会，明知道克利夫兰总统讨厌雪茄烟的气味，他却在谈判时故意掏出雪茄吸了起来，神态极为悠闲，仿佛笃定了总统只能按照自己的步骤来，从精神上给对方施加了极大的压力。

结果，总统在走投无路的情况下，不得不答应了摩根提出的条件。当夜，摩根就取出大量美元交给财政部，帮助财政部融通资金，渡过了难关。当然，摩根财团的慷慨正是先予后取的一招——在后来向政府承办公债的过程中，摩根财团利用市场差价，轻轻松松就净赚了1200万美元。

谈判者要想在谈判中达到预期目的，必须真正掌握对方的情况。摩根与总统谈判之所以能大获全胜，就是因为他事先探知国库存款确实已近枯竭，才能放心大胆地趁火打劫，逼得总统不得不答应他的苛刻条件。

从对手级别、整个谈判过程以及最后的收益来看，趁火打劫的商战高手应当首推摩根这位华尔街大佬。

起死回生

一家因经营不善而倒闭的企业或商店，就像一只死鸡一样，无人愿意去理会。但在广东话中，却有“执（捡）死鸡”一说，意思是捡到了便宜。乍看之下令人不解：捡到死鸡怎么可能算捡到便宜？不过，在瞬息万变的商场上，“执死鸡”还真是大有文章可做。

在美国就有位专门“执死鸡”的富翁，他的名字叫作保罗·道弥尔。有一次，道弥尔得知一家玩具厂因管理不善而倒闭清盘，他当即找到那家玩具工厂的老板，说自己想买下这家工厂。

工厂倒闭，老板急欲脱手转让，无心讨价还价，所以道弥尔只出了极低的价钱就捡到了这只“死鸡”。道弥尔通过调查分析，找出了工厂经营失败的原因，制订了全盘改造工厂经营的详细计划，接下来，工厂按照他所制定的行之有效的计划重新开工，半年后，这家工厂起死回生，而且产量翻了一番。

下面要说的另外一位“执死鸡”的能手名气极大，他就是美国的石油大王哈默尔。从20世纪60年代开始，哈默尔就热衷于石油开发事业。

当时有一家叫德士的石油公司，在旧金山以东的河谷里勘探天然气，可是在钻井时，一直钻196到5600英尺的深度，却仍然不见天然气的踪影。德士公司的决策者认为之前已经耗资太多，再继续钻下去很可能徒劳无功，不愿再白费人力物力，便宣判了此井“死刑”，然后匆匆打道回府了。

哈默尔一听说这个消息，立即派专家前去德士公司废弃的天然气井处进行考察，并轻易占有了德士公司的劳动成果，然后在原井上架起钻机，又钻进3000英尺后，天然气喷涌而出。

后来，哈默尔又听说世界著名的埃索石油公司和壳牌石油公司在非洲利比亚探油未成而扔下了不少废井，他当机立断，带领大队人马奔赴该地，故技重施，在被宣判了“死刑”的枯井上又架起钻机，继续深钻，结果有九口“枯井”被开采为高产自喷油井，这正是哈默尔“起死回生”的成果。

面对“死鸡”，有的人会置之不理，而真正有商业头脑的人则会趁众人不屑一顾之际，及时将其“劫”来，为我所用，只需稍费功夫，“死鸡”就能变成“凤凰”。

赔了夫人又折兵

在市场竞争中，把对手的注意力吸引到我方不感兴趣的地方，避免与对手直接交锋，转而攻占其尚未关注的市场，这是声东击西之计在商业领域的又一运用。

本田、铃木、雅马哈是日本摩托车生产行业中三家最大的生产企业，号称日本摩托车的“三巨头”。三家中，本田一直是龙头老大，占据了近一半的市场。但是，20世纪70年代末到80年代初，本田将注意力转到了轿车生产和拓展海外市场上，导致市场份额逐渐下降。而雅马哈瞅准时机，频频发起攻势，意欲趁机扩展市场，夺取日本摩托车市场的头把交椅，于是本田和雅马哈之间爆发了一场激烈的霸主争夺战。

但是，由于雅马哈多次在市场判断上出现失误，结果在争夺中败下阵来。1967年，雅马哈趁着铃木忙于开发轻型汽车的机会，夺得了摩托车生产领域第二名的头衔。而这一次，铃木趁着本田同雅马哈打得难解难分之际，乱中取利，重新坐上了第二把交椅，雅马哈再次沦为三强之末，真可谓是“赔了夫人又折兵”。

在这场争夺战之前，摩托车大致可分为三种类型：一种是大气缸运动型摩托车，主要供警察和体育比赛使用；第二种是实用型摩托车，主要用作交通工具；第三种是娱乐型摩托车，用于消遣玩乐。到了70年代中期，一种轻便摩托车开始崭露头角，它造型小巧、启动方便，适用于女性和白领人士，各大厂家都瞄准了它的市场潜力，争相投入开发和生产。本田和雅马哈争夺战便围绕这种轻便摩托车而展开。

最早发现这一市场并推出产品的是本田，它不仅生产了各种款型，而且价格低廉，又请来意大利著名影星罗兰做广告，结果广受女性消费者的追捧，迎来了一个所谓的“轻便摩托车时代”。

虽然晚了一步，但是由于雅马哈产品的独特性，加上它大力的广告宣传，硬是从被本田占据的大半壁江山中杀出了一条血路。到1981年，本田和雅马哈在日本的摩托车市场占有份额都是近40%，相差无几。1982年，雅马哈一次性投入300亿日元，建成袋井第二工厂，以便提高生产能力，为实现年产400万辆这一生产目标打下基础。这边，雅马哈全力以赴、大规模地扩建工厂；那边，不想将市场拱手相让的本田重整旗鼓，表面上继续稳固海外市场，暗中却不断开发新产品，强化销售网络，准备全力反击，一鼓作气夺回之前失去的日本本土市场。

虽然中途一度落了下风，但本田毕竟是日本的摩托车之王，一旦它全力以赴，很快就占据了上风。1982年，本田的市场份额又回升到50%左右，雅马哈则降至32.8%。1983年，二者的差距继续拉大。除了销售网络，本田的实力之强也体现在对新产品的开发能力上。1982年和1983年，本田平均每月都有三四种新产品亮相。与之相比，雅马哈在速度和种类上均存在较大差距，这一点连它的技术开发人员也不得不甘拜下风。

20世纪80年代初，日本经济发展速度减缓，进入停滞时期，社会购买力随之下降。雅马哈提出增产口号不久，便开始出现过剩现象，大量摩托车卖不出去。据估计，雅马哈当时积压的摩托车将近100万辆，而它的年产量是220万辆，占了将近一半。而且，摩托车是时髦品，一旦没有在流行季节销售出去，待过了流行期，其命运可想而知。

雅马哈最终在这场市场争夺战中败下阵来，并付出了沉重的代价，营业利润大幅度下降，甚至到了借债度日的地步。仓库中堆积的摩托车多达上百万辆，只能降价处理。1983年5月，雅马哈终于做出减产、裁员和调整库存的决定。但大量裁员并没能挽救公司的危机，最后，连雅马哈最高决策者、会长川上源一也不得不引咎辞职了。

借尸还魂

为趋于没落的事物注入新的灵魂，让其重新焕发生机，是借尸还魂的关键。不少公司都是利用这一策略让濒临绝境的品牌起死回生、再创奇迹的。

很长一段时间，派克公司都牢牢占据着中国钢笔市场龙头老大的地位，它的钢笔和自来水笔销量都十分可观。20世纪四五十年代，凭借着这两款产品，派克公司在中国市场进入巅峰时期。然而就在这时，有人发明了圆珠笔。廉价实用的圆珠笔一经问世就受到了消费者的喜爱，买圆珠笔的人一多，买钢笔的人自然而然就少了很多，派克公司大受打击，利润也直线下滑，照这样持续下去，派克公司很快就会出现财务危机。

派克公司对此大为懊恼，为了夺回失去的市场，其不得不将一部分精力放在圆珠笔的生产上。

但这仍然不能改变派克公司江河日下的境况。派克公司欧洲高管马科利为此伤透了脑筋。就在这时，他从一封老朋友的来信中得到启发。信是这样写的："我家附近有个卖器皿的商店，价格便宜东西又好，大家都很喜欢。没多久，这家店就把周遭的同行都给挤跑了。过了一段时间，我家隔壁又开了家商店，我问老板：'您打算卖什么？'老板说：'卖器皿。'我觉得奇怪，问：'您不是找死吗？您难道不知道不远处有个生意很火的器皿店吗？'老板说：'我知道，可我卖的不是物美价廉的器皿，而是古董。'"朋友告诉马科利，现在这两家器皿店都经营得很好。

马科利马上意识到派克的问题出现在哪儿了，并想到了解决问题的办法。派克在生产策略上犯了严重的错误，它不应该以己之短攻人之长，而应利用自己的优势开拓新的市场。于是马科利为派克制定了全新的发展战略，他不再在"物美价廉"上做文章，转而赋予了派克钢笔高贵、典雅的新形象，让派克从普通的大众消费品摇身变成一种彰显身份的奢侈品。为了凸显派克钢笔的珍贵，派克公司在提高自家钢笔价格的同时，削减了它的产量，又加大了广告宣传的力度。马科利甚至找到了英国女王伊丽莎白二世，想方设法使派克钢笔成为女王专用笔。而在和皇室搭上关系后，派克钢笔果然身价倍增。公众对它的印象渐渐发生了变化，一切都如马科利预料的那样顺利进行。

派克钢笔脱胎换骨，提起它，人们想到的不再是“便宜易用”，而是“奢华精致”。对此，马科利做了这样一番感叹：“当你山穷水尽的时候，不要总盯着前方的绝境怨天尤人……如果人类只专注于在陆地上跑得快，就不会发明飞机，而事实证明，再快的汽车也跑不过飞机。派克笔就是这样，既然在地上跑不过你，那就飞到天上去。”

Java的诞生

1990年，个人电脑的兴起让太阳公司有了危机感，它的市场正一天天变小。太阳公司的负责人考特·曼克尼为此忧心忡忡。一天，一个名叫努顿的员工来找曼克尼，向曼克尼申请辞职。曼克尼请求他在辞职之前把对太阳公司的建议写下来。

努顿答应了，他写了一份长达12页的建议书，并亲手把它交给了曼克尼。在建议书里，努顿指出，太阳公司的用户界面太枯燥，公司应该专注地研究一种视窗技术。不只是曼克尼，太阳公司其他高级管理人员都很认真地阅读了努顿的这份建议书，认为他的提议一针见血。他们想方设法留住了努顿，任命他为高级工程师，并要他和一个名叫高斯林的人负责代号为“绿色”的项目。

努顿和高斯林希望设计出一个在任何地方都能运行的小巧、简单的软件系统，研制出可以控制常用家电的装置。1991年，他们设计出新的程序语言“Oak”（橡树），不久之后，又推出了用来运行这一软件的硬件——装着电池的小盒子。他们兴致勃勃地将这个小盒子拿给曼克尼看，曼克尼非常满意。

太阳公司为了努顿等人的小盒子专门成立了子公司。该公司和日本的三菱、法国电讯洽谈合作，遗憾的是，它们都对这个新产品缺乏兴趣。直到1994年，太阳仍没有找到理想的合作对象，也许是Oak的设计理念太超前了，人们迟迟不愿意接受它。

这时太阳的首席技术官埃瑞克·施密特萌生了一个念头："为什么不试试将Oak和因特网结合起来呢？"于是，太阳公司改进了Oak，还给它起了个新名字"Java"。之后太阳通过因特网免费将Java发放给少数几个人试用，比如网景的创始人安德森。安德森对这项技术赞不绝口，还在硅谷最大的报纸《圣何塞新闻》上发表了赞赏它的言论。

Java一炮走红。1995年5月，Java正式对外宣布，十分看好网景公司，因此果断买下了它的执照，此后不过几个月的时间，就有数百万台联网的电脑拥有了支持Java的浏览器。Java 的诞生对计算机软件开发和软件产业产生了深远的影响，同时它也给太阳公司带来了巨大的利润。

产品没有预期的那样受大众欢迎并不代表它一无是处，也许稍稍做些改变，它就会成为改写整个行业历史的革命性产品，并给创造它的人带来成功。

原一平的成功秘诀

原一平是日本最富传奇色彩的推销员，连续15年在日本保险业绩排行榜中排名第一。而他最擅长的销售方法，当属“欲擒故纵”。他很讨厌对着一个客户不停地说上半天话，遇到难以沟通的客户，他还会主动停止谈话，借故告辞。

有一次，原一平和一位企业家约好了时间谈保险方面的事。尽管很早就听说那名企业家很难打交道，但真的见到对方时，原一平还是有些吃惊。前台的工作人员将原一平带到企业家的办公室，原一平很有礼貌地和企业家打了招呼。但企业家只抬头看了原一平一眼，什么话都没有说，就又转头去做自己的事情了。

原一平很是尴尬。突然，他用非常大的声音喊了一句：“您好，我是原一平，很冒昧打扰了您，我改天再来拜访。”

企业家被吓了一跳，大惑不解地看着原一平：“您说什么？”

原一平一面站起身做出要离开的样子，一面说：“我告辞了，再见！”

企业家有些不高兴了，还从来没有人这样对待过他，于是吼住了原一平：“你这人怎么回事？刚一来就走，你到底想做什么？”

原一平转过身，看着企业家说：“我之前听前台小姐说您很忙，就拜托她给我一分钟的时间见一见您，和您问声好。我已经问候您了，事情完成了，所以向您告辞。谢谢您，改天我再来拜访，再见！”

原一平留下了自己的名片，随后走出了企业家的办公室。

通常，对一般的客人，问候一声，留下张名片，并不会让对方把你记在心上，再说站在待人接物的角度，这样做也不大礼貌。但对付骄傲自大的客人这招非常管用。该企业家被人逢迎惯了，很少遇到像原一平这样不客气的人，对原一平及其拜访自己的用意充满好奇。因此，几天之后，当原一平再去拜访企业家时，企业家对他的态度和上次明显不同。他一看到原一平，就立刻站起身迎接：“又是您！您这人真奇怪，前几天才来了没一会儿，什么也没说就走了。”

原一平笑了笑答道："那天真是抱歉，打扰了您。"

企业家忙招呼原一平就座，不等原一平开口，就主动和他攀谈起来。原一平借机推销起保险，顺利地谈下了单子。

对原一平来说，与其追着客户不放让客户厌烦，或者被客户冷落讪讪而归，倒不如用一些"反常"的做法调起客户的胃口，让客户期待和你再度见面。按照常人的逻辑，推销员总是满脸笑容地巴结客户，而原一平偏偏反其道而行之，欲擒故纵，故意做出对客户爱答不理的样子，诱使客户主动向他敞开沟通的大门。

后发制人

在市场竞争中，面对激烈的竞争环境，可以选择养精蓄锐，采用以逸待劳的计策，后发制人，以赢得市场。

福特汽车公司由亨利·福特创办于上世纪初，在经过许多风雨和波折后，终于成为全球最大的汽车企业之一。

20世纪20年代初，正值美国汽车工业全面起飞的时期，其他各大汽车公司纷纷推出色彩明快鲜艳的新型汽车，以满足消费者的不同喜好和需求，因而销路大畅，只有福特车保持黑色的外观不变，显得严肃而呆板，结果销量急剧下降，出现了不景气的现象。

各地代理商和公司内部人员中有不少都建议福特供应花色汽车，但都被他坚决地顶了回去："福特车只有黑色的。我不觉得黑色有什么不好，至少比其他颜色耐旧一些。"公司的生产越来越艰难，福特开始裁员，将部分设备停工，又以节省电费为由将夜班调成白班。

公司内人心浮动，甚至连福特夫人也大惑不解，福特却笑着说："我自有主张，先不告诉你，等想妥了再说。"夫人依然感到疑惑，她担心这样下去，员工们迟早都会纷纷离去。福特则信心十足地说："我们公司的待遇比其他任何企业都高，员工们不会想走的，而且他们都知道我这个人有着绝不服输的性格，相信我不肯跟风抢着生产浅色汽车一定是另有计划。"

也有员工建议说："我们还是应该生产少部分新车投入市面上进行销售，起码不至于让人说我们公司快要倒闭了。"福特只是神秘地一笑："随便他们怎么说吧，谣言越多只会对我们越有利。"

而对于这种反常的现象，人们心中也很奇怪，不断询问公司是不是正在设计新车，是不是和其他公司一样会生产各种颜色的新车。

福特回答说："不是正在设计，而是已经定型；也不是和其他公司一样，而是独一无二的，而且，我们的新车一定比别家都要便宜！"这是福特毕生最为得意的"杰作"之一：公司购买废船拆卸后炼钢，从而大大降低了钢铁的生产成本，为即将推出的A型汽车在市场上独占鳌头奠定了胜利的基础。

1927年5月，福特突然宣布：生产T型车的工厂全部停工。公司成立24年以来，这还是第一次停止新车的出厂，市面上所销售的都是存货。

该消息一经宣布，举世震惊，各种猜测纷纷出炉，但除了公司几个高级主管干部外，谁也不知道福特究竟打的是什么主意。更让人疑惑的是，工厂停工后，里面工人并没有被解雇，每天仍然照常上下班。这一情况自然引起了新闻界的极大兴趣，于是报上经常能见到各种有关福特的新闻，这更加助长了人们的好奇心。

两个月后，福特终于向外界透露：新的A型汽车将于今年12月上市。这个消息不亚于一枚重磅炸弹，引起的震动比宣布工厂停工更大。到了年底，在人们的翘首企盼中，色彩华丽、典雅轻便的福特牌A型车终于开始上市了，而且价格非常低廉。不出福特所料，A型车的销售市场非常火爆，帮助福特公司出现了第二次起飞的辉煌局面。

由于T型车的开发，福特公司早早地确定了自己在美国汽车工业中的领先地位。这次面对其他竞争对手以色彩和外形为武器发起的挑战，福特并没有急着正面应战，盲目跟风生产，而是按兵不动，养精蓄锐，暗中设计新产品，充分扬长避短，抓住价格和质量这两个关键做了充分准备。一等到时机成熟，就推出新产品，使对手的产品由强变弱、由优变劣，自己则一举制胜。老福特正是靠着“以逸待劳”策略后发制人，从而达到“青出于蓝而胜于蓝”的效果。

无中生有

日本东京住着一个名叫矢田一郎的人，他的儿子是残疾儿童，每次大小便都需要他去帮助，这样，他总是累得满头大汗，而且儿子也觉得很痛苦。长此下去也不是办法，在照顾儿子时，矢田一郎一直在想：要是有一种专供残疾人使用的便器该多好啊！

受到这个想法的启发，矢田一郎干脆开动脑筋，开始专心研制一种专供残疾人使用的安全便器。经过两年的努力，他终于成功了，并给这种便器取了个名字叫作“安便器”。然后矢田一郎信心百倍地带着安便器前往东京各商店进行推销。

但令矢田一郎失望的是，无论他怎么不厌其烦地向各商店的业务主管人员介绍安便器性能及使用价值，向他们指出其蕴含的广阔的市场前景，这些业务主管们都采取一副观望的态度，毕竟安便器是新产品，不知道它是不是真的有销售市场，而且，在橱窗里陈列便器太不雅观，对商店形象不利，所以业务主管们最后都不约而同地婉言拒绝进矢田一郎的货。

矢田一郎并非商人，他将安便器申请获得了专利，投入全部家产进行生产。他想的是，社会上残疾人为数不少，他们在生活上多有不便，给自己和家庭都带来了一些困难，如果能将安便器推广开去，不仅可以减少残疾人的生活困难，减轻因此带给他们的痛苦，还可以让自己获得一笔可观的收入。但没想到现在碰了壁，而且这些货物如果一直积压，自己将会有倾家荡产的危险。

正当矢田一郎快要绝望的时候，他的一个好朋友想出了一个点子。

当时，通过电话订货的业务正在日本盛行开来，几天后，东京好几家百货商店都接到了下面类似的订货电话："请问贵店有专供残疾人使用的安便器吗？""非常抱歉，本店没有这种货物供应，请去别的商店询问一下吧。"

由于几天时间内接到好多这样的订货电话，这开始引起了商店的重视，并将情况反映给了所属的百货公司。既然有不少客户需要，公司自然不愿错过这一商机，非常重视这个"信息”，想迅速进货来满足商店的营业需要，在记忆中苦苦搜索一番之后，他们终于想起，曾经有个叫矢田一郎的人来推销过这种商品。当时没意识到其中的市场前景，便一口回绝了，现在看来，真是太失策了。

于是他们找到矢田一郎的住址，主动上门拜访，从他那里购进了大批安便器。矢田一郎之前积压的产品一下子全都脱手了，获得了一笔相当可观的利润。

安便器上市后，因为它确实具备特殊性能，给残疾人带来了方便，所以购买者很多。

不过，之前商店方面接到的所有订货电话，都是矢田一郎通过他的朋友拨打的。在这些无中生有的电话的帮助之下，安便器立刻成了热销商品。

打草惊蛇

“打草惊蛇”的好处之一就是可以帮助人们发现隐藏起来的敌人，人只有知道敌人在哪里，才好有的放矢，将其各个击破。

1978年，李·艾柯卡出任克莱斯勒汽车公司的总经理。他一上任就面临着一个棘手的问题：如何将克莱斯勒从破产的边缘拉回来？面对债台高筑的“克莱斯勒”，艾柯卡认为必须向美国政府求助，争取得到政府的担保，并以此为基础向银行借贷。至于到底需要借多少钱，艾柯卡心中的理想数目为12亿美元。

克莱斯勒打算借巨额贷款的事很快便闹得沸沸扬扬，绝大多数人都对此表示反对。原来，在美国，很多人认为企业借助政府的力量发展经济会破坏自由竞争的原则。艾柯卡和克莱斯勒顿时成了众矢之的。

然而，艾柯卡没有被排山倒海的反对声所吓坏，反而向反对他的人进行了反击。他反驳说，在他之前，美国政府曾给不少大企业提供过帮助，比如洛克菲勒公司、华盛顿地铁公司以及全美五大钢铁公司。这些公司通过美国政府的担保从银行那里一共贷到了四千多亿美元，而现在克莱斯勒需要的不过是12亿美元，艾柯卡不明白为什么那么多企业会对克莱斯勒有这样大的非议。之后，艾柯卡又向人们强调，拯救克莱斯勒不仅不会破坏美国的自由竞争原则，相反，还会保护竞争。整个北美只有三家大的汽车公司——克莱斯勒、福特和通用，若克莱斯勒破产了，北美的汽车市场就成了福特和通用的天下了，这对消费者来说显然不是件好事。

艾柯卡态度强硬地要美国政府帮助自己，他用数字向美国政府发出警告，倘若政府拒绝向克莱斯勒施以援手，一旦克莱斯勒破产，美国政府必须支付高达27亿美元的失业保险金和其他社会福利。而美国政府到底是愿意帮克莱斯勒贷12亿呢，还是愿意为克莱斯勒的破产花27亿？答案不言而喻。另一方面，艾柯卡还提醒那些试图阻挠克莱斯勒获得政府担保的议员，克莱斯勒在全美各地设有很多机构，一旦克莱斯勒倒台，这些机构的工作人员就失业了，考虑到克莱斯勒的员工和与其有经济往来的公司、人员数目庞大，议员们有理由担心自己的支持率会因此而下降。当艾柯卡大张旗鼓地要求美国政府为克莱斯勒担保时，很多人都以为他疯了，认为他的贷款计划一定敌不过强大的舆论压力。然而最后，艾柯卡却成功地拿到了12亿美元的贷款，并用这笔钱帮助克莱斯勒起死回生。原来，艾柯卡之所以高调地要求政府为其做贷款担保，就是想用打草惊蛇的办法摸清贷款之路上会遇到哪些阻碍，看清楚究竟有谁在反对，又是因为什么原因而反对。正是在掌握了这些情况的基础上，他才可以有针对性地将种种困难一一解决。

关门捉贼

海外零售业中有种颇有效益的经营方式，即连锁经营商店，这种经营方式体现了“关门捉贼”的要义。

连锁商店是零售商业、服务业的一种组织形式，它多指分散营业及经营同类商品或服务的中小企业。这是一种多店铺组成的、集团性的商业组织形式，在总部领导下，各企业像锁链组合成为一个整体，所以称之为“连锁”。

在全球商业市场上，有一些非常著名的连锁店，通常由一个较大的零售集团来运营，进行统一的管理与集中的采购，这些连锁百货店往往因为物美价廉的商品、细致周到的服务以及一些便利的人性化业务，受到消费者的欢迎，因而树立起良好的口碑，成为高客流、高效率、高收益的人气百货。

连锁店这种经营模式，最早始于1859年的美国，至今已经有了一百五十多年的历史，而且它越来越显示出顽强的生命力。为什么这种模式能够长久不衰呢？主要是因为其在百变的市场竞争条件下，适应了众多中小型企业求生存、谋发展的需要。多个中小型企业联合起来，互相帮助，合成一个整体力量，既能得到可观的利润和稳定的发展，又能与大型企业分庭抗礼，还能加强市场机制，减少资源浪费。除此以外，在商业服务业中，由于顾客分散，消费面广，所以连锁经营方式既可以满足商业分散的特点，也可以发挥规模方面的优势。

连锁经营的特点在于，它能发挥大批量、低价格的成本优势实现最大经济效益，这是独立经营难以做到的，连锁经营形式更便于实现专业化、标准化、一体化，使整个集团的经营达到高度统一；便于实现连锁店一体化的横向经营与资本联合、资本融通、经济协作联结纽带的产、供、锁纵向一体化经营，从而产生综合经济效益。

连锁店按所有权构成的不同可划分为直接连锁（指同属于一个资本的统一经营的店铺）、自由加盟连锁（指各店铺的经营保留单个资本所有权，是自愿连锁，由独立的加盟店和总部组成）的特许加盟连锁。

连锁店是美国商业的主要形式。以1859年创办的美国大西洋茶叶公司为例，它是全世界第一家连锁商店，到1930年时已有11%的零售商店采用这种方式经营。在20世纪50年代时，美国人口渐渐往郊区流动，连锁经营在这种形势下如鱼得水，很快发展到全国各地，主要集中在百货、杂货、服装、五金、汽油服务、餐饮等行业。到八九十年代，连锁店发展更为迅速，连锁形式渗透到零售、批发、饮食、食品加工、信息服务等行业，不仅形成了跨国甚至国际性的连锁经营形式，并且出现了许多发展迅速的连锁店。

连锁经营成功的秘密在于“关门经营”，这如同行业协会，同行业有统一的联盟，在价格、种类等方面有很大的优势，同时实行统一采购、统一配送、统一宣传的方式，把同行业的优势都集中起来。这种方式与行业垄断有异曲同工之妙。

假途伐虢

在中国的餐饮业，为菜肴起一个富于文化内涵的名字，是一种很普遍的现象。其实，这就是运用了“假途伐虢”的谋略。

在世界饮食文化中，中国菜一直享有很高的美誉。中国的菜品之所以在世界上很有名，不仅因为其色、香、味俱全，中国菜菜名的逗趣谐谑、妙趣横生也是一个重要原因。

例如，豆芽称为“龙须”，鸡蛋名为“芙蓉”或“凤凰”，鸡翅称作“华秀”，鸡爪名曰“凤爪”，豆腐又叫作“白玉”等。顾客会觉得“龙须”“白玉”这些菜名更具有文化内涵，也更容易引起他们的兴趣。

不少菜名能够变俗为美，既形象又生动，引起人们的食欲。比如用豆腐、番茄加青菜做的汤叫“珍珠玛瑙翡翠汤”，再如“金钩挂玉牌”就是黄豆芽放在豆腐上，“龙凤呈祥”是鸡与蛇放在一起红烧……

还有一些专门代表“吉祥”含义的菜名。例如，过中国年时，家家总有一道鱼菜，取“年年有余”之意；竹笋炒猪排骨是“步步高升”；“金钱满地”就是冬菇摆在青菜上。还有一些菜品，人们在意的不是它的味道，而是菜名所引发的联想，像“掌上明珠”“踏雪寻梅”“苦凤怜鸾”“翠柳啼红”“金声玉振”“碧血黄沙”“苦凤怜鸾”“游龙戏凤”等。还有把茶蛋、松花蛋、卤蛋、咸鸭蛋等合放在一起的菜肴，这道菜叫“丹凤朝阳”；用红白萝卜和染色萝卜垫底，上面摆上八颗樱桃，插支孔雀的羽毛，再摆上一只母鸡头，这道菜叫“孔雀开屏”。

菜的做法有很多，各有千秋，有的讲究食用价值，有的讲究观赏价值。还有一道菜，将莲藕切成薄薄数片，在孔眼中灌入江米，再将胡萝卜片刻成梅花的样子，这道菜就叫“梅花欢喜漫天雪”。 有些饭店菜名很通俗，如炒鸡蛋、酱肘子、烧熊掌、排骨汤等，虽然听着很明白，但是顾客听后觉得不文雅。所以，在不违背真实的前提下，给经营的菜肴起一些动听的名字，让普通的菜富有文化特色，这样更容易吸引顾客，也不失为一种经营方法。

围魏救赵

“围魏救赵”的“围”只是手段，“救”才是最终目的。而要达到目的，就要分散对方的注意力。在商业领域，同样也需要围魏救赵的策略。例如，在进行商业谈判时，巧寻谈判的突破口，对于取得谈判的主动权，以至赢得最后的胜利，有着十分关键的意义。

1993年8月，中国的一家进出口公司从国外购进了200万吨DW产品。但是，由于对方延期交货，致使该公司失去了几次展销良机，遭受了一些损失。不过，考虑到该产品质优价廉，颇受消费者欢迎，各大厂家也竞相前来订货，所以该公司并没有向对方索赔。

过了不久，DW产品在国内供不应求，该公司瞅准商机，准备同外商洽谈重复进口该产品事宜。

为了降低商品的采购成本，提高公司盈利水平，同时也为国家节约外汇资金，该公司打算向对方提出在价格上降低10%

的要求。同时，该公司也意识到，在目前国际市场并未出现明显变化的情况下，如果在谈判一开始就提出要求，一定很难令对方接受。于是，该公司经过研究，找到了突破口，设计了一套颇为周密的谈判方案。

谈判伊始，该公司先发制人，就上次那200万吨货物延期交付之事大做文章，说道："由于贵方上次延期交货，使我方几次失去展销良机，导致我方遭受了重大的经济损失。"对方听罢，以为该公司会趁机提出索赔要求，心里十分着急，连忙对延期交货问题加以解释，并不断表示歉意。

眼看时机成熟，该公司趁机提出降价的要求，并明确指出，希望能通过减价10%来弥补上次延期交易所造成的损失。对方无奈，只好同意。该公司乘胜追击，提出将当初预定的200万吨货物增加到500万吨，对方因为理亏，一开始就落了下风，最终不得不在合同上签字，谈判圆满结束。

在这次谈判中，这家进口公司的谈判者懂得如何成功运用围魏救赵之计，他们不是直接涉入

自己真正关心的问题，而是迂回绕道，等待时机，使对方

摸不清自己的真正意图，结果顾此失彼，最终不得不妥协。谈判者巧妙运用了围魏救赵之计，使谈判一举成功，不仅达成了预期的目标，而且趁势扩大了战果。

舍近求远

在商业谈判陷入僵局的时候，如果一方使用逆向思维，采取“舍近求远”的办法，从本源上去解决问题，那样也会取得一招制胜的神奇效果。下面所说的“巧购高价住宅”的故事，就是这一方法的集中体现。

有一位先生准备全家移民国外，想出售自己的高价位住宅，于是他把此事托给房地产中介公司代理，开价2300万元。

中介公司业务员接受委托后，积极策划广告，将该房产推向市场，就其在地理位置、房间布局及配套设施方面的优越性展开了强大的宣传攻势。

两周后，一位买主在参观完住宅后感到很满意，但至多愿出2000万元购买此房。业务员于是回头找屋主议价。经过三天的协商，屋主终于同意将售价降为2100万元，并声明不再降价，否则立即解除合约。

尽管如此，中间仍然有100万元的差价，鉴于卖方态度坚决，业务员只能硬着头皮去找买方协调。费尽一番唇舌之后，买方做出让步，同意再加价50万元，即总价2050万元。为了表明自己购房的决心与诚意，买方还当场付了100万元的斡旋金（也称握权金，指买方在出价时，为表达申购意愿所支付的款项，以委托中介去跟屋主斡旋）。就在交付斡旋金的当晚，买方又找到业务员，告诉他说，一个月前自己曾在别处看过一栋房子，各方面的条件都比现在这所房屋更合心意，只是当时屋主不肯降价，只好放弃。谁知道那家中介公司刚刚突然打来电话，说屋主愿意按照我提出的价格出售，如果这家房主仍不肯降价，希望能退回100万元的斡旋金。

要知道，中介在买卖双方商谈的时候，并没有决定退款或不退款的权力，只有当屋主同意或屋主接受买方的价钱后，买方又反悔，这时中介才能没收其预交的斡旋金。但目前的情况是：一方绝不降价，而另一方决不再加价，中介者夹在中间，左右为难。他唯一能做的，就是尽快把信息传给屋主，由屋主自行决定。

屋主听到消息后，也很为难：买主说更中意前一户房子，看上去有反悔的迹象，如果自己马上答应他的要求，然后对方反悔，那么自己就有权没收对方的斡旋金，这就等于本钱降了100万元，以后再怎么卖都是稳赚。但是，能赚到这100万元的前提是必须在原售价基础上再降价50万元，接受买方所提出的2050万元的价格。目前经济不景气，房地产市场持续低迷，若是坚持不肯降价，一旦错失了这笔买卖，不知道什么时候才能等到新的买主，也不知道是否还有人肯出2050万元的价钱，毕竟现在可是买方市场。

事情来得太突然，卖方左思右想也拿不出一个妥善的办法，买方又以“前屋屋主催问甚急”为由频频催促中介尽早回话，否则就立即退回斡旋金。思前想后，屋主决定赌一把，同意以买方价格出售，赌的就是如果买方拒绝，则可顺理成章地将100万元收入囊中。

中介人将屋主的决定转告给买方，买方听后心中窃喜，表面上却装出无可奈何的样子，申辩自己比较喜欢前屋，但后屋的卖方现在同意了自己的开价，如果反悔，将立刻损失100万元。

最后，买卖双方终于勉强成交，达成协议。在这个案例中，买方在商谈陷入僵局的时候，运用“围魏救赵”的谈判策略，以100万元斡旋金为诱饵，又以“前屋”之事为由逼迫对方让步，使其陷入进退维谷的局面，成功地诱使屋主落入自己设好的圈套之中，达到了自己的目的。

巧渡难关

英国友尼利福公司的经理柯尔在企业经营中一直遵循一个基本信条：不拘于体面，而以互利为前提。根据这一信条，他经常在企业经营和商业谈判中采用退让策略，甚至在必要的时候甘愿妥协让步。不过，他这样做往往是为了赢得时机发展自己，所以最后往往是退一步进两步，实际上还是自身获益。

友尼利福公司早年在非洲东海岸设有大量子公司，因为当地有丰富的肥料，适合栽培食用油原料——落花生，是一块宝地，也是友尼利福公司的主要财源之一。

第二次世界大战结束后，非洲的民族独立运动蓬勃发展起来，东海岸这些肥沃的落花生栽培地逐步被新兴的非洲国家没收，使得该公司面临着极大的危机。为了挽回局面，柯尔迅速指示当地子公司采取如下方案：第一，迅速启用非洲人担任非洲各地所有子公司的首席经理；第二，取消黑人与白人之间的工资差异，实行同工同酬；第三，在尼日利亚设立经营干部养成所，把非洲人培养成为公司的干部，并着重强调要采取互利互惠的策略，以逐步寻求生存之道，应以创造最大利益为要务，不可拘泥于面子问题。

柯尔在与加纳政府的交涉中，为了表示尊重对方的利益，主动把自己的栽培地交给加纳政府，从而获得加纳政府的好感。后来为了报答他，加纳政府指定友尼利福公司为政府食用油原料买卖代理人，这就使柯尔在加纳享有一定的特权。在同几内亚政府的交涉中，柯尔表示愿意自行撤走公司。他这种坦诚的态度反而使几内亚政府深受感动，因而几内亚政府允许柯尔的公司继续留在几内亚经营销售。在与非洲其他几个国家进行交涉时，柯尔也采用了主动退让的策略，纷纷收到了良好的效果。欲擒故纵之计的巧妙运用，使公司平安渡过了难关。

在生意场上，遇到特殊情况时，如果顽固不化，一味咄咄逼人，很可能陷入死胡同，而必要的退让则可以换来更大的利益。当然，退让策略要运用得适时而得体，尤其要注意事先充分掌握对方的心理，还要正确估计自己控制局势的能力，千万不可滥用。

瞒天过海

瞒天过海的显著特点是在行动中隐藏自己的真实意图，并能神不知鬼不觉地实现目的。长城饭店名扬海内外，靠的就是“瞒天过海”。

1983年，北京长城饭店正式营业，它是我国第一家五星级宾馆，也是第一家中美合资的宾馆。

开业伊始，饭店面临的首要问题就是如何招揽顾客。长城饭店的基本客户主要来自香港、澳门及海外各国和地区，如果用常规广告的方式进行宣传，费用将极为高昂，简直就是天文数字。

起初，长城饭店也曾在美国几家报纸上登过广告，但收效甚微，加上后来经费不足，只得停止。不过，饭店的宣传活动并未就此终止。为了缓解八达岭长城过于拥挤的问题，北京市政府出资整修了慕田峪长城。慕田峪长城刚刚修复好，长城饭店得知了其准备开放的消息，认为这是一个绝好的机会，于是赶紧向慕田峪长城管理处提出举办一次招待外国记者的活动，并表示自己将负责全部费用。双方经过一番磋商后，很快达成协议。在这次活动中，有一项内容是请外国记者游览整修一新的慕田峪长城，目的当然是通过外国记者替慕田峪长城打开知名度。

活动开始的这一天，当外国记者们陆续到达山顶时，主办方取出法国香槟，供记者们饮用。长城和香槟，分别代表着东西方文化，在这里形成了鲜明的对比，但这个画面又是如此和谐美好。记者们本就拥有比常人更加敏锐的“嗅觉”，自然是连连叫好，同时纷纷举起手中的照相机，把这一场景拍摄下来。而各大报纸的编辑也对这一题材表现出浓厚的兴趣，于是第二天，世界各地的报纸几乎都刊登了这次慕田峪长城行的照片。

长城饭店既以“长城”为名，也随之名声大振。长城饭店的公关经理是一位美国小姐，曾经当过记者，这次通过记者的镜头、编辑的笔头将长城饭店介绍给世界，不仅省下了大笔费用，而且所起到的效果远远比广告要好得多。尝到甜头之后，这位精明的公关小姐自然不愿就此停手，于是在心中盘算着举办一次规模更大的公关活动。不过，这样的机遇总是可遇而不可求的。好在功夫不负有心人，机会总算是来了。

1984年4月26日至5月1日，美国总统里根访问中国。一得到这个重要消息，长城饭店立即着手了解里根访华的日程安排和随行人员名单。得知此次访问有一个五百人左右的新闻代表团随行，其中包括美国的三大电视广播公司、各通讯社及著名的报刊。长城饭店的公关经理喜出望外，酝酿已久的计划终于可以付诸实施了。

这个计划具体内容是什么呢？

首先，免费邀请美国驻华使馆工作人员来饭店参观，饭店的总经理亲自征求使馆对服务质量的意见，并多次上门求教。之后就以美国投资的一流饭店应该接待美国的一流新闻代表团为理由，提出了想接待里根随行的新闻代表团的请求，并最终获得了接待美国新闻代表团的机会。

其次，饭店对新闻代表团的各项要求都予以满足。为了使各新闻机构能及时将稿件发回国内，饭店主动在楼顶上架起扇形天线，并把高级套房布置成发稿的工作间。饭店对美国三大电视广播公司尤其重视，给予了特殊照顾：露天花园古色古香，饭店将其介绍给ABC公司；艺亭苑茶园富有中国园林特色，饭店将其中的六角亭介绍给CBS公司；顶楼酒吧“凌霄阁”中西合璧，饭店将其介绍给NBC公司，这些地方都成了三大公司播放电视新闻的背景。这样一来，西方各国的公众一下子就将长城饭店的精华尽收眼底。总经理还提出，只要广播电视公司在播映时说一句“我是在北京长城饭店向观众讲话”，那么，一切费用从优，其目的自然是为了使公众牢牢记住“长城饭店”这一名字。只是一句话而已，各广播电视公司面对优渥的交换条件当然不会推拒，而长城饭店则在优惠的服务中成功实现了自己的预期目标，将品牌推向了世界。

实现以上两个步骤后，长城饭店再接再厉，又把目标对准了里根总统的答谢宴会。须知这样的答谢宴会规格极高，之前都是在人民大会堂或美国大使馆举行，并没有在其他地方举行的先例。但长城饭店还是大胆做出了尝试。

他们一方面向中美两国礼宾司的首脑及有关执行部门的工

作人员详细介绍饭店情况，向他们提供详细而全面的资料。另一方面，饭店负责人邀请各方首脑及各级负责人对饭店进行参观考察。长城饭店的店容店貌、酒菜质量和服务水平，不仅在中国首屈一指，就算在世界上也属一流，饭店的负责人对此极为自信。

果不其然，到场的中美官员对饭店赞不绝口，美方代表回去后，向里根总统反映了饭店的情况，里根总统听后，立即同意在长城饭店举行答谢宴会。

举行答谢宴会当天，中美首脑、外国驻华使节及中外记者在长城饭店云集。电视将长城饭店豪华宴会厅中的盛况清清楚楚地呈现在世界观众面前，与此同时，美国三大电视广播公司的节目主持人和各国电视台的记者异口同声地说："现在我们是在中国北京长城饭店转播里根总统访华的最后一项活动——答谢宴会……"在衣香鬓影、觥筹交错的画面中，"长城饭店"深深烙在了公众的心中。里根总统的夫人南希回国后给长城饭店写了一封信，信中说："感谢你们周到的服务，使我和我的丈夫在这里度过了一个愉快的夜晚。"

这次盛大而成功的公关活动，让长城饭店声名鹊起，享誉海内外。各国旅游者、经商者、访问团慕名而来，各大旅游公司也纷纷前来签订合同。38个国家的首脑率代表团访问中国时，都在长城饭店举办了答谢宴会。从此，“长城饭店”终于扬名海内外了。

以假乱真

用谎言和伪装的手段，实现以假乱真的效果，从而谋取利益，这是许多“聪明”商家常用的方法。1981年7月29日，查尔斯王子与戴安娜王妃在3500名来自世界各地的嘉宾的见证下，于伦敦圣保罗大教堂举行了世纪婚礼。这次婚礼被誉为20世纪最为隆重的爱情盛事，不仅当年是英国乃至世界的最重大新闻之一，到今天也一直为人们所津津乐道。1985年，伦敦一位珠宝商注意到这次婚礼在民众中的巨大影响，于是精心策划了一个促销方案。

这位珠宝商首先找到了一位长相酷似戴安娜王妃的模特，然后让她穿上戴安娜经常穿的衣服，并改成戴安娜的发型，接下来才是重点，珠宝商就她的神态和气质进行了长时间的针对性模仿训练。等到她的一颦一笑、一举一动皆可乱真时，珠宝商开始有条不紊地展开自己的计划。

一天晚上，这家珠宝店灯火通明，服饰整洁鲜明的老板神采奕奕地站在门口，好像在恭候什么要人的光临一样。路边往来的行人顿时被这种架势吸引住了，纷纷驻足观看。

过了一会儿，一辆高级轿车缓缓驶来，最后停在了珠宝店门口。车门打开，众人惊奇地看到“戴安娜王妃”面带微笑、姿态优雅地从车上走下来，对聚拢来的行人点头致意。老板笑容可掬、态度殷勤地将“戴安娜王妃”迎进珠宝店，彬彬有礼地向她一一介绍店中各种项链、耳环、钻石等贵重首饰。“戴安娜王妃”一边称赞，一边挑选了几件首饰。而老板早就邀请了电视台记者，将这些场面全部拍摄了下来。

第二天，电视台在黄金时段播放了这段新闻录像。事前，老板还特意关照记者把它拍成“默片”，所以新闻录像从头至尾都没有一句解说词。

这段新闻录像一下子震动了整个伦敦，戴安娜王妃的崇拜和追随者纷纷涌进这家珠宝店，疯狂抢购“戴安娜王妃”称赞过的各种首饰。珠宝店变得门庭若市，生意异常红火，短短几天的营业额就将开业多年来的营业总额远远甩在了后面。因为这则新闻所造成的声势过于轰动，甚至惊动了皇家内宅。皇室发言人郑重声明：“经查日程安排，戴安娜王妃没有去过那家珠宝店。”

面对这则声明，珠宝店老板振振有词地说：“新闻录像中并未说那位嘉宾就是戴安娜王妃，是围观公众想当然地把她当成了王妃。”

假戏真做

房地产业是当今一大热门行业，行情十分火爆，虽然风险极大，但冲着其中高昂的利润，依然有不少人甘冒倾家荡产的风险往里冲。

何礼杰是香港一个小房地产商，他准备拿出自己名下唯一一块地皮，与一家实力雄厚的城建开发公司进行合作开发。他手中的这块地皮位于交通要道的一侧，属于黄金地段，而城建开发公司也有意将其开发成一个大规模的商业广场，其设计部门甚至在谈判前就已拿出了设计方案，可谓势在必得。

何礼杰在知道开发公司的确有意于此项目之后，故意在与公司代表的接触和商谈过程中，一直小心翼翼，不露口风，摆出待价而沽的姿态；开发公司知道何礼杰只是一个小地产商，而且仅有这一块地皮，便隐藏起浓厚的兴趣，讨价还价，寸步不让，公司代表坚持一条原则：何氏出地，公司投资，建成后的铺租和售房收入按四六分成，公司占60%。何礼杰不接受，谈判就此陷入了僵局，该怎么办呢？

就在这时，何礼杰似乎有意放弃与城建公司共同开发的打算，他与一位阿拉伯富商接触频繁，两人多次共进午餐，一起出入舞厅，甚至还多次在家中会面，显得极为友好亲密。这一情报引起了开发公司情报人员的注意，并被转到了公司决策者面前，结合近期阿拉伯商人涉足香港房地产界的情形，他们怀疑何氏意欲与阿拉伯富商合作，而且，从何氏那边也传出类似的风声。

这么一来，开发公司的人再也坐不住了，因为他们对这块地皮的前景十分看好，并把对它的开发作为今后三年公司的主要项目，何况连设计方案都预先做好了，怎么能让它落入别人手中？为了避免何礼杰把这块地皮转手卖给他人，开发公司只能在后来的谈判中节节退让。双方最后签订了合同，何礼杰不仅可以在建成后享受40%的收益，还可以在合同签署后当即获得一笔300万港币的补偿金，可谓是大获全胜。

面对这样丰厚的收获，何礼杰心中窃喜，只有他自己知道，那位阿拉伯富商是在一个酒会上偶然结识的，对方无意于房地产业，自己与他也只是故作亲密，演一场戏而已，借此增加谈判的筹码。

爱波斯坦与“披头士”

说起甲壳虫乐队，人们便想起了摇滚，想起了“披头士”。披头士的成功，是经纪人布莱恩·爱波斯坦借他人之力，假途伐虢的应用典范。要想在市场上立足，就要巧妙地学会这种借力之道。

披头士乐队又译甲壳虫乐队，是英国利物浦一个名叫约翰·列侬的青年发起成立的。20世纪50年代末，这个乐队刚成立时，只有四个人。他们也只是在当地流动演出。后来，约翰看到摇滚乐深受观众的喜爱，当时，利物浦音乐舞台越来越繁荣，于是约翰率披头士乐队离开家乡，开始在英格兰北部举办了一系列演出。其后，乐队得到很大发展，1960年在德国的汉堡灌制了第一张唱片，并在此演出四个月，引起极大反响。

后来，乐队返回利物浦，就在这时，英国一家唱片公司的老板布莱恩·爱波斯但不断接到要求录制披头士唱片的电话和信函，老板从来没有听说过利物浦有过披头士乐队。披头士乐队在自己的故乡仍然是个名不见经传的小乐队。爱波斯坦经过仔细寻找，终于在三个月后找到了乐队，就在那时他成了披头士乐队的经纪人。

爱波斯坦很会经商，他知道乐队的形象直接影响乐队演出的经济效益。所以他出任老板后，第一件事就是为小伙子们设计了特有的新发型，提高他们的演出报酬，还特别为他们组建起第一个“歌迷俱乐部”，称为披头士歌迷俱乐部，更加积极地寻找唱片的销路。最初，因为披头士乐队的名字在英国还没有多少人知道，所以一连被几家大公司拒绝，后来，在1962年9月有幸遇到了乔治·马丁，他是EMI唱片公司下属的一家子公司的负责人，他非常看好“披头士”的前景，爱波斯坦有幸得到了这份合同，随即为这家公司灌录了第一张唱片《一定要爱我》。这张唱片十分畅销，因此，乐队不但成为歌迷关注的焦点，同时引起新闻界对他们的关注。资助人开始组织一场又一场的歌迷狂欢音乐会。一年以后，披头士乐队的名字首次在英国报刊上出现。

披头士的崛起使英国音乐舞台出现了空前繁荣的局面，

各大唱片公司也如法炮制，各种各样的摇滚乐队在音乐界“爆炸”一样兴起，带来极好的经济效益，现代音乐也成了英国出口的头号“商品”。1963年，披头士开始进军美国市场。刚到美国，他们的唱片《我想握住你的手》就获得流行歌曲唱片销售排行榜第一名。随着一场又一场的演出，该唱片的销售量更是呈直线上升趋势，披头士又一次红遍美国。

披头士乐队之所以能在短时间内风靡欧美，很大程度上是爱波斯坦的功劳。他先是让小伙子们形成自己的演出风格，然后对音乐、歌词、表演分别定位，这种激烈、震撼富有感染力的音乐对歌迷们有着极强的吸引力。

爱波斯坦带领披头士乐队，“假”美国之“途”，最终又使其占领美国市场，走向全世界。

施诈术

在市场竞争中，各方关系错综复杂，聪明的经营者能够利用这一点坐收渔人之利。

1988年，以经销东北玉米为主要业务的北国粮油贸易公司刚刚成立，由于省内外经销单位很多，所以销路一直不畅，交易额较少，效益不好。

公司的经理张某对此十分着急，想尽各种办法以扩大公司的市场。就在他四处找销路的时候，省经济和信息化委员会的工作人员向他介绍了一位名叫岛村一郎的日本客户。

岛村是日本某化工公司的业务经理，他这次来中国，目的是为其公司订购一批生产所需的原材料，也就是张经理急于脱手的商品——玉米。

张经理自从上任以来，还未能在公司经营上做出成绩，这次遇到了一位大客户，便想着使出浑身解数把产品推销出去。他不仅热情周到地款待了这位客户，还向岛村表示愿意提供最优惠的条件。

对于这一切，岛村表示了感谢。他与张经理交谈了数次，又查看了样品，随即表示愿意促成这笔买卖，并向张经理询问出售价格。张经理给出的报价是每吨32美元，为了表示合作的诚意，张经理并没有要高价，这是当时的市场价格。

谁知岛村却流露出惊讶的神情，说："张经理，我真是想不到，你竟然如此没有诚意。这么高的要价谁受得了。我看这笔买卖还是不要谈了。"说罢，把一头雾水的张经理晾在一边，径自离去。

从那以后，岛村对张经理避而不见。张经理托人给岛村捎话说价格可以再商量，但岛村仍然推辞了，张经理有些不知所措。

正在这时，张经理接到了一个电话，对方自称是大连某家粮油公司的职员，并说道："请问岛村先生是否曾与贵公司商谈过进口玉米的事宜？"

"是的。"张经理回答道。他听说过这家公司，但并没有直接接触过。

“请问，你们给出的报价是多少？”

“每吨32美元。”

“好的，谢谢，我只是随便问问。”

放下电话后，张经理心想：看来岛村是打算另找合作伙伴。不行，我不能放过这个大好的机会，一定要做成这笔交易。

于是张经理当即开车赶到岛村下榻的宾馆，表示愿意每吨降价一美元，即以每吨31美元的价格成交。

岛村摇了摇头，不屑地说道：“张经理，你要知道，我的订货量是很大的。你这样没有诚意，叫我该如何做呢！”

每吨31美元已经低于市场价格了，公司将会为此损失一大笔利润，可即便如此，岛村仍然不满意。张经理感到左右为难。

在接下来的几天中，张经理又陆续接到了来自辽宁和黑龙江的两家企业的电话，内容和之前一样，也是询问给岛村的玉米的报价。

张经理心想：这个岛村真是狡猾，做了好几手准备，看来这笔买卖没那么容易达成。尽管困难重重，但这笔交易数额可观，如果就此罢手，之前所花费的时间和精力就白白浪费了，这是他绝对不想看到的。

张经理暗暗下定决心，不管怎样也要促成这笔交易。

于是他又去找岛村，表示愿意把价格压到每吨30美元，这已经达到了价格最低点，也就是说，如果以这个价格成交，所获的利润将微乎其微。

但岛村并没有显出动心的样子，反而狡猾地一笑，说：“张经理，实不相瞒，我已经与黑龙江、辽宁几家公司洽谈过，他们给出的最低报价是每吨29.5美元。”

张经理听了，暗自想道：每吨29.5美元，恰好是盈亏分界点的价格。如果这笔买卖做成了，己方虽然不赔本，但也赚不到什么钱。对于岛村的精明，他不由地暗暗佩服。

同时，张经理还在盘算另外一件事情：自己目前没有那么多库存来完全满足岛村所要的货物数量。不过如果这项交易能达成，自己再以较低的价格购进一些，还是可以获得一定的利润。反复权衡了一下，张经理决定答应岛村的要求：“好吧，就以每吨29.5美元的价格成交，这次你总该满意了吧？”

岛村微笑着说道："好吧，张经理，看来你还是很有诚意的。虽然其他公司给出的价格相同，但考虑到我们联系较早，所以我决定把这笔订单交给你了。不过，在做出最后的决定之前，我必须回去请示老板。这样吧，我马上回头去跟公司联系，等请示之后，后天一早我们就签协议。"

听到这句话，张经理如释重负，长长地舒了一口气，然后他便按照岛村的提议，回去准备签约的事情。

但是，到了第三天早上，也就是双方约好签订合同的这一天，岛村一直没有露面，张经理不放心，便来到岛村所住的宾馆。却听宾馆的服务人员说，岛村先生昨天就已经退房了，他们也不知道他去了哪里。

张经理听完，一下子懵了，不知对方葫芦里卖的是什么药。

此事过去几个月，在一次洽谈会上，张经理见到了之前给他打电话的那家大连粮油公司的经理。两人在交谈时说到此事，张经理这才了解到，就在岛村与张经理讨价还价的同时，其助手也正在与大连粮油公司进行商谈。

岛村知道大连那家公司有足够的现货，为了能实现以最低价格购进货物的目的，他精心设计了自己与数家公司同时接触、密切商谈的假象，而这几家公司相互间并没有什么联系，岛村正是利用这一点使之相互压价，最后在它们的混战中坐收渔人之利。张经理恍然大悟，自己竟然在客观上扮演了帮助日本商人给同行压价的角色。

从上面这个案例中我们不难知道：面对想要浑水摸鱼的对手时，首先应当保持冷静的头脑，千万不能被对方牵着鼻子走。遇到自己不熟悉的情况，更是不能掉以轻心，一定要把事情一件一件弄清楚，不能留给对方可乘之机。